唐朝往事系列

耿元骊 主编

安史之乱

由盛而衰的八年

朱成实 著

辽宁人民出版社

图书在版编目（CIP）数据

安史之乱：由盛而衰的八年 / 朱成实著 . — 沈阳：辽宁人民出版社，2025.1
（唐朝往事系列 / 耿元骊主编）
ISBN 978-7-205-11111-3

Ⅰ . ①安… Ⅱ . ①朱… Ⅲ . ①安史之乱—通俗读物 Ⅳ . ① K242.205.09

中国国家版本馆 CIP 数据核字（2024）第 078383 号

出版发行：辽宁人民出版社
地址：沈阳市和平区十一纬路 25 号　邮编：110003
电话：024-23284191（发行部）　024-23284304（办公室）
http：//www.lnpph.com.cn
印　　刷：天津光之彩印刷有限公司
幅面尺寸：145mm × 210mm
印　　张：11.25
字　　数：221 千字
出版时间：2025 年 1 月第 1 版
印刷时间：2025 年 1 月第 1 次印刷
责任编辑：赵维宁　段　琼
封面设计：乐　翁
版式设计：一诺设计
责任校对：冯　莹
书　　号：ISBN 978-7-205-11111-3

定　　价：78.00 元

总 序

盛唐：中华文明的辉煌时代

唐朝有自己独特的气质。当我们提起唐朝，经过长达千年集体记忆形塑，大概每一个华人都会立刻呈现一幅宏大画卷萦绕脑海，泱泱大国典范形象勃现眼前，甚至还会莫名有一种自豪感油然而生。三百年波澜壮阔（实289年），四千位杰出人物（两《唐书》有姓名者约数），五千万烝民百姓（开元载簿约数，累计过亿），共同在欧亚大陆东端上演了一出雄浑壮丽、辉煌灿烂的人间大剧。

唐朝在中国历史上有着巍然的地位。它海纳百川，汲取万方长处；自信宏达，几无狭隘自闭之风。日本学者外山军治以域外之眼，推崇隋唐时代是“世界性的帝国”，自有其独到眼光。唐代在数百年乱世基础上，在经历多次民族大融合之后，引入周边各族之精英及其文化，融合再造生机勃勃的新一代文化，从而使以华夏文明为中心的中原文明再次焕发出生机与活力。唐朝，也成为中华文明辉煌的时代。如果在朝代之间进行比赛，唐代在大多数项目上都能取得前几名，“唐”也与“汉”共同成为中华代称。

唐朝有着空前辽阔的疆域。其开疆拓土之勇猛气概与精细作业之高超能力，一时无双。皇帝的“天可汗”称号，使唐成为周边各区域政权名义共主。这是一个大有为的豪迈时代，自张骞通西域以来，再次大规模稳定沟通西域，所谓“是时中国盛强，自安远门西尽唐境凡万二千里，闾阎相望，桑麻翳野”。在南方则形成了稳定通畅的广州通海夷道，大概是同时代世界上最远的航路。杜环、杨良瑶在中亚游历，促进了东西方海路沟通，大批波斯、大食商人来到广州，唐代和中亚、西方直接往来越来越密切，唐帝国是世界舞台上的优胜者。

大唐独有气质、巍然历史地位、空前辽阔疆域，共同形成了“盛唐气象”。“盛唐气象”也从最初描绘诗文格调的形容词，逐渐转变为唐代整个社会风范的代名词。“盛唐”逐步成为描绘唐朝基本面貌最常用词语，一个典范概括。唐朝各个方面，都呈现出进取有为和气质昂扬的面貌，无论是精神、文化还是生活上，都展现了独特时代风貌，其格局气势恢宏，境界深远，深深体现在盛唐精神、文化、生活等各个方面。

盛唐的精神

大唐精神体现在何处？首先是开放的心态，其次是大规模的制度建设。没有开放心态，就不会建成这些制度。唐朝有传统时代最开放的万丈雄心，不自卑，也不保守，更没有“文化本位主义”的抱残守缺。上层统治群体胡人血统很深，胡汉通婚情况很普遍，社会氛围基本不强调排外。唐高祖母独孤氏，太宗母窦氏、皇后长孙氏，这些都是鲜卑人。“胡客留长安久者，或四十余年”，来华的日本人很多在唐娶妻生子，大食国李彦、朝鲜半岛崔致远等，都考中进士，日本人阿倍仲麻吕进士及第后还当过官员。华夷观念上，没有鲜明对抗。唐朝人不自限天地，也不坐井观天。

在制度建设方面，唐朝延续了隋朝之初创，多方面建立了模板标杆，后代仿而行之，千年而未改，是盛唐精神最佳外在表现。在中央行政体制上，建立了完善的三省六部制，其体制健全，运行相对其他制度较为顺畅。结束了家国一体、门阀政治局面，以皇帝为核心，建立官僚政治制度，以严密官僚体系，分门别类推动行政运作，这个基本框架和运行模式历经改良在后世得到了长期沿用。在法律上，唐代创建了律令格式体系，形成了中华法系。特别是唐律，不仅仅在中国，在东亚历史上都有着重要地位，得到了长期沿用。在科举体制上，进一步完善科举模式，也得到了长期沿用。科举公平考试最受益者无疑是寒素出身者，推动并加快了社会阶层流动速度。在礼制这个社会等级秩序最鲜明标志物的建设上，唐代也有着最大贡献，形成了最早的国家礼典，在东亚文化体系当中影响巨大。

盛唐时期昂扬向上，走在各方面都开创事功的道路上，能出现贞观之治、开元盛世新局面，也就不足为奇。虽然安史之乱打破了原有局势，但是它并没有颠覆已经形成的大格局，所以唐朝仍能继续维系百年以上。

盛唐的文化

唐朝是文化的时代，各种艺术形式都让人有如臻化境之感。大唐是诗之国度，唐诗是诗之顶峰，唐诗至今仍是我们中国人日常最爱古典文化，谁不能脱口而出一两句唐诗呢！唐诗厚重与灵巧并重，对现实、人生总是充满着昂扬奋发的精气神，所体现出的时代精神是那么刚健、自豪！读李白诗，不由得让人有意气风发之感。读杜甫诗，不由得起家国之深思。才气纵横如李白，勤思苦练如杜甫，是唐诗当中最亮的双子星。读边塞诗，似亲行塞上，悲壮深沉。读田园诗，则宁静致远，平和悠适。即使安史之乱以后，大唐仍然有元稹、白居易、韩愈、柳宗元等诸多诗文大家。韩、柳更是开启古文运动，兴起一代文体新风。无论是诗还是文，大唐诗人都已长领风骚千年之久。即使到了白话文广泛通行的今日，唐诗、古文又有哪个华夏子孙不读之一二呢？

而绘画、书法、舞蹈与音乐、史学等都在中国历史上具有重要意义，是前此千年的总结，又是后此千年的开创。吴道子是唐代最有名的天才画家，“吴带当风”，被称颂为“气韵生动”，自成一派；而山水画也开始兴起，出现了文人画，两派画风都深深影响了宋朝人审美趣味，流风余韵至今日。书法在本质上已经脱离了记录符号，其实也是一种绘画，是绘画和文字本身含义的结合体。唐代书法大盛，书法理论自成一格。前期尊崇王羲之书法，盛唐之后形成了张旭草书新体，书风飘逸；又形成了颜真卿楷书，端庄正大，成为至今通行常用字体，其影响可谓远矣。舞蹈与音乐更是传统时代的顶峰，太宗时形成“十部乐”，广泛引入了域外曲调。盛唐时代，更是从玄宗到乐工，都精于音律，《秦王破阵乐》《霓裳羽衣曲》大名流传至今。唐代史学承前启后，《隋书·经籍志》确定了史部领先子、集的地位，一直沿用到《四库全书》。纪传体成为正史唯一体裁，也是在唐代得以确立，“二十四史”由唐朝修成有8部之多。设史馆，修实录，撰国史，成为持续千年的国家规定动作，影响之大，自不必言。

文化是盛唐精神的最佳展示，是大唐时代风貌的具象化展示，表达了全社会的心理和情绪。

盛唐的生活

盛唐时代经济富庶，生活安定，杜甫有一首脍炙人口之史诗可为证："忆昔开元全盛日，小邑犹藏万家室。稻米流脂粟米白，公私仓廪俱丰实。"这就是唐代经济社会繁盛的形象化表述。盛唐时代，"天下大稔，流散者咸归乡里，……东至于海，南及五岭，皆外户不闭，行旅不赍粮，取给于道路"，几乎是到当时为止农业经济条件下，所能取得的最高峰。南方特别是江南得到了广泛开发，开元、天宝之时，长江三角洲开发已经取得了显著成绩，工商业更加发达，经济水平在全国取得了领先性地位。

盛唐时代，也是宗教繁荣时代。高宗建大慈恩寺，请玄奘译经。武则天更是深度利用佛教，在全国广建大云寺，推动了佛教大发展。玄宗尊崇密宗，行灌顶仪式，成为佛弟子。除唐武宗灭佛之外，唐代其他皇帝基本是扶持利用佛教。在中国历史上，唐代是佛教全盛时代，整个社会笼罩在佛教影子之下。唐朝也崇信道教，高祖自称老子后裔，高度推崇道教，借道教提高李氏地位，建设了一大批道教宫观。太宗规定道士地位在僧人之前，高宗追封老子，睿宗两个女儿出家入道。玄宗对老子思想高度赞赏，尊《老子》为《道德真经》，并亲自为其注释，颁行全国。

在唐代社会生活中，婚姻、丧葬、教育、养老是最重要的内容。盛唐时代，婚姻仍然非常看重门第，观察对方家族的社会名望和地位，对等才能让子女结合，基本实行一夫一妻多妾制。丧礼是社会关系确认重要标志，唐代有厚葬之风。在丧葬仪式方面，朝廷出台了官方规定，形成了系统化、程序化仪式。教育在盛唐时代也被高度关注，中央设立六学二馆，地方上设置了郡学和县学，开元时期全国各州县普遍设学。唐朝强调以“孝”治国，唐玄宗亲自为《孝经》作注，提高了老人地位，对老人提供各种礼节性待遇。

盛唐时代，虽然围绕最高权力争夺不断，但是百姓生活尚称安乐。然而，“渔阳鼙鼓动地来，惊破霓裳羽衣曲”，大唐转折来得也很猛烈，安史之乱对盛唐造成了重大伤害。另外，在我们对大唐赞叹有加的同时，不得不说，唐代短板也很多，特别是原创思想开拓性不足，微有遗憾。在传统时代唐朝所具有的开放性足以为傲，但是对其相对的封闭性也要有明确认识，值得思考。唐朝社会精英可以对外开放，但是普通百姓必须遵守牢笼规则，遍布长安的高墙和里坊就是佐证。大唐女性，看起来可以袒胸露乳，气质昂扬，独立自主，但只是少部分贵族妇女。大部分普通女性，还是生活在枷锁之中，虽然还没有裹脚这种身体残害，但是被禁锢的附属品命运还是传统时代所常见。

总之，唐朝个性鲜明，“大一统”最终成为定局。在唐朝之前，只有汉朝在一个较长时期内落实了大一统。隋朝虽然恢复了大一统体制，但是流星般的命运让它没有时间稳固大一统。唐朝立国稳定，最终把大一统定局为中华政体的深层底蕴结构，从此，大一统有了稳定轨道和天然正义性，延续千年，成为中华民族社会心理的共同基本。

如此唐朝，谁又不爱，谁又不想了解呢？然而时代变迁，让每个人都从史籍读起，显然不可能。虽然坊间关于唐代的读物已有不少，其中品质高超者也为数甚多，但是在文史百花园当中，自当要百花齐放，因此即使关于唐朝的普及性读物已经汗牛充栋，我们还是要在这著述之海当中，继续增加一些新鲜气息，与读者共赏唐朝之美！我们曾表达过，孟浩然“人事有代谢，往来成古今”最能代表我们的心声。没有人，没有事，也就没有历史。见人，见事，方见历史。所以，我们愿意努力在更多维度上为读者提供思考和探寻唐代历史的基础，与已经完成的“宋朝往事”略有不同，在人和事两方面基础上，增加了典制内容。大唐三百年历程，人事繁杂，典制丰富。我们采中国传统史学模式当中的纪事本末、列传、典制体裁之意，并略有调整，选十事、五人、五专题进行定向描绘，各书文字流畅，线索清晰，分析准确精当，且可快速读完。希望读者能和我们一起从更多维度观察唐、了解唐、思考唐，回首“唐朝往事”。

公元617年，留守晋阳（今山西太原）的唐国公李渊起兵，拉开了大唐王朝序幕，攻势如破竹，一年不到就改换了天地。虽然正史当中塑造了一个平庸的李渊形象，但是实情是没有李渊的方略和能力，就不会建成大唐。玄武门之变，兄弟刀兵相见，血流成河；父子反目，无奈老皇退位。从玄武门之变到出现贞观之治，二十多年时光，选贤任能、开疆拓土、建章立制，李世民留给世界一段值得长期探讨、反复思考的“贞观”长歌。太宗才人武媚，与高宗李治一场姐弟恋，却开创了大唐一段新故事。武周霸业，建神都洛阳，成就武则天唯一女皇。神龙元年（705），李武势力默认，朝臣积极推动，“五王”主导政变成功，女皇被迫退位，重新成为李家儿媳。此后十年间，四次政变，四次皇位更迭，大唐核心圈就没有停止过刀光剑影，但是尚未伤到帝国根本。玄宗稳定了政局，“贞观之风，一朝复振”，再开新局，开放又自由，包容又豁达，恢宏壮丽的极盛大唐就体现在开元时代。

“开元盛世”四字，至今脍炙人口。

盛极而衰，自然之理。盛世接着就是天宝危机，酿成安史之乱。这场大变乱，改变了中国历史走向，时间长，范围广，破坏大，影响深。战乱过后，元气大伤。河朔藩镇只是名义上屈服，导致朝廷也只能屯兵防备。彼此呼应，武人势力极度膨胀，群雄争霸，朝廷无力。唐宪宗元和时代，重新形成了短暂振兴局面，这也是唯一一位能控制藩镇的皇帝，再次构建了由中央统领的政治秩序。元和中兴也成为继开元盛世后，大唐王朝最后一次短暂辉煌。宪宗身后，朝廷局势一天不如一天，穆宗、敬宗毫无能力，醉生梦死。文宗时代，具体操办政务运行的朝臣，以李德裕、牛僧孺各自为首的政治集团党争不断，势同水火，“去河北贼易，去朝中朋党难”。宦官权重，杀二帝，立七君，势力凌驾皇权之上。导致皇帝也难以忍受，文宗试图利用“甘露之变”诛杀宦官，但是皇帝亲自发动政变向身边人夺权功败垂成，朝臣一扫而光，大唐也就踏上了不归路。

大唐功勋卓著的名人辈出，自不能逐一详细介绍，只好有所选择。狄仁杰，我们心目中的“神探”，实是辅周复唐大功臣，两次为相，为君分忧，为民解难。特别是劝说武则天迎回李显，又提拔张柬之等复唐主力人物。生前得到同时代人赞誉，死后获得了后世敬仰。郭子仪在战乱中显露英雄本色，平安史，击仆固，退回纥，是力挽狂澜的武将代表。长期位极人臣，生活在权力核心地带，谨慎经营，屹立不倒，“完名高节，福禄永终”，可谓文武双全，政治智慧超群。上官婉儿是唐朝著名女性代表，有着出色的文字能力，是可以撰拟诏敕的“巾帼宰相”，还可以参与军国权谋，但命运多舛，未有善终。近年来墓志出土，形成了一波婉儿话题。韩愈，千古文宗第一人。谏迎佛骨，显示了韩愈风骨。一代文化巨人，“匹夫而为百世师，一言而为天下法”，努力振兴儒学，文起八代之衰，推动“古文”运动，千年之后，仍然能够感受到他的影响。陆羽，唐代文人的代表，撰写了世界上第一部茶叶专著——《茶经》，号为“茶圣”，影响千年，成为古今中外吟咏不已、怀念不止的人物。

大唐创业垂统，建章立制。三省六部，成为中国古代官僚行政的典范。三省六部是决策机构，九寺五监是执行机构。虽然三省屡经变迁，但是所确立的中枢体制模式，却是千年如一。六部分科管理行政，其行政原理至今还在运行。九寺五监，今日“参公”“事业”单位名目仍可见其遗意。唐代法律完善，律令格式体系齐备，是中华古典法系的杰出代表，对东亚影响可谓广泛。大唐生活，千姿百态。衣食住行，是维系每个大唐人生存的基本，婚丧学老，是每个大唐人成长所必有的经历。八件大事，又都和等级制度挂钩，是观察唐朝日常的最佳窗口。古都长安，是东亚中心，也是当时“世界”之都，是经济中心，是文化交流中心，是思想和学术的高地。巍巍长安，是盛唐气象直接承载体，长安风华引领着世界风潮，展示着盛唐文明所达到的高度。吐鲁番地处丝绸之路要地，是中外文明交汇融通之处。多元人口组成，多元文化集结地，是大唐开拓西域的关键节点，具有重要的军政和战略地位。凡此种种，理当书之。

以上，就是“唐朝往事”的总体设计。我们希望以明晰的框架，建设具有整体感的书系。既有主线，又可分立；有清晰流畅语言，有足够的事实信息，也有核心脉络可以掌握。提供给读者既不烧脑又不低俗的“讲史”，以学术为基础，但是又不是满满脚注的学究文。专业学者用相对轻松的笔调来记录和阐释，提供一点不一样的阅读感受。这个目标能否实现还很难说，但是我们正在向此努力。我们21人以一年时光，共同打造的20部小书，请读者诸君阅后评判！

感谢鲍丹琼（陕西师范大学）、侯晓晨（新疆大学）、靳小龙（厦门大学）、李航（洛阳师范学院）、李瑞华（西北大学）、李效杰（鲁东大学）、李永（福建师范大学）、刘喆（北京师范大学）、罗亮（中山大学）、雒晓辉（中国社会科学院古代史研究所）、孟献志（首都经济贸易大学）、孙宁（山西师范大学）、王培峰（山东师范大学）、许超雄（上海师范大学）、原康（淮北师范大学）、张春兰（河北大学）、张明（陕西师范大学）、赵龙（上海师范大学）、赵耀文（重庆大学）、朱成实（上海电机学院）等学界友朋（按姓名拼音为序）接受邀请，给予大力支持，参加“唐朝往事”的撰写工作，更要感谢他们能在一年多的时间内不停忍受我的絮叨和催促，谢谢大家！感谢辽宁人民出版社蔡伟先生及其所带领的编辑团队，是他们的耐心细致，才使得本书以这样优美的状态呈现出来。

现在，亲爱的读者，请您展卷领略“唐朝往事”，与我们一起走进大唐，思考大唐！

耿元骊

2024年3月26日于唐之汴州

目录

引　子

新丰绿树起黄埃，数骑渔阳探使回。

霓裳一曲千峰上，舞破中原始下来。

此为唐朝诗人杜牧所写《过华清宫绝句三首》中的第二首，感叹的是当初开创“开元盛世”的唐玄宗在天宝年间派往渔阳打探消息的使者虽然人数众多、来去如风，最后却完全没能带回来应有的真实消息，自我感觉良好的大唐天子终日沉迷于《霓裳羽衣曲》的歌舞升平之中不能自拔，最终落了个安史之乱爆发、中原残破不堪的结局。

谈论中国古代历史不能不谈大唐王朝，谈论大唐王朝不能不谈开元盛世，谈论开元盛世往往喟叹天宝危机，喟叹天宝危机常常痛惜安史之乱，痛惜安史之乱每每提及霓裳羽衣！

中唐大诗人白居易曾以“磬箫筝笛递相搀，击恹弹吹声逦迤”描述乐曲的初起之状，又以“飘然转旋回雪轻，嫣然纵送游龙惊”描写舞者的起舞之姿。作为开元年间由唐玄宗亲自主持编曲、亲自指导梨园弟子和宫女演奏歌唱，开元末至天宝间杨贵妃经常亲自登台表演的宫廷歌舞，负有盛名的《霓裳羽衣曲》是大唐盛世气象的重要体现，也与唐玄宗和杨贵妃的命运紧密相连。

自唐玄宗天宝十四载（755）十一月初九日，身兼范阳、平卢、河东三镇节度使的安禄山在范阳起兵叛唐“惊破霓裳羽衣曲”而起，至唐代宗广德元年（763）正月三十日，自缢身亡的叛军首领史朝义首级传送京师长安而终，历时 8 年的安史之乱不仅是大唐王朝由盛而衰的转折点，也对其后数百年的中国历史产生了重要影响。

就中国古代王朝史而言，重臣兵变并非肇始于唐朝。远的不说，西晋末年便有绵延 16 年的“八王之乱”，结果引起少数民族南下并导致西晋灭亡；南北朝萧梁时期有长达 4 年的“侯景之乱”，结果梁武帝萧衍被活活饿死于台城，萧梁政权也于数年后被陈霸先建立的陈朝取代；隋朝炀帝时期有历时两个月的杨玄感兵变，结果虽被镇压却加速了隋朝灭亡。

安史之乱在时间跨度上比不上“八王之乱”，也不像“侯景之乱”那样直接困死了皇帝，但也不像杨玄感兵变那样旋起旋灭，这场集时间长、范围广、破坏大、影响深等特点于一身的叛乱事件，即便不能算是前无古人、后无来者，至少也能称得上是惊天动地、声震古今。

序 章

开元盛世到天宝危机

一、开元盛世：万国衣冠拜冕琉

618年，李渊在长安称帝，定国号为“唐”，定年号为“武德”，大唐王朝正式拉开帷幕。在其后的历史进程中，长安城里先后上演过唐太宗李世民夺位的“玄武门之变”，唐高宗与武则天的“二圣”临朝，武则天夺唐社稷的称帝建“周”及晚年遭遇的“神龙革命”，唐中宗时期的“韦后之乱”，等等，大唐王朝的朝堂政治并不稳定，所幸这些事件对政权稳定的影响尚在可控范围之内，唐王朝向上发展的通道总体并没有被打断。

对于唐朝前期的发展，素来有很多溢美之词，如唐太宗时期的“贞观之治”，唐高宗时期的“永徽之治”，武则天时期的“贞观遗风”等。这些发展的累积与奠基，为唐玄宗的接续奋斗打下了坚实基础。

唐玄宗名李隆基，唐中宗垂拱元年（685）出生，年轻时性格英武果断，善于骑射并对音律和历法有着浓厚兴趣。他先是在25岁时联合太平公主发动“唐隆政变”，消灭了毒死唐中宗并企图效法武则天称帝的韦皇后势力；2年之后又先发制人，消灭了把持朝政的太平公主势力，终于大权在握并开启了创造大唐盛世的奋斗历程。

李隆基一共在位45年，先后启用过先天、开元、天宝3个年号。“先天”年号只用了一年零几个月的时间，其间他虽然已经登基做了皇帝，但朝政大权仍掌握在太上皇唐睿宗的手里，他最主要的精力是对付和解决“沉断有谋”的太平公主及其势力。历史进入“开元”后，他才算真正展开了自己的帝王人生，大唐王朝也迎来了其近300年发展演变史中的最高峰——“开元盛世”。

开元年间，唐玄宗励精图治、选贤任能，朝堂之上贤臣辈出。姚崇、宋璟、张嘉贞、张说、李元纮、杜暹、韩休、张九龄等，皆称良相；军队之中不乏能人，郭知运、张守珪、王忠嗣等，皆称良将。唐玄宗在经济上提倡节俭、打击豪强，文化上鼓励文教、淘汰僧尼，边境上多管齐下、恩威并施，皆称良政，大唐王朝的发展呈现出前所未有的蓬勃生机。

大唐诗人王维曾写下“九天阊阖开宫殿，万国衣冠拜冕旒”

的名句赞颂大唐王朝的盛世景象，给后人留下了深刻的印象，也反映出大唐王朝在彼时世界上的强大地位。虽然此诗句问世的时间已在唐肃宗乾元元年（758），此时安史之乱已经爆发并正在如火如荼进行之中，诗句所述景象并非开元中事，但哪怕只是将其视为盛唐景象的落日余晖，也足可令我们感受到开元盛世的恢弘气势。

与王维之诗相比较，诗人杜甫在长诗《忆昔》中对于开元盛世的描写要更为平实，也更为著名。诗云：

忆昔开元全盛日，小邑犹藏万家室。
稻米流脂粟米白，公私仓廪俱丰实。
九州道路无豺虎，远行不劳吉日出。
齐纨鲁缟车班班，男耕女桑不相失。

经济繁荣的动态如在眼前，国泰民安的情形跃然纸上！

二、天宝危机：歌舞升平暗流涌

开元盛世在历史上享有盛名，但当历史发展到开元后期特别是进入到天宝年间后，情况有了变化！

此时皇帝励精图治的精气神已经没了，政治的长期稳定和国力的持续发展让唐玄宗越来越飘飘然，他越来越觉得天下大势已定，再没什么可担心的了。唐玄宗不但要回归后宫享乐帝王人生，而且自夸要让自己的奢靡荣华前无古人、后无来者。

对于唐玄宗放纵享乐、沉湎声色的情形，大诗人白居易在《长恨歌》中用极其传神的笔墨写道：

云鬓花颜金步摇，芙蓉帐暖度春宵。
春宵苦短日高起，从此君王不早朝。
承欢侍宴无闲暇，春从春游夜专夜。

天宝四载（745）唐玄宗册封26岁的杨玉环为贵妃时自己已经60岁了，一个60岁的人把精力都用到了后宫春宵和《霓裳羽衣曲》的夜宴享乐之上，哪里还有多少精力去思考朝堂政事？更不用说励精图治、奋发图强了。

更要命的是，唐玄宗励精图治的精气神虽然没了，流芳百世的"大帝梦"却仍然在；奋发图强的事虽然不干了，开疆拓土的兴趣却没有丢。

怎么办？当然是放手让朝堂大臣们去办，让军队将官们去办！

先说朝堂之上。政事都交给宰相去处理，但此时的官场氛围是什么样呢？宋人晁说之在《题明王打球图》一诗中这样慨叹：

阊阖千门万户开，三郎沉醉打球回。

九龄已老韩休死，无复明朝谏疏来。

朝堂之上不再有韩休、张九龄这样的良相，有的乃是李林甫和杨国忠这两大奸相。

李林甫有句名言："当今皇上无比英明，做臣子的听从圣命就够了，无需多言。你们没看见皇家仪仗队里的那些骏马吗？干活很少却能享受上等草料，一旦不懂规矩随便乱叫就会被立马撤换，此时再后悔可就晚了！"

安史之乱爆发后，逃亡蜀中的唐玄宗在痛定思痛之下曾给李林甫下过一句判语，叫作："妒贤嫉能，亦无敌也！"

杨国忠在政治上开创了"押例"的先河，简单依据任职时间长短而不是业绩高下决定官员提级提职的先后顺序，这对整个官僚系统积极性的打击显而易见；在经济上他大肆贪污，家里仅绢帛就囤积了 3000 万匹之多，这对大唐官场风气的败坏可想而知。

名相张九龄曾对满朝文武官僚争相趋附杨国忠发过一句感慨："这些趋炎附势之人就如同靠近火堆取暖的乞丐一般，一旦火尽灰冷，又上哪里找暖气去？到那时只怕要冻尸裂体，弃骨沟壑，大祸临头了！"

再说军队之事。唐朝建立后，军队主力延续了北朝西魏政权创立的府兵制，府兵有着专门军籍，具有较强的稳定性且与中央的联系比较紧密。

平常时期，各地府兵轮番调到长安附近保卫京师安全，称为

“番上”；战争发生时由皇帝临时任命大将统军出征，战争结束后大将回朝并归还军权，府兵回归原本军府。这种情况下，一方面兵将之间的联系比较松散，很难出现大将拥兵自重的情况；另一方面大唐的统治中心即关中地区的军队数量在全国居于绝对优势地位，可以有效防范地方势力威胁中央。

兵农合一是府兵制最大的特点和优势，士兵和土地结合紧密，男子平时是耕田种地的农民，农闲时节是参加训练的民兵，打仗时候则是入伍参军的战士，这样既能保障农业生产的基本劳动力，又能保障军队的基本战斗力。同时，府兵在服役期间可免除各种赋税，但出征时的兵器、盔甲、粮食乃至部分马匹都要自备，国家的经济负担也得到有效控制。

不过宝剑有双锋、钱币有正反，兵农合一其实也是府兵制最大的隐患和劣势，当均田制遭到破坏，大批府兵失去土地时，府兵制也就成了无根之木、无源之水。而土地兼并是中国古代社会从未克服过的难题，土地日益向少数达官贵人手里集中是历朝历代都在重复上演的故事，大唐王朝也不例外。

土地兼并的日益严重使得大量府兵失去土地，开疆拓土的日益频繁使得府兵的战事负担不断增加，达官贵人的享乐使唤使得府兵的社会地位持续走低。多重打击之下，以当府兵为耻的社会观念不断强化，从军府中逃亡的府兵数量不断增加，唐朝前期强大的府兵制在唐高宗后期就已经显现颓势，到了唐玄宗时再也维持不下去了。

因为府兵的数量日益减少，唐玄宗开元十一年（723）开始用招募兵源的办法补充“番上”府兵的缺额，这些招募的兵源被称为“长从宿卫”，替代了“番上”府兵并于次年改称“彍骑”；开元二十五年（737），唐玄宗诏令边镇招募的兵源可以常驻，不再“番上”，边镇的这些招募兵被称为“长征健儿”，常驻边镇不再流动，实际上成了职业兵。到了天宝八载（749），各地军府已无府兵可交，府兵制被全面废除。

从府兵制演变为募兵制，是历史发展的必然结果，并不令人奇怪。募兵使得军队的选才范围可以更广，选才的质量可以更好，招募而来的军人成为职业军人后得到的训练可以更系统，军队的战斗力可以更强，一定程度上可以看作历史的进步。

但募兵制也有着重大隐患，那就是招募而来的军人成了职业兵和常驻兵，如果军队的将领也在长时间里不调换，兵与将的联系就会变得越来越紧密。这种情况下将领如果对朝廷忠诚倒也无虞，一旦起了异心就可能成为心腹大患。

边镇军帅长期驻守不调换正是天宝时期的一大特色！

出于开疆拓土的强烈意愿，唐玄宗开元年间，就已经出现了边境军帅在一个地方干了十几年不走的现象，而且还出现了一位将领兼任几支军队统帅的情况，这种情况在天宝时期更加常见，从而给边境军帅们强化私人势力创造了极大便利，例如边境军帅通过蓄养“假子”的形式建立忠于自己的亲兵队伍便是当时很流行的风气。

天宝年间在军事上的另一大特色是方镇节度使的权势极大。

开元年间，出于防守外族、开疆拓土等目的，唐玄宗陆续在边境设立方镇并任命节度使，至天宝时期一共形成了平卢、范阳、河东、朔方、陇右、河西、安西、北庭、剑南、岭南十大方镇节度使，除了剑南和岭南在南方外，其余都在北方。

最初的节度使只是单纯的军事长官，但在军队中拥有掌管生死的“专杀”大权，任职时获颁专门“符节”，很是荣耀，军府中高挂六面大旗，十分威严，其后更发展成为集军政、财权、监察权等于一身的地方大员。这其中特别是军人的生死赏罚和职级升降都掌握在节度使手中，随着募兵制彻底代替府兵制，职业化的方镇军人眼中只有近在眼前的统帅、心中并无远在天边的天子的情况也日益凸显，对国家的忠诚度在不断降低。

十大方镇设置的总兵力为 48 万余人，其中平卢、范阳、河东三镇所统的兵力合计超过 18 万人，占据方镇总兵力的近四成，而安史之乱的发动者安禄山正是集这三镇军政长官于一身的超级节度使。

十大方镇兵力 48 万人，三镇节度使安禄山兵力 18 万人，大唐朝廷的中央军又有多少呢？答案是：不足 8 万人！

与军制的变化相伴随，唐前期河朔地区的胡化也是值得关注的重要问题。唐太宗贞观三年（629）攻灭东突厥政权后，唐朝开始将大量原东突厥境内的少数民族迁往河北的幽州、营州等地区安置，至唐玄宗开元晚期少数民族已在河朔地区喧宾夺主，当地原有的汉人士族由于在与少数民族的较量中落败，大部分反而被迫向长安、洛阳等地迁徙。

伴随着大量原本在当地有着重要政治号召力和文化影响力的汉人士族迁徙出走，河朔地区的胡化程度进一步加深，与此同时朝廷出于开疆拓土的需要大力起用蕃将并长期不予轮换，又给了这些蕃将在河朔地区进一步推行胡化政策、实施军队部落制度的极大便利，而随着河朔地区胡化程度的日益加深和部落制度的逐步推行，影响和制约该地区反叛中央和国家的文化认同因素也就越走越低。

皇帝放纵声色怠于政事、两大奸相先后把持朝政20余年，边镇兵将关系日益紧密，河朔地区对中央和国家的文化认同程度不断走低，军事布局又是内轻外重，天宝危机不出现才是咄咄怪事！

天宝危机累积的最大后果便是招致了安史之乱。随着安史之乱的爆发，大唐表面上的繁荣也戛然而止。

有一个很小却很有趣的巧合，742年唐玄宗把年号从开元改成了天宝，安史之乱的主角安禄山、史思明也在这一年分别升任了平卢节度使和将军、知平卢军事。历史在这一年进入天宝时期，安禄山、史思明也在这一年迈上了登堂入室的新阶段！

第一章
营州杂胡到方镇节度

一、起于微寒：营州杂胡粟特郎

作为将大唐盛世搅了个天翻地覆的始作俑者，安禄山的原生家庭很是普通，出生地的地理位置更与大唐的政治中心相去甚远，但其成长的经历却十分励志，堪称起于微寒却凭自身努力登堂入室的典范。

女皇帝武则天长安三年（703）正月初一，安禄山出生，史书上说他是营州柳城（在今辽宁省朝阳市）人，生父姓康，所在部族被称为“杂胡”或者“杂种胡”。

唐朝时广义的“胡人”指的是西北地区的所有外蕃人，狭义的“胡人”指的是操伊朗语的波斯人、粟特人、西域人（塔里木盆地绿洲王国之人），更狭义的“胡人”特指以“昭武九姓”为代表的粟特人。

关于“杂胡”和“杂种胡”，有学者认为是指以“昭武九姓”为代表的粟特人，也有研究者认为主要用来泛称突厥等强大部族的旁支。不管是哪种情况，这里的“杂胡”或者“杂种胡”虽然或多或少有点轻视的意味，但主要是大唐王朝西北地区少数民族群居众多的产物，并不算是特别的骂人粗话。

从安禄山的生父姓康，长大后又擅长跳“胡旋舞”的情况看，其祖上应该来自当时西域的康国。

康国在西汉时期称为康居国，一般认为是当时西域著名少数民族大月氏的一支，原居住地在张掖郡祁连山以北的昭武城（今甘肃省张掖市临泽县境内），后因昭武城被匈奴所占而被迫南迁，越过葱岭（今帕米尔高原）到达中亚的索格狄亚那一带（今乌兹别克斯坦阿姆河和锡尔河之间的泽拉夫善河流域）定居，其后种族繁衍，逐渐发展为康、安、曹、石、米、史、火寻、戊地、何九个政权，但均以祖居地昭武为姓氏，历史上称为“昭武九姓”。

不过一方面，“昭武九姓”具体指的是哪九个政权在史书记载中存在差异，前文所列只是其中的一种说法，另一种说法以穆国和毕国分别替换了火寻和戊地两国，并且当时该地区的乌那曷、漕等政权也以“昭武”为姓氏。故一定程度上，“昭武九姓”

也可视为对索格狄亚那地区诸多少数民族政权的统称。

虽然中间的源流和差异比较复杂，但康居人南迁后主要生活在索格狄亚那地区并在这一地区逐步发展成“昭武九姓”。索格狄亚那在南北朝之后被称作“粟特”，故“昭武九姓”一般也称作“粟特人”。虽然都姓“昭武”，但这些粟特人进入中原后出于区别方便、入乡随俗等原因，基本都会取一个以本国国名为姓的汉文名字。

作为“昭武九姓”之首，康国土地肥沃、出产良马，唐高祖时便已派遣使臣入唐联络，至唐太宗贞观五年（631）还曾请求向唐称臣，唐太宗李世民因当时国力尚弱拒绝了其请求，但其后康国与唐朝保持了较为紧密的政治、经济和文化联系。唐玄宗开元初年之后，除了向唐朝输入大量的锁子铠、水晶杯、玛瑙瓶、鸵鸟蛋等特产外，康国的侏儒和胡旋舞女也开始在唐朝大受欢迎。

身材矮小的侏儒主要被达官贵人用以逗乐消遣，在中唐诗人白居易《道州民》一诗中有“道州民，多侏儒，长者不过三尺余。市作矮奴年进送，号为道州任土贡……一自阳城来守郡，不进矮奴频诏问”的句子，在后世唐代墓葬的发掘中也有很多侏儒人俑出土，都说明了侏儒在当时的受欢迎程度之大。

作为达官贵人逗乐消遣的工具，这些侏儒的社会地位十分低下，多数时候都被视为达官贵人的私产甚至只是“会说话的工具”。但另一方面，无论是主观上想要生存还是客观上被逼无奈，这些侏儒都必须要在搞笑逗乐上有一技之长，要么善于吹拉弹唱，要么能够巧舌如簧，要么掌握着其他“奇技淫巧”。康国能将侏儒作为输送入唐的重要“特产”，其培养侏儒一技之长的相关风气应该也比较浓厚。

胡旋舞最大的特点是“舞急转如风”，跳起来动作轻盈、急速旋转，技艺高超者甚至可以脚踩着小圆球，做出各种高难度动作而脚不离球，其情状我们从现今一些少数民族的舞蹈动作以及某些杂技演员的高难度动作中便可感受一二。胡旋舞是唐长安城里最受欢迎的异域风情舞蹈，自然也是康国人乐于掌握的技能。

成年后的安禄山一方面善于揣测人意，常常在皇帝面前做出一副憨态可掬、人畜无害的模样，另一方面虽然体态肥胖、行动缓慢，跳起胡旋舞来却能“疾如风焉”。这两样在唐玄宗和杨贵妃面前很是吃得开，是安禄山飞黄腾达的重要原因。安禄山能够较好地掌握和运用上述两项技能，与其具有康人血统、自小耳濡目染这些“流行因素”或许有着重要关系。

善于经商也是康国人的重要标签。按其风俗，大量的康国男子在年满 20 岁后便独立外出经商，哪里有商机就往哪里跑。

善于察言观色并且能言善辩是合格商人的必备技能。安禄山作为康国人的后裔，在这方面或许本就具有天赋，也或许是受到了族人的积极影响，成年后他不仅善于察言观色和能言善辩，而且通晓 6 种语言，这不仅让他在具有经商性质的第一份正式职业“互市郎”岗位上干得颇为出色，也是他进入大唐官僚系统后地位不断上升、关键时刻化解危机的重要保障。

根据现有材料，我们尚无法准确描述出安禄山父亲的具体形象，大概率其是一位具有康国血统但已部分突厥化了的人物。史书上说安禄山是营州柳城人，但营州柳城究竟是安禄山的出生地，还是安禄山父亲或者祖上曾经的居住地，也或者只是安禄山本人成年后因在营州一带发迹、为加强部属认同而主动将营州柳城认作祖籍地，不同的人可能会得出不同的结论。

能够确认的是，安禄山的母亲是一位以占卜为业的突厥"巫女"，在安禄山亲生父亲去世后改嫁给了一位突厥人并带着安禄山随其在突厥境内生活。

突厥是南北朝时期兴起于阿尔泰山地区的一个游牧部落，一般认为是从匈奴人的一支演化而来。南北朝至隋唐时期，突厥人在北方建立起强大的突厥汗国，虽然在隋朝建立两年后（583）分裂为东西突厥两个政权，但仍是中原政权的极大威胁。

唐太宗李世民刚刚即位的626年，东突厥颉利可汗率兵20万进攻大唐，兵锋直达长安城外的渭水河边，京师震动。唐太宗在长安兵力不过数万的情况下运用疑兵之计，以过人的胆识亲率房玄龄等6人，七人七骑与颉利可汗隔渭水谈判，最终说服颉利可汗退兵并杀白马结下盟约，唐朝的一场生存危机得以解除，这便是历史上著名的"渭水之盟"。

唐太宗贞观三年（629），名将李靖率领10万大军征讨东突厥，最终颉利被擒而东突厥国灭。此战使得大唐王朝声威大震，唐太宗此后更因国力日盛，被诸多少数民族政权一起尊称为“天可汗”。唐高宗显庆二年（657），西突厥政权也在唐朝大将苏定方等人的征讨下灭亡。

唐高宗永淳元年（682），安置在北方的原东突厥部众反唐并建立起后突厥汗国。唐玄宗天宝三载（744，天宝三年，唐玄宗改“年”为“载”），唐朝抓住后突厥内乱良机，命朔方节度使王忠嗣统兵出击。最终在唐朝、回纥、葛逻禄等多支力量的联合打击下，后突厥汗国于天宝四载（745）覆灭，国土也被回纥占据。

在消灭后突厥汗国的过程中，回纥药罗葛部首领骨力裴罗因功被唐朝册封为怀仁可汗，随后在漠北建立起一个新的强大少数民族政权回纥汗国（唐德宗时改名回鹘汗国），这个回纥汗国在平定安史之乱的过程中有着很强的存在感，此点我们后文再叙。

被再度灭国的突厥人一部分向西迁移，一部分并入回纥，一部分融入唐朝，逐渐消失于中国历史的长河之中。

安禄山的母亲姓阿史德，是一位以占卜为业的突厥巫女。阿史德是突厥人的大姓，因为具体名字没有流传下来，我们暂时只能以阿史德这个姓来称呼安禄山的母亲。

当代的我们受西方文化中尖帽子、长鼻子、骑扫把等女巫形象的影响，对“巫”的感觉往往很差。但在中国古人那里，“巫”被认为“能见鬼神”，与鬼神相沟通并能调动鬼神之力为人类消灾致富，在社会生活中扮演了重要角色。

以巫女为职业的阿史德可能谈不上有多高的社会地位，但出于人们对神灵尊崇的原因，她至少不会面临食不果腹的困境。

作为“能见鬼神”的巫女，阿史德必然掌握和使用着某些让普通人感觉神秘莫测的“神术”。以今日唯物主义的眼光看，这些“神术”中可能夹杂着一些操作者自己也不大明白的物理或者化学反应的奇妙现象，当然并不是什么“神灵”在起作用，但哪怕只是主动使用的一种魔术，只要当时的突厥人相信那是“神术”，阿史德的日子便不会太艰难。

实际上，阿史德自己也是相信“神灵”存在的，这在安禄山的出生过程中便有着明显表现。

阿史德成婚后，很长时间没能怀孕，这令她十分焦急，向神灵祈祷求福求子自然是再正常不过的动作。

作为巫女出身的“信女”，阿史德的祈祷方式想来应该会比普通民众更加“规范”和“到位”，至于她具体采用什么样的仪式向神灵祈祷我们难以搞清楚，也没必要非得搞清楚，但阿史德具体的祈祷对象是清楚的，那便是突厥人宗教信仰中的“斗战神”。

“斗战神”这个名字和我们熟悉的《西游记》里孙悟空西天取经后获得的“斗战胜佛”封号很像。“斗战胜佛”是佛教里著名的“三十五佛”中的一位，突厥人的这位“斗战神”无论是否与佛教有关系，应该都是一位战斗力很强的神灵。

阿史德选择向“斗战神”祈祷求子，自然怀有一种希望自己将来的孩子能够健康勇猛的良好期待。

在向“斗战神”祈祷后，阿史德居然真的怀孕了，并且生下了一个大胖儿子！

这当然只是巧合，我们最大胆的猜测也不过是阿史德可能在祈祷过程中服用了某种“神水”一类的东西，而这种“神水”恰好含有可催排卵等利于怀孕的成分。但对阿史德来说，这真是神灵莫大的恩赐。

据说阿史德十月临盆的时候，不知道从哪里来的一道红光突然照亮了其居住的帐篷，帐篷附近的野兽也跟着一起鸣叫起来，同时有“妖星”坠落在帐篷附近。这一天象被大唐名将张仁愿治下专门负责“望气”的官员发现，赶紧作为一种不祥之兆向上报告，张仁愿得到报告后便派人进行搜捕，连老人小孩在内杀了很多人，但阿史德和家人却因藏匿颇深逃过一劫。

这个故事在史书里记载得有模有样，目的在于说明阿史德生下的这个孩子乃是“天生叛骨”，但其可信性并不强。类似“异象”记载在唐朝也不只针对安禄山的出生，例如史书上也说唐太宗李世民出生时有两条龙在门外飞舞盘旋三日方去，以此证明唐太宗乃是“真命天子”。其他如建立西汉王朝的汉高祖刘邦，其母亲因被蛟龙盘在身上继而怀了身孕；废除汉献帝建立曹魏的魏文帝曹丕，出生时被青色的云气如同车盖一般笼罩在身上终日不去；发动“陈桥兵变”黄袍加身的宋太祖赵匡胤，出生时有红光环绕产房并且奇异的香气经宿不散，等等。虽然史书记载言之凿凿，但都是骗人的鬼话，最多也不过是在某些原本可以解释的现象或者巧合上进行了加工和夸张而已。

即便安禄山出生时的“异象”确有其事，我们恐怕也只能说当时恰巧遇到了类似于陨石坠落的情况，不知道从哪里来的一道红光或许是陨石坠落燃烧时发出，帐篷附近的野兽之所以鸣叫也不过是受到了陨石坠落的惊吓而已。至于张仁愿派人捕杀老幼人等，就算真实发生过，也只能算是在大唐边境发生过一次流血冲突，被人为嫁接到了安禄山出生的“异象”上罢了。

不管出生时的“异象”是否确有其事，对阿史德和家人来说，孩子都是“斗战神”所赐。既然是“斗战神”所赐，那孩子干脆就以“斗战神”为名吧，于是这个新生儿就取名叫“斗战神”！

突厥语“斗战神”在汉文里写作“轧荦山”，于是这个新生儿的汉文名字就叫“轧荦山”，或者说他的汉文全名可以叫作“康轧荦山”。

阿史德是巫女出身，康轧荦山从母亲那里学到并会灵活运用某些“神术”是再正常不过的事情了。在成年发迹之后，把这些“神术”和既有的条件相结合，让自己更加具有某些神秘气息当然也并不奇怪。实际上后来在为谋反做准备的过程中，已改名为安禄山的康轧荦山便经常让女巫像跳大神般在身前跳舞，营造出一种神灵附体的气氛，借此得到众人的敬仰乃至宗教式的崇拜。

“斗战神”“庇护”了康轧荦山的出生，或许又“庇护”了他的逃亡，但之后似乎就不怎么青睐于他了，因为还在康轧荦山很小年纪的时候，他的父亲就去世了。

阿史德和康轧荦山成了孤儿寡母。

阿史德嫁给了第二任丈夫。这次她嫁的是一位叫安延偃的突厥人，带着儿子跟随安延偃一起在突厥部族生活。安延偃的弟弟安波注是一位突厥将军，安延偃应该也在突厥军中任职，虽然职位不高，但保障阿史德母子衣食无忧应该不是问题。

然而阿史德母子在安延偃家里的安稳日子也没过得太久。唐玄宗开元元年（713），康轧荦山虚岁11岁时，安延偃所在的突厥部族可能因为内乱等原因而突然破败，他只好带着养子康轧荦山和自己哥哥的儿子安思顺等人逃离突厥部族进入到大唐治下，投奔了时任唐朝河东道岚州（今山西省吕梁市岚县北）别驾的同姓亲族安贞节。

安延偃这一行人中除了安禄山外，安思顺也需要特别注意。安思顺后来从军戍边40余年，官至大唐河西节度使和朔方节度使，是一员勇猛大将。但与安禄山不同的是，安思顺一直对大唐王朝忠心耿耿，在安禄山起兵之前就曾面奏唐玄宗说安禄山必定会反叛，提醒朝廷早做准备；在安禄山起兵之后虽因诬陷蒙冤被赐死，但他在任军职时帐下有两名分别叫作郭子仪和李光弼的人物，后来成为大唐王朝平定安史之乱最重要的“家国再造之臣”，不禁要让我们感叹一声：“世界是如此之小！”

安延偃之所以投奔安贞节，除了是同姓亲族之外，另一个重要原因是他这次还救回了一个叫作安孝节的人，而安孝节乃是安贞节的长兄。

安孝节、安贞节的父亲安道买官至唐平狄军（治所在今山西省朔州市东北）副使，曾于武则天神功元年（697）在胜州（今内蒙古自治区准格尔旗东北十二连城）击败了来犯的后突厥默啜可汗，再加上安贞节此时又官至岚州别驾，虽然谈不上多么声名显赫，但安家总体上的社会地位是不错的。

因为救回安孝节，安贞节对安延偃十分感激，便提出让自己的儿子和安延偃的子侄结为兄弟，这对安延偃来说当然是求之不得的好事，结拜之事很快便操办完毕。

康轧荦山跟随母亲改嫁到了安延偃家里，随安延偃改姓“安”本就正常，现在又与大唐将军安道买的孙子结为兄弟，以“安”为姓就更不奇怪了。于是康轧荦山便顺理成章改姓了“安”，并且这次连名字也改了，不叫“安轧荦山”，而是叫作“安禄山”。

“禄山”在进入唐朝的粟特人中是一个比较常见的名字，意为“光明、光亮”之意，与“轧荦山”所指的“斗战神”的意思虽有差异但并不太大，因为“斗战神”带给人们的就是“光明、光亮”，只不过“轧荦山”是突厥语的汉文音译，而“禄山”更具有汉文通用色彩。

本书最重要的主角之一安禄山就这样站到了历史的前台。

说完安禄山的童年，我们再把目光投向安史之乱的另一位核心人物——史思明。

按古人计算年龄的方法，史思明比安禄山大 1 岁，但实际上两人的出生仅仅相差一天时间。安禄山出生于武则天长安三年（703）正月初一，史思明则出生于此前一天也就是上一年的大年三十。

史思明是营州宁夷州的突厥化的混血，相当于出生在突厥族的一个分支，从姓氏判断，史思明可能并不是纯粹的突厥人，大概率其家族是出自“昭武九姓”也即粟特人中的史国，只是已经有了比较深的突厥化色彩。

安禄山好歹还有一个“能通鬼神”的母亲，史思明的家庭出身连安禄山也比不上，再加上长得也很干瘦，并且是一副头发稀少、耸肩驼背、凸目歪鼻的模样，从小没少受到邻居乡人的轻视和嘲笑。

虽然出身寒微、相貌丑陋，但史思明却有着一种不同于常人的气质，这使得他进入适婚年龄后竟然赢得了富家小姐的青睐，成为大户人家的乘龙快婿。

史思明的正妻姓辛，是其乡里一户有钱有势人家的千金小姐，长到适婚年龄选择夫婿时偶然间看见了史思明，竟一眼相中，然后告诉家里人：“嫁人就嫁这个人！”

辛小姐的这个态度吓了家人一跳，他们当然强烈反对，但最终拗不过爱女的坚决态度，只能同意。史思明在抱得美人归后小日子一度过得不错，这让他信心大增，志得意满地宣称：“自从我娶了老婆后，官运有了，儿子也生了一大堆，看样子大富大贵的日子不远了。”只是此时的他肯定没想到，最终他虽然位至极品、登上了所谓的“皇帝”之位，却也死在了自己儿子的手上。

和安禄山一样，史思明也并非生来就叫作史思明，而是拥有一个粟特特征极强的名字“史窣干”，成年后才蒙唐玄宗赐名为“史思明”。“窣干”是汉文音译，大意为“黑色”，唐玄宗所赐的汉文特征更强的“思明”二字和“窣干”具有极强的因果性。

史思明和安禄山是同乡，出生只隔了一天，两人自小相识并且志趣相投，建立了深厚情谊。不过这种情谊也不能过于夸大。一方面，唐玄宗天宝十一载（752）八月，史思明作为部将曾跟随安禄山讨伐契丹，结果安禄山大败而回后诿罪并杀了部下左贤哥解等人，史思明也在兵败之下逃入山中躲避 10 余天后才得以回到军中，虽然安禄山对史思明的归来感到非常高兴，但史思明却很清醒地告诉亲信，自己如果早几天回来也肯定会像左贤哥解那样成为安禄山的刀下之鬼。

另一方面，唐肃宗至德二载（757）正月，安禄山被儿子安庆绪等人刺杀后，以所谓“太上皇”的名义被草草安葬，又过了两年，史思明抓住安庆绪，虽口口声声为“太上皇”讨伐逆贼并将安庆绪绞杀，但不久之后即自行称帝，并以“王礼”而非“皇帝礼”改葬安禄山。这些都显示出其与安禄山之间所谓的情谊终究是停留在“利”的层面，并无多少“义”的成分。

二、忮忍多智：虎口脱险捉生将

史思明生得又瘦又丑，年轻时候的安禄山却长得身材魁梧、白白胖胖。虽然相貌大相径庭，但两者的个人能力却十分相仿。

首先，安禄山和史思明都有很强的语言天赋。

自西晋少数民族南下以来，大量游牧民族内迁并居住在北方地区，唐朝时的营州一带也是多民族的聚居地。

有人聚居的地方就有经济流通，有经济流通的地方就有市场交易。早在西汉时期中原政权就和北方少数民族在边境地区建立了相对固定的贸易联系，东汉时期把这种边境贸易称作“互市”。唐朝时由于内迁的少数民族人数更多，“互市”也更加繁荣。青年时期的安禄山和史思明就在“互市”里讨生活，其身份叫作“互市郎”或者“互市牙郎”。

“互市郎”是一个官方任命的职务，主要职责是担任“互市”交易的中介，为汉人与胡人、胡人与胡人之间的市场交易进行联系沟通。

要想把“互市郎”的职业做好，精通多种语言是必备条件，安禄山和史思明自小生活在不同民族的杂居之地，接触到的人五花八门，再加上本身的聪颖，竟然使得两人都能精通 6 种民族语言，而这正是他们把“互市郎”干得风生水起的最基础条件。当然精通多种语言和做好“互市郎”其实是互相成就的，一方面只有能懂不止一种语言才能胜任“互市郎”，另一方面担任“互市郎”后又可以让自己的语言能力进一步提升。

其次，安禄山和史思明都是骁勇善斗之人。

精通多种语言是干好“互市郎”的基础条件，但“互市郎”的工作可不仅仅是做好翻译就行了。

即便是法治制度健全的现代社会，市场交易里也不能完全避免强买强卖、拖欠货物或钱款等异常情况，在古代的“互市”里这种情况更加司空见惯，所以具备较强的武力值，在平时能让“互市”里的人有所忌惮，在必要时候能够及时压服出现矛盾的交易双方，也是一个好的“互市郎”的必备条件。

“骁勇善斗”正是安禄山和史思明的另一个共同标签！

唐玄宗开元二十年（732），虚岁30岁的安禄山因为机缘巧合到了时任幽州节度使张守珪的帐下，不再做“互市郎”的营生，而是被任命为军队里的“捉生将”。这个职务有点类似于“侦察兵”，主要职责是小股行军深入敌境并生擒敌军以还，目的在于更清楚地了解敌情。

安禄山的“骁勇善斗”在“捉生将”岗位上体现得淋漓尽致，每次出击都能有所擒获，的确是一员猛将。

年轻时的史思明在干“互市郎”之前曾在张守珪的下属特进乌知义军中干过一段类似“捉生将”的营生，而且干得挺好。每次乌知义派他率领小股骑兵深入前线刺探敌情时，他都能生擒几个敌人回来。

因为战绩不错，史思明得到了乌知义的赏识和善待，其对乌知义也存下了一份感激之情。若干年后，乌知义的儿子乌承恩与史思明之间还有一场重要的对手戏，只是那个时候双方已经是你死我活的斗争了。

最后，安禄山和史思明都很能言善辩。

安禄山在开元二十年（732）30岁时因机缘巧合才从市场里的“互市郎”转为张守珪帐下的“捉生将”，这个机缘巧合对我们来说只是一个华丽的辞藻，对当时的安禄山来说，却是在鬼门关上走了一遭。

安禄山遇到贵为一方诸侯的幽州节度使张守珪的地方有些特殊，既不是在市场上，也不是在战场上，而是在刑场上。

30岁对现代的我们来说还是一个风华正茂的年纪，但在古人那时却多半已经是人生过半了。30岁的安禄山在“互市郎”的职位上已经干了很长时间，如果没有特殊情况，一辈子多半也就这样了，没啥雄心壮志的安禄山在这年干了一件很有点上不得台面的事情——盗羊。

作为“互市郎”，安禄山把偷盗而来的羊转卖获利十分便利，估计干了已不止一次。但30岁的这次盗羊数量可能比较大，具体的手法可能是在作为交易中间人的过程中欺前瞒后，也可能是利用职务之便干脆偷盗了军队养殖或购买的羊群，总之是被人发觉并告发到了张守珪那里，安禄山被抓住并押送到了张守珪面前。

张守珪出身名门并凭着战功一路升迁到幽州节度使，治军严格乃是题中应有之义，一个小小的“互市郎”竟然敢“监守自盗”，当然不杀不足以平“民愤”、不杀不足以立威仪。

既然是较大规模盗羊，犯事的应该不只安禄山一个人。当时被摁在张守珪帐外等待处置的人肯定不少。张守珪的做法也很干脆，凡是盗羊被抓之人有公职的一律革职，然后连同没有公职的全部棒杀。

棒杀又叫杖杀，是唐朝常见的一种酷刑。行刑时一般是用刑杖打上两通，第一通打完会暂停一会儿，等待犯人皮肉肿胀之后再加大力度打第二通，让犯人在血肉四溅和痛苦哀号中死去。要让人看到皮肉肿胀和血肉四溅，行刑前剥除犯人的衣服自然便是常规操作。

本就能言善辩，又逢生死的紧要关头，被剥除衣服并捆绑结实的安禄山急中生智，不等刑杖打将下来便大喊起来。他喊的可不是毫无用处的“饶命”，而是瞄准张守珪正在谋划的开疆拓土的兴奋点大喊道：“节度使大人不打算征讨奚和契丹这两个藩国了吗？正值用人之际为什么要打杀壮士安禄山呢？”

安禄山这里提到的奚和契丹是当时北方地区的重要少数民族。其中奚族是生活在饶乐水（今内蒙古自治区西拉木伦河）上游地区的游牧民族，一般认为是从匈奴的一支发展而来。

唐朝开国后奚族曾遣使朝贡并于唐太宗贞观年间一度归附唐朝，但到了武则天时期离心力加大。唐睿宗延和元年（712），左羽林将军、检校幽州大都督孙佺曾率兵 12 万攻奚遭遇大败。唐玄宗开元三年（715），奚人遣使归降，开元五年（717）唐玄宗以固安公主嫁奚族首领李大辅，开元十年（722）又以东光公主嫁李大辅的弟弟、新任奚王鲁苏。开元十八年（730），奚族的主要力量叛降突厥，鲁苏无力制止只得逃离，东光公主也逃归大唐。开元二十年（732），安禄山盗羊犯事的时候，正是唐奚关系紧张的时候。

契丹是发源于东北地区的游牧民族，与奚族关系不睦，经常缠斗。唐朝建国初年，契丹人屡次在边境地区抢掠，贞观二年（628），其王摩会率部降唐。

武则天万岁通天年间，营州都督赵翙侵扰侮辱契丹部族，激起契丹反抗并屡次大败唐军，后因遭到奚人和突厥人的背后袭击而失败。

开元三年（715），契丹首领李失活率部族内附，开元四年（716），唐以永乐公主嫁李失活。开元六年（718），李失活死后其部族发生内乱，大臣可突于统兵大败唐军及联合来攻的奚族军队，不久又遣使请罪重新归附。开元十年（722），唐以燕郡公主嫁契丹新王郁于，开元十三年（725）又以东华公主嫁契丹新王邵固。开元十八年（730），可突于杀邵固后率部众降于突厥，东华公主被迫逃归大唐。因此开元二十年（732），安禄山盗羊犯事的时候，也正是唐朝和契丹关系紧张之时。

安禄山的喊叫真的引起了张守珪的注意，一个盗羊的小小“互市郎”居然能喊出这样的豪言壮语着实令他有些惊讶，定睛一看又发现被剥光衣服的安禄山长得高大魁梧、皮肤白皙，可能还真是个有用人才，张守珪便临时改变主意，大手一挥将安禄山给释放了。

作为安禄山人生路上的第一位贵人，张守珪不但放了安禄山，还留他在军中担任了“捉生将”，要看看他到底有多少本事。

对安禄山来说，“捉生将”这个小小的军职是他屡立军功、飞黄腾达的最初起点；对大唐盛世来说，张守珪的这次棍下留人却是导致千里大堤崩溃的第一个蚁穴。

安禄山靠着能言善辩的本事自救成功，史思明竟然也有类似经历。

安禄山因盗羊被抓，史思明则因欠债而逃。安禄山盗的可能是官羊，史思明欠的则确定是官债。

不知道是什么具体原因，也可能有点类似于安禄山的“监守自盗”，总之史思明欠下了大量官债，竟到了完全无法填平窟窿的地步，不得不走上逃亡的道路。

既然要逃，当然要逃到大唐官府鞭长莫及的地方。与大唐相邻的奚族部落所在地便是一个好的选择。

史思明带着几个共同犯事的同伴一起逃亡，但他们的运气实在不够好，刚进入奚族境内就被奚族的巡逻骑兵队给抓住了，上演了一出“捉生将”被“生捉”的好戏！

奚族的这些骑兵虽然职在巡逻，但并没有“捉生”的任务，抓住史思明这帮人后准备予以处死，免得累赘。

本就能言善辩，又逢生死的紧要关头，史思明当然不会坐以待毙，急中生智之下他大喊："我是大唐王朝派过来的和亲使臣，要是杀了我，你们的国家就将大祸临头了。带我去见你们的君王，奚王肯定能核实我真的是大唐使者，那时候你们就是大功一件！"

虽然是在生死关头，但史思明的仪态做得很到位，唬得这些奚族巡逻骑兵一愣一愣的，居然真的相信了！他们居然真的把史思明护送到了奚族君主面前。

所谓和亲，多是中原王朝把"公主"嫁给少数民族君主，也包括为数不多的少数民族君主把公主嫁往中原王朝，或者以此缓和二者之间的紧张关系，或者以此增强二者之间的亲密联系。

虽然中原王朝参与和亲的"公主"很少有真正的皇室血统，绝大多数都是以外姓人充任而临时加封"公主"之名，但名义上确实是代表中原王朝的，类似东汉的王昭君、唐朝的文成公主等也确实通过和亲发挥了积极作用。

对奚人而言，开元五年（717）和十年（722），唐朝曾先后把固安公主和东光公主嫁给了奚王，和亲之事可谓司空见惯。虽然当时奚族与大唐的关系已经十分紧张，但"和亲"正是缓解紧张状态的一种方式，故奚王相信史思明是"和亲使者"并不奇怪。

史思明能让奚人相信他是大唐的"和亲使者"，除了选择"和亲"这个理由比较恰当外，在仪态上的把握也很到位。见到奚王之后，他只是弯腰作了一个长揖，并未行参拜之礼，并大言不惭地表示，自己乃大唐天子使者，按礼仪见到小国国君是不需要参拜的。

哪怕只从这件事情所体现的心理素质和临场反应上说，史思明能够虎口脱险也真的不是偶然。

奚王对史思明长揖不拜虽然很生气，碍于大唐强大的实力却也不敢发作，只能先客客气气地将他在驿馆安顿下来。

安顿下来之后，史思明继续端足“大唐使者”架子，很快便使奚王彻底相信了他大唐“和亲使者”的身份并进而成了奚王的座上宾。

一来“和亲使者”的联系沟通任务完成后本就应该返回，二来待的时间越长谎话被戳穿的危险就越大，所以史思明在奚族王庭待了并不太长的时间便赶紧准备着要离开。

作为大唐的“和亲使者”，史思明“完成任务”后只能在奚族人的护送下沿原路返回大唐，否则西洋镜立马被拆穿，必然死路一条。但问题在于一旦回到大唐境内，欠下巨额官债的事情立刻又会重新找上门来，估计也是一死，不然之前也不用逃亡了。

刀锯加颈之时尚能紧急自救，更何况此时的史思明有着足够高的“大唐使者”身份和足够长的谋划时间在驿馆内仔细推演，解开返回大唐后的死局根本不在话下。

史思明很快谋划完毕。他去见了奚王，通知他自己将返回大唐，要求奚王选派一支百人队伍随他一起出发，既做他的护送卫队又可入唐办理“和亲”后续事宜。

奚王非常高兴，队伍很快选派完成并列队站在了史思明面前。但史思明并不满意，他把眼光移向了一位名叫琐高的奚人武将的身上。

琐高是奚王部下的一员猛将，之前在奚族与大唐的边境争端中表现强势，是大唐边境闻名遐迩的著名人物。如果能把琐高这样的人物诓骗入唐并解决掉，之前所欠的那笔官债自然可以一笔勾销。

史思明对奚王说，你选派给我的这些人虽然数量不少，但都是些普通军卒，还不够资格一睹我大唐天子的无上威仪，至少要像琐高这样的人物才有资格面见天子，可安排琐高带队随我前去。

奚王更加高兴，不但同意派琐高带队随史思明一起入唐，而且让琐高从帐下挑选了300名劲卒一同出发。

大唐“和亲使者”史思明就这样在琐高及300名奚兵的一路护送之下，浩浩荡荡、风风光光地踏上了返回路途。

队伍很快越过边境线进入了营州所在的大唐平卢地界。回到自己熟悉的地方，史思明更加如鱼得水，他很快找到机会派了位一起逃亡的同伴偷偷离队，跑进唐军军营并见到了掌管军中赏功罚罪的军使裴休子，告诉他：“这300名奚兵号称是要入朝贡奉，实际上是要寻找机会袭击我军，请加强防备，最好先下手为强。”

对裴休子来说，奚人都送上门了，那还客气啥，有功不立非丈夫，到嘴的肥肉不吃是傻瓜！既然奚兵号称是来入朝贡奉的，那就以犒劳的名义见面，寻机抓捕吧。

对奚兵来说，他们是应邀而来拜会大唐天子的，大唐军使裴休子出来迎接并犒劳他们再正常不过了，当然是该吃吃、该喝喝。

奚兵哪里知道裴休子早就埋下了伏兵，以犒劳为名并与史思明里应外合，趁他们毫无防备之时突然动了手。可怜这 300 名奚兵精锐高高兴兴地前来大唐，满以为接的是一趟美差，却在稀里糊涂之间都做了唐兵的刀下之鬼。那位以勇猛闻名于大唐边境的奚族大将琐高也被制服并当作战利品送到了幽州节度使张守珪那里，下场自然也是凶多吉少。

史思明凭着巧舌如簧的利嘴，不仅化解了一场生死危局，而且连兵带将地解决掉了 300 名奚兵，之前所欠的那点官债自然不再是问题，军使裴休子在此事中也是功劳不小，一直在策划征服奚人的幽州节度使张守珪则喜获敌军大将，当真是皆大欢喜！

当张守珪听说史思明在擒杀奚兵过程中立下了汗马功劳时，顿时对这个其貌不扬的家伙另眼相看。一方面，在向朝廷报捷的文书中郑重其事地写上了史思明的名字，另一方面，又将史思明留在军中，让他专做抓捕敌军活口的“捉生将”。

“捉生将”出身的史思明就这样从“互市郎”再度做回了“捉生将”，所不同的是其直接上级从乌知义变成了职位更高的张守珪，并且在张守珪帐下同做“捉生将”的还有他的好兄弟安禄山，当真是一大快事。

在张守珪的帐下，史思明与安禄山这对好兄弟经常一起联手出击，每次都能有所擒获，“兄弟加革命”的情谊进一步加深。

三、否极泰来：贵人保送上青云

在张守珪帐下做“捉生将”的安禄山从小在游牧气息浓厚的突厥部族里生活多年，没少在草原上乱跑，做“互市郎”的这些年里不管是职责所需还是为了“盗羊”售卖谋利，也没少在草原各处溜达，因而对边境的山川河流与地理环境非常熟悉，这给他在草原上神出鬼没奠定了扎实基础。

凭着熟悉草原地理环境的优势，再加上本身的战力值超群，安禄山在一次“捉生”行动中竟然只带着四五个人就生擒了契丹几十个人，让张守珪很是惊奇。在之后的行动中，张守珪有意识地让安禄山多带些人出去，安禄山也都不负所望，每次都能生擒好几倍的活口回来。

有如此骁勇善斗的部下，张守珪怎能不爱？他论功行赏，很快提拔安禄山做了职位更高的“偏将”；并且他对安禄山的为人圆滑、善解人意很是受用，便干脆收了他作养子。

收养子在唐朝十分盛行，目的并不在于延续家族香火，而在于借所谓“父子亲情”强化彼此关系，使养子成为自己可充分依赖的心腹亲兵。张守珪的养子不止一人，但安禄山应该是其中比较受宠的一个。

安禄山虽然在张守珪那里很是受宠，但张守珪也不是对安禄山什么都满意，其中最讨厌的便是安禄山长得太胖。

公平地讲，身大力不亏，安禄山之所以战力值强大，膀大腰圆也是一个重要原因。但凡事都有个度，年轻时人胖力气可能也大，但随着年龄增长胖子的劣势就逐渐显露出来了，更何况安禄山发胖的速度比普通胖子更快。

张守珪对安禄山长得太胖很不喜欢，安禄山也很苦恼，为了不惹义父大人生气，他在很长一段时间里都不敢吃饱饭，希望借此抑制自己继续发胖甚至能够瘦下来。

从我们现代的医学知识出发，过胖的人适度节食减肥是必要的，对身体健康也是有好处的。但对于安禄山来说，虽然知道节食有利于减肥，却未必知道减肥有多利于健康，他的节食只是寄人篱下时的被迫为之，并不是出于健康所需的主动选择。

这种长时间不敢吃饱饭的经历估计让安禄山在心理和生理上都留下了深刻的痛苦回忆，一旦寄人篱下的压力消失，报复性的进食便可能一发不可收。安禄山发迹之后体重完全失控，竟至飙升到了 300 多斤，这其中可能有着先天遗传基因或者后天某种病因的影响，但在张守珪帐下这段不敢吃饱饭的痛苦经历恐怕也是重要原因。

虽然不喜欢安禄山的肥胖，但张守珪总体上对安禄山是喜爱的，不断将他的军功上报，让其职位沿着“捉生将”、偏将、员外左骑卫将军充衙前讨击使等一路升迁上去；一有机会还会派安禄山往长安走动，着力进行培养。

唐玄宗开元十一年（723），张守珪便派遣了安禄山代表自己到长安汇报工作，这是安禄山第一次正式踏进偌大的长安城地界，并且直接站到了大唐宰相这样的高官面前。

虽然来到的是京城长安，但对长期混迹于边境并出身“互市郎”的安禄山来说，还是或多或少把之前养成的那种无赖骄纵的气息和狡黠圆滑的嘴脸带了过来，这引起了以守正持重著称的一代名相张九龄的极度不满。

张九龄对安禄山的无赖骄纵又狡黠圆滑非常讨厌，隐隐约约看到了安禄山投机钻研的野心以及一旦发迹便难以驯服的影子，以至于在另一位宰相裴光庭面前直截了当戳起了安禄山的脊梁骨：“将来幽州如果生乱，罪魁祸首必然就是这厮！”

张九龄识人有道，当真一语成谶，只不过这个时候无论是他还是安禄山自己，都绝不会想到将来的“幽州之乱”可不止于幽州就了事了。

从长安返回后，安禄山继续在张守珪手下当差，日子相对平顺地过了10多年，但常在河边走哪有不湿鞋，晦气终于在安禄山43岁时再度找上门来。

唐玄宗开元二十四年（736），已升职为平卢将军的安禄山奉命出击，领兵征讨张守珪一直在谋划征服的奚和契丹两个少数民族政权。因为之前在历次征讨行动中一向顺风顺水，安禄山这次也没太把敌人当回事，满以为能够速战速决、擒敌建功，哪知道一下踢到了铁板上，最终因为轻敌冒进遭遇大败，以至于丢盔卸甲、丧师辱国、狼狈逃回。

安禄山轻敌冒进遭遇如此大败，依律应当问斩，这次就连身为幽州节度使的义父张守珪也没权力免他的罪了。但张守珪实在舍不得杀他，想来想去只能死马当作活马医，把问题上交。

本来有权将安禄山直接砍头的张守珪下令将其押解进京，同时向唐玄宗上了一道奏章。在奏章中虽然写着安禄山触犯军律理应问斩，但同时列举了安禄山从军 10 多年来立下的各种功劳；虽然明面上写的是请皇上赐安禄山死罪，但隐藏的小心思却是希望皇帝能够惜才而刀下留人。

张守珪如此大费周章并不是在做无用功，作为雄霸一方的诸侯大员，他对当今皇帝的所思所想和做事风格显然很是了解，虽然这里面有很大的赌运气成分，但选择把安禄山的命运交到皇帝手上，他当然不是一点把握都没有。

然而安禄山身上的晦气不但没有消散的气象，反而却有加重的趋势，因为根据程序，奏章在奉送皇帝之前必须先经宰相初审，而这位初审的宰相正是安禄山之前遇到的“拦路虎”张九龄。

13 年前安禄山初进长安城时便给张九龄留下了特别糟糕的印象，如今以阶下囚的身份再次出现在上奏文书之中，当然让张九龄更加反感。

张九龄把张守珪的小心思看得清清楚楚，大笔一挥在奏章上写下了这样的初审意见："田穰苴出兵之际坚决诛杀了庄贾，孙武推行军令的时候也坚决斩杀了宫妃，张守珪如果像古人一样军令严明，安禄山就不应该逃脱死罪。"

张九龄在这里引用的两个典故都发生在春秋时期，并且都是"将在外，君命有所不受"的著名案例。

田穰苴诛庄贾的故事发生在齐国景公时期。当时齐国同时受到晋国和燕国的进攻并丢失了大片国土，军情紧急之际起用田穰苴为将统兵御敌。田穰苴以自己出身低微，恐难服众为由，要求齐景公安排一位有名望的大臣随军压阵，齐景公便派了宠臣庄贾担任监军。

田穰苴与庄贾约好第二天一早集合发兵，哪知道庄贾恃宠而骄，拖拖拉拉一直到傍晚才喝得醉醺醺的慢慢前来。田穰苴下令以违犯军法为由将庄贾立即诛杀，等齐景公得到消息派人快马加鞭持节来救时，庄贾已经人头落地了。

对此，田穰苴一方面表示"将在外，君命有所不受"，另一方面指出持节使者在军营里快马加鞭横冲直撞也违犯了军令，因为持节使者代表国君不能直接处罚，便杀了持节使者的一名随从并砍断车厢里的一根木头以示惩戒。

由于田穰苴令行如山，不仅齐国三军震慑，听到消息的晋军和燕军也赶紧撤退，田穰苴随后率大军乘胜追击并收复了齐国的全部失地。

孙武斩宫妃的故事发生在吴王阖闾时期。吴王阖闾在看到孙武所写的《孙子兵法》后很是赞赏，召见孙武并临时从后宫选了180名宫女让他试训，想借此看看他到底有没有真才实学。

孙武把宫女分成两队，并选出吴王最宠爱的两名妃子当队长，从来没经历过训练场面的宫女们，在训练开始后，嘻嘻哈哈根本不听号令。孙武在三令五申依然无效后，下令将两名不称职的队长斩杀。吴王赶紧派人来救，孙武却回答“将在外，君命有所不受”，他杀掉吴王的两个宠妃后重新任命了队长，这下宫女们再也不敢造次，队伍令行禁止、瞬间成形。

吴王虽然心痛宠妃被杀，但也由此知道孙武确实善于用兵，便拜他为将，吴国随后连续击败楚国、齐国、晋国等强敌成为春秋一霸。

张九龄的话说得很重，他的意思是张守珪如果也是军令如山，安禄山早该人头落地了，哪里还需要绕这么大弯子往长安城押人送奏章？

张守珪费尽心思留给安禄山的一线生机眼看就要被完全掐断了。然而天无绝人之路，已在生死边缘的安禄山突然间否极泰来，他一生中最大的贵人出现了！

经张九龄初审的奏章被送到了唐玄宗李隆基的面前，果然如张守珪所料，梦想着能够不断开疆拓土的唐玄宗读到安禄山屡立战功的情况时很是欣赏，下令不必杀头，只免去安禄山平卢将军的官职，让他以“白衣”的身份回到张守珪军中继续效力。

所谓“白衣”效力，相当于虽然暂时将安禄山撤职，但原来在幽州干的活还可以继续干，有义父张守珪的信任，原有的带兵打仗、发号施令的权力受影响也不会很大，并且只要他在以后能够将功赎罪，重新恢复身份不过是分分钟的事情。

皇帝的命令虽然权威，并不代表可以一路畅行，唐玄宗对安禄山从轻发落的决定就遭到了张九龄的激烈反对！张九龄再次上奏：“安禄山触犯军法，损兵折将，不杀不足以正军威。此人具有狼子野心，长得也是一副逆臣之相，不杀不足以除后患！”

这次上奏令唐玄宗很不高兴，以至于揶揄起张九龄来：“你难道以为自己能有王夷甫识石勒的本事，一眼就能看出对方不是好人吗？”

唐玄宗在这里所说的王夷甫识石勒，用的乃是西晋时期的一个典故。王衍，字夷甫，是西晋末年以清谈著称的大名士和朝堂之上的重臣，据说在一次出行时，他遇见了正倚靠在洛阳城门楼上大声吆喝叫卖货物的14岁羯族商贩石勒，王夷甫对石勒的相貌和仪态深感惊异，断言此人将来必是天下大患。后来西晋遭遇“八王之乱”而致长江以北形势大乱，石勒从参加流民武装起步，果然成为叱咤风云的人物并多次统兵大败西晋军队，成为东晋十六国时期北方最强大的少数民族政权之一——后赵的开国君主。

王夷甫识石勒可能确有其事，但既然说到了王夷甫，就不能只说王夷甫识石勒而不说石勒杀王夷甫。

西晋永嘉五年（311），在“八王之乱”中最终获胜并掌控朝政的东海王司马越病死，此时西晋政权早已在少数民族南下的冲击下濒临崩溃，众人推举王夷甫为元帅，希望能在他的带领下扭转乾坤。然而令人大跌眼镜的是，几十年来以名士身份享誉天下，并长期在朝堂之上身居要职的王夷甫，却在此时坚辞推脱，声称自己从小就淡泊名利、志不在做官，虽然多年以来一直在朝堂上位居高位，但都是身不由己，自己也没能力任元帅。这活脱脱暴露了他一副毫无担当、临阵脱逃的嘴脸。

不仅如此，当在运送司马越灵柩回东海国的路上被石勒俘虏后，王夷甫不但继续用从小志不在做官的这套说辞推脱未能阻止天下大乱的责任，而且毫无底线地劝说石勒称帝，希望以此感动石勒并放自己一马。只可惜他的这副嘴脸连石勒都看不下去，痛骂道：“你名闻天下，身居要职，从年轻到白头几十年来一直在朝堂为官，怎么敢大言不惭地说自己与朝政无关？如今天下被破坏成如此模样，罪魁祸首正是你这样的无耻之徒！”

骂完之后，石勒下令将王夷甫一众人等捆在了空屋之内，然后把墙推倒，相当于全部给活埋了。王夷甫在临死之前发出哀叹：“我们这些人就算比不上古人，如果平时不是一味崇尚浮华虚诞之事而是勉力匡扶天下，也不至于落到今天的下场。”

唐玄宗引用王夷甫识石勒的典故来揶揄张九龄，意思是，就算你真的如王夷甫一般眼光如炬，只怕也如王夷甫一般，本质上只是个虚浮夸谈之人吧。

话都说到这个份上了，张九龄心中一凉，知道唐玄宗已经对他在这件事上的动机乃至对他的人品提出了质疑，再争下去也是自取其辱，只好黯然退下！

张九龄之所以受到如此揶揄，还有一个重要的原因是，这位曾被唐玄宗赞为“朕每见九龄，使我精神顿生”的一代名相，在奸相李林甫连续的谗言攻击之下已经恩宠衰竭，唐玄宗“不爽”他已经多有时日了。这种“不爽”累积至当年十一月，张九龄终于被罢了相，到开元二十八年（740）其在回家乡韶州曲江（今广东省韶关市）祭扫先人墓时病逝。

若干年后，当唐玄宗回想起张九龄的这次据理力争的劝谏时，已经是安禄山大军长驱直入攻占长安、自己仓皇逃亡蜀中的时候了。唐玄宗追悔莫及之下禁不住捶胸顿足、泪如雨下，随后派了专人到张九龄的家乡韶州曲江祭奠，只可惜已经于事无补了。

唐玄宗这个大贵人一露面就救下了安禄山的一条性命，同时也在大唐盛世的千里大堤上狠狠地挖了一个深坑，并且这还只是刚刚开始！

因唐玄宗法外开恩再次从鬼门关逃回来的安禄山继续在张守珪军中效力，很快便官复原职自不在话下。但没过两年，晦气再次降临，只不过这次并不是降临在安禄山头上，而是找上了他的义父张守珪。

张守珪久任军职，战功卓著，在他部下从军并希望建功立业的并不只安禄山一个。开元二十六年（738），张守珪的部将白真陀罗、赵堪等人打着张守珪的旗号到营州巡视，来到了史思明的老上司、时任平卢军使的乌知义军中，一番了解之后，他们对乌知义在讨伐奚人方面的无所作为非常不满。

立功心切，白真陀罗强令乌知义大军出击并渡过湟水北上，准备趁秋收时节，以破坏奚人的庄稼为饵诱使奚人大军前来并聚而歼之，结果没想到弄巧成拙，最终大败的反而是唐军自己。

唐军的这次大败和张守珪并没有直接关系，他最多落个驭下不严之罪，想来也不会受到重责。但或许是出于对自己常胜将军名声的爱惜，或许是出于对白真陀罗、赵堪等部下的护短，或许是其他什么原因，张守珪竟令人大跌眼镜地选择了虚报军功，在写给朝廷的奏报中不但没提兵败之事，反而谎报军功号称取得了大捷。

收到捷报的唐玄宗自然很高兴，但朝堂之上对张守珪不满的早有人在，一个最明显的例子便是此前一年张守珪率军在捺禄山大败契丹人并虏获众多时，朝廷并没有什么特别的赏赐。真实取得的大捷尚且得不到什么赏赐，谎报的军功自然逃不过那些时刻紧盯的眼睛。很快，关于张守珪谎报军功的消息便传到了唐玄宗的耳朵里。

谎报军功乃是重大的欺君之罪，唐玄宗对听到的传言当然不能轻易放过，便指派了自己宠信的宦官牛仙童前往幽州实地调查。牛仙童到达幽州之后，张守珪只能将错就错，以重金贿赂将牛仙童买通，把谎报军情的责任全部推给白真陀罗并逼白真陀罗上吊自杀。

白真陀罗被灭口后，牛仙童带着幽州之行收取的厚礼意得志满地回到了京城，向唐玄宗汇报时表示张守珪所言非虚，讨伐奚人的确取得了大捷。牛仙童见财忘义替张守珪遮掩时，却忘了“螳螂捕蝉，黄雀在后”的古训。

牛仙童虽然很受唐玄宗宠信，但还没到一手遮天和不可或缺的地步，身后紧盯着他随时想取而代之的也大有人在。没过太长时间，牛仙童在幽州收取张守珪贿赂之事再次传进唐玄宗的耳朵里，事情的所有真相终于瞒不住了。

唐玄宗大怒，下旨将牛仙童处死，对本应处死的张守珪以旧功减罪，皇恩浩荡之下将其由幽州节度使贬为括州（今浙江省丽水市）刺史。

张守珪战功卓著、久负盛名，同时代的贾至曾写下《燕歌行》一诗歌颂他的彪炳战绩，诗云：

国之重镇惟幽都，东威九夷北制胡。
五军精卒三十万，百战百胜擒单于。

那个时候的张守珪多么的意气风发，谁能想到最终竟会因为一时糊涂而令一世英名毁于一旦！

张守珪被贬到括州的第二年便在任上凄凉去世，而收受贿赂的牛仙童死状更惨，唐玄宗将他交给了另一位得宠的宦官杨思勖处置，被以残忍好杀闻名的杨思勖绑在架子上折磨了多日，最后，他的心脏被挖出，手脚被砍下来，连身上的肉都被割下来分而食之，实实在在应了那句“人为财死，鸟为食亡”的千古训言。

谎报军功之事对张守珪而言是滑铁卢，对安禄山来说却是一次重要机遇。朝廷虽然很快派来了新的幽州节度使裴宽，但开元二十八年（740），张守珪在括州凄凉去世的同一年，安禄山却更上一层楼，升任了平卢军兵马使之职，第二年三月又加特进、封幽州节度副使。

兵马使统率兵马，是方镇中官阶仅次于节度使的军职，幽州节度副使更不用说了；特进虽然只是一个无实际职权的文散官，但品阶很高。因此，虽然失去了张守珪的庇护，但安禄山也早不是当年的“吴下阿蒙”了。

安禄山官至平卢军兵马使和幽州节度副使，意味着在平卢地界他已经是第一人，这给他在平卢尽力经营自己的形象带来了极大的便利。

因为善于投机钻营，待人接物中又十分大方，安禄山给自己赢得了非常好的口碑。对那些从长安来的官员，安禄山更是没少下功夫，特别是那些皇帝身边的人每次来到平卢都能满载而归，回到长安后对安禄山自然是交口称赞，让曾经对安禄山法外开恩的唐玄宗十分高兴，越来越认为自己当初真的是英明无比，谈笑之间便给国家留下了一位栋梁之材。

运气来了挡都挡不住，正当安禄山加官晋爵形势一片大好之际，唐玄宗又来了一回锦上添花。

开元二十九年（741），安禄山加特进、封幽州节度副使之后没两个月，唐玄宗任命御史中丞张利贞为河北采访使带队巡视黄河以北各地。张利贞到达平卢后，受到了安禄山的隆重接待，不仅对其本人极尽溜须拍马之能事，对跟随其同来的其他人也一个不落，全部施以重金贿赂。极为满意的张利贞回到长安城后对安禄山大加褒扬，简直把他吹上了天。

不同于此前从长安到平卢的其他官员，采访使的主要职责是检查刑狱和监察州县官吏，也就是说张利贞此次行程的一个重要使命乃是考察官员并作为朝廷升迁降黜的重要依据，故而其意见更加举足轻重。如今张利贞在朝堂之上大说安禄山的好话，本就对安禄山有着极好印象的唐玄宗十分高兴，当年八月便降下圣旨，以安禄山为营州都督、平卢军使、顺化州刺史等职。

营州都督、平卢军使等军职使得安禄山在军中的地位有了进一步上升。顺化州刺史作为地方行政长官，则使安禄山的职权范围得到了进一步扩展。

以这次任命为标志，安禄山已不单单是个军官，而是变成了一方大员。更重要的是，由于大批收受安禄山好处的官员不断在唐玄宗耳边吹风替他美言，皇帝这时候已经彻彻底底把他看作一个贤才，准备重点培养和委以重任了。

742年正月，唐玄宗将年号由“开元”改为“天宝”，并在正月初六日，将平卢从幽州分离出来单独设置为新的方镇，以安禄山为平卢节度使、柳城太守，押两番、渤海、黑水四府经略使等职。这其中最重要的是平卢节度使和柳城太守，安禄山由此正式成为雄霸一方的“诸侯”；押两番、渤海、黑水四府经略使等职务也很重要，它使安禄山获得了处置东北地区各少数民族部族的权力。

天宝元年（742），幽州改名为范阳，幽州节度使也相应改名为范阳节度使。

很有意思的一个巧合是，历史老人仿佛在有意为之，将安禄山升任节度使的时间“安排”在天宝年间而不是开元年间，让唐玄宗得以呈现给后人一个完整的“开元盛世”。对安禄山来说，天宝元年（742）升任平卢节度使的时候，谋反之意应该并未萌发，但升任方镇最高长官却是他地位发生质变的标志性事件。

从开元二十六年（738）一代名将张守珪谎报军功，到宦官牛仙童奉命赴幽州调查却收受重贿而替张守珪圆谎，从各方官员在安禄山的厚赂之下对其交口称赞，到河北采访使张利贞一众人等全部沦陷于金钱攻势而大说安禄山的好话，无不说明开元晚期大唐王朝的官场风气已经严重败坏，安禄山只不过是适逢其时并巧加利用了而已。

升任平卢节度使后，安禄山的地位更加突出。天宝二年（743）正月，安禄山受命再次进京，这次他终于得到了觐见皇帝的机会。

由于久闻安禄山的“贤良”名声，唐玄宗对安禄山早已有着非常大的好感，所以君臣的这次见面非常愉快。唐玄宗给了安禄山特别的待遇，留他谈了很长时间的话。安禄山则抓住机会大拍唐玄宗的马屁道：“去年秋天营州发生了一场蝗虫祸害麦苗的天灾，微臣焚香向上天祷告说，如果是我心术不正、对皇上不忠，应该让蝗虫来啃食我心而不是去吃麦苗；如果我的所作所为没有违背天理，请让蝗虫立即消失不要再祸害庄稼了。我的话音刚落，突然从北边飞来了一大群头红身青的鸟儿，不一会儿便将蝗虫吃了个干干净净。这件奇事请陛下允许史官将它记载进国史。”

安禄山敢在皇帝面前信口雌黄，一方面，因为这是他多年来练就的绝技，用起来驾轻就熟；另一方面，估计在觐见之前他已经对唐玄宗作了深入了解，知道此时的唐玄宗就吃这一套，所以才敢如此大胆地公然“欺君”。

不出所料，唐玄宗对安禄山的这些鬼话深信不疑，很是高兴，不但立即让史官郑重其事地将其写进史书，而且为安禄山加官晋爵，册封他为骠骑大将军。

溜须拍马在与皇帝的面对面交往中十分管用，令安禄山十分兴奋，他接下来要做的就是不断花样翻新，皇帝老儿越高兴，自己的前途就会越光明。

这次进京，安禄山足足待了一年多时间，这期间多次觐见皇帝，并蒙圣宠不断自不在话下。到了第二年也即天宝三载（744）

三月，唐玄宗下旨将接替张守珪的范阳节度使裴宽调回长安任户部尚书，空缺的范阳节度使一职则由安禄山兼任，同时又以安禄山为河北采访使。

安禄山不仅成了身兼两镇节度使的强大实力派，而且出任河北采访使还让他获得了代表朝廷检查刑狱和监察州县官吏的权力，这为他排斥异己和培育私人势力创造了极为有利的条件。

不仅在皇帝面前曲言奉承，安禄山住在长安城的这一年多时间里，也运用他在平卢厚赂官员的那一套，积极地与朝廷重臣们套近乎，收获巨大。这其中，出任河北黜陟使、主责为巡察了解河北各地情况并考察官吏政绩的礼部尚书席建候，宰相李林甫，曾任安禄山上司范阳节度使的户部尚书裴宽都在唐玄宗面前多次对其大加称赞。这三人都是深受唐玄宗信任的心腹大臣，称赞一句远超别人褒扬十句，故而安禄山的贤良形象在唐玄宗心目中不断固化，最终成为牢不可破的执念。

令人啼笑皆非的是，在自己大搞投机钻营把戏的同时，安禄山在长安城里，居然还告发了一场科考舞弊案！

在当年的科举考试中，御史中丞张倚的儿子张奭高中进士甲科，但张奭其实是个四体不勤、五谷不分且浑名在外的纨绔子弟，能够高中乃是找人代考且层层请托。张奭的高中让落榜试子们义愤填膺，其中有一个在蓟县做县令的人也在落榜之列，因为蓟县属于安禄山管辖，他便找机会拜见安禄山并把张奭科考舞弊的事情说给了安禄山，安禄山随后找机会向唐玄宗进行了告发。

唐玄宗听闻后决定在花萼楼亲自检验上榜人员，结果斗大的字不识一箩筐的张奭手拿试卷终日之间一个字也写不出来，西洋镜立马被拆穿，白痴之名远播，成为一时笑柄。

大怒的唐玄宗把主要责任人，如吏部侍郎宋遥等贬官出京，而对安禄山更加宠幸。

唐朝的科举考试科目有书生、明经、进士、俊士、明法、明字、明算等很多种，进士考试是其中的金字塔尖，有着“一士登甲科，九族光彩新”的分量，但此次科考中一个近乎白痴的人居然能在官官相护之下高中进士甲科，实实在在地反映出唐玄宗治下的政治系统已经出了大问题。

天宝三载（744）三月，安禄山兼任范阳节度使后获准从长安返回方镇。出发之际，唐玄宗下诏让中书、门下、尚书三省的长官和御史台的长官御史中丞等大批官员一起在鸿庐亭为安禄山饯别送行，朝廷三大宰相外加监察高官齐聚，安禄山的恩宠之深当真无人可及。

作为从军队底层一路成长起来的诸侯，安禄山深知皇帝一时的欣赏并不能保证自己永远受宠，作为边镇节度使，显赫的军功才是巩固地位的根本，因此回到方镇后的他立即投身到开疆拓土的行动之中。

天宝四载（745）九月，安禄山屡命唐军侵扰奚和契丹两族，激起了奚人和契丹人的激烈反抗，两族君主先后杀死唐朝之前嫁过去和亲的“公主”并起兵攻唐，安禄山则趁机统率大军堂而皇之地进行讨伐，最终倒也大获全胜。

挟讨伐并大破奚和契丹两族的军功，安禄山趁热打铁再次玩起了信口雌黄的那一套。在天宝四载（745）十月给唐玄宗的奏章中，安禄山表示其在讨伐契丹人走到北平郡的时候，梦到了大唐开国名将李靖和李勣向他乞讨食物。收到奏章的唐玄宗赶紧下诏让安禄山为李靖和李勣立庙祭祀。

安禄山不日之间将庙建好并进行盛大的祭祀，但令人无语的是他随后再次上奏，报告庙已建成，祭祀也已完成，又报喜说祭祀那天庙里的横梁之上长出了象征祥瑞的灵芝草，而且是一株根上生出10片茎叶并好似珊瑚树一般盘旋而生的灵芝草。很是高兴的唐玄宗再次同意安禄山的请求，命史官郑重其事地将这一祥瑞记载下来，以此纪念和表彰安禄山征讨奚和契丹立下的功劳。

对安禄山来说，有没有梦到李靖和李勣根本无从验证，只能他说什么就是什么，而提前耍一些小伎俩让横梁上长出一株灵芝草更是毛毛雨般的小事情。

以显赫军功打底，安禄山再耍一些这样的小伎俩投唐玄宗所好，实在是一本万利之事。意思是，上感动天、下感动李靖和李勣的当然是浩荡皇恩，但办事得力且受开国名将眷顾的栋梁之臣正是他安禄山。

安禄山在天宝元年（742）升任平卢节度使，正式成为主政一方的军政大员，此后从天宝二年（743）登堂入室近距离站到唐玄宗面前并很快受封骠骑大将军开始，到天宝十四载（755）

起兵叛乱为止，唐玄宗对他的恩宠就没间断过。除了前文已经提到的天宝三载（744）三月，让安禄山以平卢节度使身份兼任范阳节度使并任河北采访使，在安禄山返回方镇之际，令宰相等大批官员为其送行外，我们还可以罗列出一大把无上恩宠：

一是天宝六载（747）正月，让安禄山以平卢节度使、范阳节度使的身份再兼任御史大夫。御史大夫是中央官职，这让边境军帅安禄山频繁进出长安变得理所当然；而且御史大夫作为御史台长官，负责监察百官及法律法规、典章政令的实施，也使得安禄山在大唐官僚系统里的权威日益增强。

二是天宝七载（748）六月，赐安禄山实封 300 户和免死铁券，并封他为柳城郡开国公。实封 300 户相当于在常规俸禄之外另给相当于 300 户人家赋税的俸禄，对安禄山这样的高官来说 300 户人家的赋税并不算什么，重要的是一种荣誉的象征；封柳城郡开国公相当于安禄山获得了仅次于李姓王的最高爵位；最后还有一个免死铁券加持。

在流传下来的晚唐时期唐昭宗赐给吴越王钱镠的免死铁券中，写着“卿恕九死，子孙三死，或犯常刑有司不得加责”等字样，意思是受赐者本人可以凭铁券赦免 9 次死罪，子孙后代可凭铁券赦免 3 次死罪，如果犯的是一般的罪行则司法机构无权追究。

唐玄宗赐给安禄山的铁券没有流传下来，具体写了些什么我们不得而知，但哪怕只赦免一次死罪也是莫大的恩惠和荣耀。

三是天宝九载（750）五月，册封安禄山为东平郡王，安禄山由此成为大唐建国以来第一个被封王的节度使。

四是天宝九载（750）六月，再以安禄山兼任河北采访使，并且这次还让寿王李瑁亲笔书写任命状，连同其他赏赐一起派身边的宦官给安禄山送过去。不久之后安禄山上奏请求入朝，唐玄宗下令在长安城里给安禄山建造宅邸，又派杨国忠等杨贵妃的兄弟姐妹出城迎接，并亲自前往望春宫等待安禄山觐见。

五是天宝十载（751）正月，下令在长安城为安禄山重新建造宅邸，并且要求不惜人力物力，怎么高档怎么建，怎么奢华怎么来，建成之后用于布置宅邸的奇珍异宝也务必追求极致，哪怕比皇宫里用的还好也无所谓。对此，唐玄宗的理由是："胡人眼睛大，不要让安禄山这个胡儿小瞧了朕！"

六是天宝十载（751）二月，应安禄山所求，将河东节度使韩休珉调离，以安禄山兼任河东节度使。至此，安禄山身兼三镇节度使，军事实力达到了顶峰。

唐玄宗给安禄山的恩宠除了以上所举之外还有很多，例如允许安禄山起五炉自行铸造钱币；让杨贵妃的堂兄杨铦、杨锜，姐姐韩国夫人、虢国夫人和秦国夫人等与安禄山结拜为异姓兄弟姐妹；唐玄宗和宰相正在打马球时，碰到了安禄山想请宰相去新宅喝喜酒，唐玄宗立即收手让宰相赶紧过去；在宫中一旦吃到美味佳肴，或者在皇家猎场猎杀到了珍稀野味，唐玄宗都会派人快马加鞭地送给安禄山尝鲜；唐玄宗专门赐给安禄山一块免酒金牌，只要安禄山把这个牌子拿出来，那些宴请他的王公大臣便不敢给他灌酒了。凡此种种，不一一列举。

除了张守珪、唐玄宗这两大贵人外，安禄山的地位不断上升、实力越来越强还要特别感谢另外一个人的助力，那就是一代奸相李林甫。

李林甫对安禄山的第一重助力是对唐玄宗思维方式的影响。其实这并不针对安禄山，只是李林甫自己谄媚邀宠的手段，但天宝时期的唐玄宗听不进去针对安禄山的任何质疑，与李林甫从开元时期便长期撺掇唐玄宗“圣心独裁”有着重要关系。举几个例子：

一是开元时期武惠妃受宠，为了让自己的儿子李瑁上位一直在唐玄宗面前说太子李瑛的谗言。唐玄宗准备废黜李瑛太子之位，但遭到宰相张九龄的激烈反对时，李林甫效仿当年唐高宗欲废王皇后立武则天为后时大臣李勣的态度，说了一句：“天子家里的事情，外人有什么资格插嘴？”太子李瑛终于在开元二十五年（737）以谋反罪被贬为平民并处死。

二是开元二十四年（736）秋天时节，唐玄宗在东都洛阳住了一段时间后准备启程返回长安，大臣裴耀卿等人进谏说：“现在正是秋收时节，为不妨碍秋收还是等冬天再回长安吧。”李林甫却进言：“洛阳和长安都是天子皇宫的所在地，天子在自己的皇宫之间往返哪里还需要顾忌什么时机？如果回长安的路上确实影响了秋收，免除他们一些赋税就是了。”这个意见让唐玄宗很是高兴，立马就出发从洛阳回了长安。

三是开元二十四年（736），唐玄宗准备给朔方节度使牛仙客加官晋爵遭到了宰相张九龄的激烈反对，李林甫又说了一句：“天子用人，哪有不可以一说？”唐玄宗大悦，不但很快给牛仙客加官晋爵，而且罢免了张九龄的宰相之职。其后李林甫在朝堂之上排斥异己，一家独大，唐玄宗又在其蛊惑之下深居内宫怠于政事，大唐王朝官场的腐败气息更浓。

李林甫对安禄山的第二重助力，是他确实在唐玄宗面前替安禄山说了很多好话。

一是天宝二年至三年（743—744）安禄山进长安的那段时间，李林甫估计没少收到安禄山的谄媚和好处，他也看到皇上对安禄山恩宠有加，让安禄山以平卢节度使身份又兼任范阳节度使时，便投其所好在唐玄宗面前对安禄山大加赞美。

二是天宝六载（747）唐玄宗授安禄山加兼御史大夫之职时，李林甫继续投唐玄宗所好大赞安禄山贤良无双。

李林甫对安禄山的第三重助力，是进言唐玄宗大量用胡人为北部边境军帅并长期任职，给了安禄山这样的人物在方镇里蓄养心腹、培植势力以极大的便利。

唐朝建立之初，边境军帅任职的时间一般都不长，也很少有同一个人既担任边境军帅又担任朝廷要职的情况，并且很多在边境立下显赫战功的军帅都被调往长安为相，这样的做法既可以激发官僚系统的活力，又可以防止军帅长期在一个地方任职而培植自己的势力。

历史进入到唐玄宗开元年间后，因为皇帝开疆拓土的抱负不断增强，边境军帅的轮换速度开始变慢，很多人甚至十几年不挪地方，并且开始出现京官兼任边境军帅的情况，这些在长安的京官多是名义上的军帅，在边境实际统兵的往往另有其人，同时还出现了盖嘉运、王忠嗣这样同时兼任多个军帅的将领。

上述情况容易造成边境军帅实力过强、尾大不掉，也容易造成朝堂之上具有实战经验的人才缺乏，两种情况共存带来的风险便是一旦边境发生兵变，能够统兵出击的京官很少，选任其他边境军帅统兵则远水解不了近渴，从而使朝廷面临十分被动的局面。天宝十四载（755），安史之乱爆发之后，唐玄宗为首的朝廷就面临了这样的困境。

边境军帅长期不轮换、京官遥领边境军帅、一人身兼多个军帅等情况本来就让国家面临着巨大隐患，哪承想李林甫为了巩固自己的权力又给唐玄宗出了一个馊主意。

李林甫虽然贵为宰相，但文化素养并不高，常常因为在朝堂之上言辞鄙陋而被人讥笑。出于巩固自己宰相之位的目的，一方面，他厚贿皇帝左右宠信之人，对唐玄宗的所思所想和一举一动清清楚楚；另一方面，他认为如果大范围选择文化素养普遍较低甚至对汉文大字不识一箩筐的胡人担任边境军帅，他们战功再高也对自己的宰相之位构不成什么威胁，他便向唐玄宗进言说：“如果让文臣担任军帅，大多不敢主动冲锋陷阵，还不如多用没有宗族背景的胡人；如果用胡人做军帅，他们勇猛善战，又没什么宗族背景，不会结成利益集团，只要陛下施以恩宠，他们必定会为朝廷拼死效力。”

李林甫的意见被唐玄宗全盘接受。对“杂胡”安禄山来说，出身边境外加骁勇善战，本就受到皇帝宠信，又遇到如此有利的政策导向，实在是想不发达都不能了。

不过事情还有另外一面，与张守珪、唐玄宗有所不同，李林甫是助力安禄山飞黄腾达的重要贵人，他也将安禄山拿捏得死死的。

李林甫为相期间，把大唐王朝的官僚系统搞得乌烟瘴气自不待言，但他能够把持宰相位置 19 年而不倒，确也很有几分奸雄之才。此人以口蜜腹剑著称，性格阴险且心思缜密，手段残忍但喜怒不形于色，待人接物一开始常常表现得很是亲切，但很快就会让人产生一种捉摸不透、高深莫测之感。

安禄山虽然善于察言观色并且能言善辩，但在李林甫面前完全就是个小学生。

李林甫虽然出于邀宠固位的需要多次助力安禄山官位升迁、兵权渐重，但修理起安禄山来也是毫不含糊。他修理安禄山的手段主要有两招，一是杀鸡儆猴，二是料敌于先。

所谓杀鸡儆猴，就是假他人之手立威。一次安禄山前去向李林甫汇报工作时，态度很是倨傲不恭，李林甫不动声色，悄悄让人把和安禄山同任御史大夫的王鉷召过来议事。

王鉷到达后，李林甫虽然和他议的是其他事情，但未让安禄山离席。王𫟹也是位高权重，在李林甫面前却是谨言细语、十分谦恭，两相对照之下，顿时让安禄山感觉到自己的倨傲不恭是如此的不合时宜，怅然若失之下赶紧有样学样，态度立马变得比王𫟹还要恭谨。

所谓料敌于先，便是随时可以先发制人。安禄山虽然长了一百个心眼，但每次和李林甫谈事的时候，心中的所思所想总能被李林甫猜个十之八九，以至于李林甫总能抢先把他要说的话给说出来，令他在胆战心惊之下深为叹服。

被完全拿捏之下，安禄山虽然在其他京官面前志得气盈、趾高气扬，在李林甫面前却连大气都不敢喘一口，甚至发展到隆冬时节面见李林甫时也常常冷汗涔涔、内衣尽湿。

李林甫将安禄山的紧张状态尽收眼底，很是满意，兴趣高时便把他请入中书厅落座并和颜悦色地进行安抚，有时还将自己的外套解下来披在安禄山身上御寒，但他越是如此，安禄山越是怕他，根本不敢在他面前耍一点心眼，总是小心翼翼、谨言慎行，知无不言、言无不尽。

安禄山对李林甫的害怕可谓深入骨髓，因为李林甫在自家兄弟姐妹中排行第十，安禄山即便在人后也常常以“十郎”来尊称自己的这一“天敌”。

安禄山不但在长安城里受到李林甫的全面拿捏，即使回到大本营范阳后也高度关注李林甫对自己的态度如何，每次安排在长安留守的心腹刘骆谷回到范阳时必问一句：“十郎给我捎了些啥话？”只有听到李林甫捎来的是赞美之词时，才会长舒一口浊气，压力释放之下喜形于色；一旦听见李林甫让人捎来的是“告诉御史大夫安禄山，请他好好反省反省”一类的话，便会倒吸一口凉气连连后退，反手紧紧撑住所坐的胡床，一边勉强稳住身子一边绝望地大叫：“啊呀呀，我完蛋了，我完蛋了！”

恶人自有恶人磨！

安禄山否极泰来一路高升的时候，史思明也没有原地踏步。

安禄山从“捉生将”起步，累积军功一路升迁，在天宝元年（742）终于爬上了平卢节度使的高位。史思明也从“捉生将”起步，累积军功一路升迁，同样在天宝元年（742）爬上了将军、知平卢军事的高位。

任平卢节度使后，安禄山得以入朝觐见唐玄宗并令皇帝龙颜大悦。任将军、知平卢军事后，史思明也得以入朝觐见唐玄宗，唐玄宗对他的言谈举止也十分欣赏，问他多大年纪，他回答说已经40岁了，唐玄宗亲切地拍了拍他的后背，鼓励道：“你的大富大贵还在后面，努力，努力！”

正是在这次觐见中，唐玄宗听到“史窣干”这个名字后觉得汉文色彩不够，便以“窣干”本意“黑色”为基础，赐了这位40岁臣子一个“思明”的名字，“史思明”这个名字才正式登上了历史舞台。

安禄山觐见唐玄宗后打开了进一步高升的大门，史思明觐见唐玄宗后也得以继续进步，很快升任了大将军、北平太守，到天宝十一载（752）十二月又得到安禄山的保荐，进一步升任了平卢节度使都知兵马使。

总之，史思明虽然比不上安禄山在张守珪、唐玄宗和李林甫三大贵人的前后加持之下一飞冲天，但他凭着自己在开元年间的不懈努力，地位也在稳步上升，到了天宝年间也终于登堂入室，积量变而质变，在大唐王朝的官僚系统里混成了能够排得上名号的人物。

第二章
大胖干儿到不守臣节

一、装傻充愣：大唐帝妃开心果

能让皇帝十几年如一日地宠信不衰，安禄山主要凭借的还是他在边境上不断吃人血馒头立下的军功。为了向朝廷邀功，他在一段时间里多次向奚人和契丹人的部落酋长们示好，引诱他们率众前来相会并请他们大块吃肉，大口喝酒，待其酩酊大醉后全部坑杀，同时把酋长的人头砍下来作为战利品送到长安邀功，这样前后数次，一杀便是几千人之多。

那些年，安禄山从范阳派往长安贡献俘虏和各种珍禽异兽、奇巧珍玩的使者络绎不绝，以至于沿途郡县劳民伤财、疲于应对。

另一方面，安禄山从天宝二年（743）正月第一次觐见皇帝开始，就把装傻充愣、极力扮演“开心果”的角色作为在唐玄宗那里邀宠固位的重要手段。例如前文提到他先是声称营州发生蝗灾时向上天祷告，如果自己心术不正、对皇上不忠，就请蝗虫啃食其心而不是麦苗，随后蝗虫便被从北边飞来的一群鸟儿消灭干净；后又声称在讨伐契丹人的路途中梦到开国名将李靖和李勣向他乞讨食物，在受命建庙祭祀后又号称庙梁之上长出了一根十茎的灵芝草便是典型案例。

以上的信口雌黄虽然赢得了唐玄宗的赞许，但毕竟都来自安禄山的“转述”，并不够直观。所谓耳听为虚眼见为实，安禄山当着唐玄宗的面也不断花样翻新，想尽办法逗唐玄宗开心。

安禄山年轻时就很胖，这一特点曾让他在义父张守珪那里吃了不少白眼，以至于好几年里连饭都不敢吃饱。发迹之后再没人在胖这件事情上管他了，但彻底“放飞”也让他的体重突飞猛进。

关于安禄山的体重，史书记载中有300斤、330斤、350斤等不同说法。我们完全可以把这三个数据看作安禄山体重的持续增长过程；同时唐朝时的度量衡有所变动，1斤相当于当代的662—672克，就算我们选择最小的体重数据300斤和最小的换算数据662克，安禄山的体重也相当于我们现在的397斤之多。

如此大的吨位让安禄山吃尽了苦头，一是他肚子上的赘肉一直垂到膝盖以下，经常要靠专人从两边架着才能行动。二是他骑马的时候必须要在马背上安装一大一小两个马鞍，大的坐人、小的放肚子，并且只有能驮得动5石（唐朝的1石接近于当代的160斤，5石大约为800斤）的马匹才有资格被选作他的坐骑。即使如此，从范阳到长安的驿站里也要专门为他搭建换乘马匹用的台子，如果过站不换马匹，留给马匹的结果便只能是活活累死。三是他穿衣服的时候，甚至要仆人用头把大肚子往上顶起来才能找到系腰带的地方。

令人咋舌的是，如此之胖的安禄山居然还能很灵活，特别是在唐玄宗面前跳胡旋舞的时候，居然能够像旋风一般滴溜溜地转圈圈。一个将近400斤的大胖子有这种本事，我们能想到的理由恐怕只有两个，一是他从小就擅长跳胡旋舞，发胖之后基本功和肌肉记忆都还在；二是他毕竟是“捉生将”出身，身体机能的底子很好，偶然间豁出去转几下也还能对付！

我们完全可以想象，当唐玄宗、杨贵妃等人看到一个大肉球在自己面前快速旋转时，被安禄山的滑稽模样逗得哈哈大笑的样子。

笑完还不算，唐玄宗还曾意犹未尽地指着安禄山的肚子调侃道：“这个里面到底装了些啥，竟然如此之大？”安禄山却立即回答：“其他啥也没有，只有效忠皇上的赤胆忠心！”这个马屁在合适的时间、合适的场合拍得恰到好处，让唐玄宗很是受用。

在直接拿自己的身型当作拍马屁的工具之外，安禄山还曾拿太子和杨贵妃作为拍马屁的工具。

对于太子，因安禄山曾在唐玄宗面前说自己是个出身寒微的胡人，受到皇上恩宠无以为报，只希望能代皇上去死的话，让唐玄宗很是感动，便召太子来见，希望促进安禄山和太子之间的亲近关系，这样即使自己驾崩之后安禄山依然可以受到新君宠信。

但安禄山打定主意要在唐玄宗身上把马屁一拍到底，见到太子之后故意毫无表示，即使边上有人提醒他赶紧叩拜，他也只是拱拱手并装傻充愣地问："我是胡人，不懂朝廷礼仪，不知道太子是什么样的官？"唐玄宗微笑着为他"扫盲"："太子就是皇位继承人，他日我不在了，太子就会即位成为新的皇上。"安禄山这才假装恍然大悟地说道："啊呀，是我太过蠢笨，一直只知道有皇上，不知道还有太子，实在是罪该万死。"这才做出不得已的样子向太子叩拜。

"不知道太子是什么样的官"这种把戏玩得其实很拙劣，安禄山也知道太子根本不信，但他吃准了唐玄宗受用这一套。唐玄宗也确实如他所料，真的因此更加觉得他心思单纯，是个真性情之人，对他的宠信也更甚于以往。

对于杨贵妃，安禄山把"单纯和真性情"的把戏玩得更大。虽然唐玄宗让杨贵妃的堂兄杨铦、杨锜和姐姐韩国夫人、虢国夫人、秦国夫人等与他结拜为异姓兄妹，但他转过头来又向唐玄宗提出请求，要拜杨贵妃为"干妈"，令人称奇的是唐玄宗居然同意了。

拜杨贵妃为“干妈”后，一方面安禄山继续装可爱，唐玄宗和杨贵妃都在的场合，他每次都是先拜贵妃后拜皇上，唐玄宗问他原因，安禄山回答说：“我们胡人都是先拜母亲后拜父亲。”另一方面杨贵妃也乐得拿他当个大宝宝来玩，既然是自己新得的儿子，那就给新儿子沐浴一把吧！

天宝十载（751）正月初四，也就是安禄山虚岁49岁生日后的第三天，他受召入宫并去给“干妈”拜年，杨贵妃命一帮宫女突然袭击，把安禄山摁在地上扒得精光后，用绫罗锦缎将他包裹成一个“蜡烛包”，然后给他擦拭沐浴，号称是“三日洗儿”。杨贵妃如此“母爱爆棚”，安禄山当然只能卖力配合，闻讯跑过来看热闹的唐玄宗也被逗得哈哈大笑。

在这场游戏里，33岁的“干妈”杨贵妃玩得很开心，67岁的“干爸”唐玄宗看得很开心，49岁的“干儿”安禄山心里面可能很不开心但表面上装得很开心。

开心完毕后，“干爸”既赏了“干妈”大笔“洗儿钱”，又赏了“干儿”大笔“新生儿见面礼钱”。

安禄山这次卖力地配合演出，不仅得到了唐玄宗给的大笔赏钱，作为“干儿”还得到了随意出入“干妈”杨贵妃寝宫的特权。进到杨贵妃寝宫之后，安禄山不仅可以和“干妈”坐在一起用餐，有时候干脆还留宿在里面通宵不出。

这对“干妈”“干儿”有没有真的发展出奸情不好说，但传出来的名声不好听。安禄山如此闹腾之下唐玄宗就是不起疑心，也让人不得不佩服他对唐玄宗所思所想的稳稳拿捏，或者说咱们只能对着唐玄宗摇摇头、叹口气。

二、叛意萌发：多方蓄积实力增

史书记载中一再强调安禄山是“天生叛骨”，除了关于他出生时妖星降落、群兽齐鸣的记载外，还有他与唐玄宗欢宴之后酩酊大醉就地而卧，酣睡之时化为“黑猪龙首”的记载，虽然可信度基本为零，但安禄山的谋反之意在正式起兵之前多年就已萌发却是事实。

安禄山谋反之意萌发于对杨氏姐妹美貌的觊觎，时间大约在天宝六载（747）。

这一年，唐玄宗让杨贵妃的堂兄杨铦、杨锜，姐姐韩国夫人、虢国夫人和秦国夫人等与安禄山结拜为异姓兄妹。无论觊觎美人是不是主要原因，这次结拜都让安禄山近距离接触并看清楚了皇帝身边的红人们也不过都是些有着七情六欲的凡夫俗子，杨氏姐妹除了长得漂亮些外，智商、情商等很多地方可能还比不上普通人，掌控方镇、羽翼渐丰的安禄山由此萌发“彼可取而代之”的意念确实不算奇怪。

天宝十载（751）正月初四“三日洗儿”闹剧之后，安禄山又获得了自由进出杨贵妃寝宫的特权，对他来说最重要的其实并不在于进出杨贵妃寝宫甚至是与杨贵妃发展出奸情，而在于他表面上因“单纯和真性情”被唐玄宗当作“宠物”一般看待和把玩，实际上却是以自己的“单纯和真性情”将唐玄宗玩弄于股掌之间，而大唐天子的所谓威仪也在这个过程中一点点被他践踏到了尘土之中。

据说安禄山每次上下朝堂走到大明宫含元殿前象征皇家威仪的长长台阶龙尾道上的时候，都要停下脚步南北相望、上下打量很长时间。刚到长安城为官的时候，这种打量或许是出于安禄山对于皇家威仪的好奇和敬畏，随着叛意萌发和逐渐将皇帝老儿玩弄于股掌之中，这种打量慢慢也就演变成了对于天子宝座的觊觎。

安禄山的谋反并非一朝一夕，所做的准备当然也很周全。

一是在长安城安插眼线。天宝六载（747），安禄山身兼中央官职御史大夫和方镇节度使两类职务后，虽然能够频繁进出长安，但大部分时间仍在方镇，为此他特意安排自己的亲信部将刘骆谷常驻长安，名义上是帮他处理日常公务，实际上是为他监视长安城的动静。刘骆谷确也不辱使命，不但把长安城的一举一动及时报告给安禄山，很多时候还很及时地代为起草和处理各种文件，使安禄山可以安心地在方镇之中谋划自己想做的事。

二是加强战略物资储备。同样在天宝六载（747），安禄山在范阳以北下大力气修筑了雄武城（今河北省张家口市宣化区），名义上是加强边境防御，实际上的目的主要有两个，一是在此囤积兵器、粮食、战马、牛羊等战略物资，二是防止起兵后河东节度使派兵来攻、腹背受敌。

修筑完雄武城，安禄山还是不放心，进一步向唐玄宗提出了兼任河东节度使的请求，并于天宝十载（751）二月得偿所愿。这之后，安禄山的军事实力不但进一步增强，大本营范阳腹背受敌的隐患也得以解除，雄武城彻底成了安禄山谋反的仓储基地，城中仅战马便蓄养了 1.5 万匹，连同在其他地方蓄养的战马，总数达数万匹之多。囤积的各类兵器也数以万计。

三是加强私兵蓄养。安禄山年轻的时候就做过幽州节度使张守珪的义子，在发迹后也开始蓄养私兵。他蓄养的私兵主要分为两类，一类是以家童形式存在的队伍，虽然人数只有 100 来人，但都是勇猛无敌、以一当百之人，类似于贴身警卫；另一类是在征伐同罗、奚、契丹等少数民族过程中，从俘虏中选拔出强壮勇武之人并加以训练形成的队伍，人数达 8000 多人，以胡语取番号为“曳落河”，意为“壮士”，类似于直接掌握在自己手中的王牌部队。

四是提升经济实力。安禄山的父系血统为粟特人中的康国人，他自己年轻时又做过边境市场里的“互市郎”，备战期间他充分发挥了康国人善于经商的传统和自己熟悉边境贸易的优势，掌控并派遣大批粟特商人外出贸易，让这些人每年给他带回数以百万计的钱货物资。

五是积极收买人心。安禄山命人制作了大量红色、紫色的官服和盛装官品鱼符的鱼袋，为夺取天下后的论功行赏做准备。在起兵前一年即天宝十三载（754）二月，安禄山以部将在讨伐奚、契丹、同罗等部族中军功显赫为由，奏请唐玄宗突破常规做法加大赏官力度，并且要求朝廷只负责提供任命状，颁发的事具体由他来做，从而一次性在麾下新晋升了将军500多人、中郎将2000多人；在起兵的当年即天宝十四载（755）二月，又奏请将麾下与自己走得不近的32名汉人将官换为胡人将官，同样是朝廷提供任命状，他负责具体颁发。

此外，安禄山充分发挥了他出身巫女之家熟悉巫术的优势，常于大庭广众之下令大批巫女在身前跳舞，给自己加持一种半人半神的神秘气氛。安禄山也发挥了他精通多种番语的优势，对征战俘虏而来的各族人等不能收服的坚决处理，借以耀兵扬威；能够收服的尽力收服，既可通过亲自谈话洞悉周边军情，又可通过有的放矢地收买人心将这些俘虏转化为自己帐下的死战之士。

通过以上手段，安禄山不但收买笼络了人心，而且有效加深了麾下军队的胡化程度，更便于起兵时的组织发动。

六是广聚谋臣猛将。谋反并不是安禄山孤家寡人的一厢情愿，在他身边还聚集了一大批气味相投之人，其中重要的谋臣有高尚、严庄、张通儒等人，重要的军将有孙孝哲、史思明、安守忠、李归仁、蔡希德、牛廷玠、向润容、崔乾祐、尹子奇、何千年、武令珣、能元皓、田承嗣、田乾真、阿史那承庆等一大批从军队里逐步提拔上来的心腹近臣。

这拨人里史思明不用说了，其他人或者在安史之乱爆发前的谋划中举足轻重，或者在安史之乱的过程中冲锋陷阵，或者在乱前、乱中一以贯之，还有的甚至在安史之乱平定后依然尾大不掉成为唐王朝噩梦般的存在，总之个个都不是省油的灯。其他人我们后面结合叛乱进程慢慢再说，这里先重点说说严庄、高尚和孙孝哲。

严庄是一名汉人，天宝初年进入安禄山麾下并得到重用和宠信，力劝安禄山谋反并为其积极出谋划策，堪称安禄山的第一谋臣。

严庄人品极差，是个三姓家奴式的人物。安禄山起兵前，他不断鼓动其谋反；安禄山起兵后因身体健康状况快速下滑而致性情暴躁无常，他不断遭受安禄山有理由无理由的拳打脚踢，苦不堪言之下，他就干脆策划将安禄山给谋杀了；谋杀安禄山后，他联合一班人等拥立安禄山之子安庆绪即位，深受倚靠之下一度权倾叛军之境，但在当年十月遭遇连战不利之际又找机会向唐军投降并获得了司农卿的官职。

高尚也是汉人，年轻时从老家幽州雍奴（今河北省霸州市至天津市静海区一带）跑到河朔一带讨生活，虽然混得并不得意，但哪怕母亲在老家已经落魄到乞讨求食的地步也不愿回去赡养，曾经放言："我宁愿因造反而死，也决不在吃糠咽菜的日子里苟活下去。"

高尚人品不好，文化水平倒是很高，在河朔待了多年后终于得到怀州刺史李齐物的赏识。李齐物将他举荐到长安并资助了 3 万钱，又动用自己在长安的人脉将他引荐给了唐玄宗身边的第一宦官高力士。高尚在高力士府中待了一段时间并干得很好，得到高力士的帮助，终于在天宝元年（742）当上了左领军仓曹参军，做的大概是管理禁军仓库物资一类的工作。

在长安待了一段时间后，高力士又将高尚推荐给了安禄山，天宝六载（747），高尚当上了平卢掌书记，差不多相当于安禄山的贴身秘书。安禄山因为胖而嗜睡，高尚经常带着纸笔守在安禄山的卧室床前通宵达旦随时待命，从而被安禄山引为心腹。

成为安禄山的心腹后，高尚连同严庄、孙孝哲等人持续不断地撺掇安禄山谋反，为安禄山多方分析起兵必胜的形势。安禄山正式起兵后，各种通告文书也大多出自高尚之手。

安禄山死后，高尚继续在安庆绪麾下效力，没过两年安庆绪遭遇众叛亲离的困境，高尚与其他人等鼓动安庆绪归降史思明，但他万万没想到的是，史思明随后不但绞杀了安庆绪，连他也一并给杀了。

孙孝哲是一名契丹人，安禄山因为与他的母亲有私情而对他另眼相看。此人外形俊朗且有谋略，能想人之所想，发人之所未发。此外，他还是个擅长缝布制衣的裁缝，并且只有他裁剪缝制的衣服才能让又高又胖的安禄山穿着既合身又舒服，因而深得安禄山的喜爱。

安禄山起兵攻陷长安后，将长安交给孙孝哲和张通儒负责，两人在长安城以残酷手段，对没来得及逃跑的妃子、公主、宗室子孙，杨国忠、高力士的党羽以及不愿臣服之人大开杀戒，死者不计其数。

因为深得安禄山宠信，孙孝哲在安禄山起兵后与严庄大肆争权并占据上风，安禄山死后严庄在交战不利的局势之下投降了唐军，孙孝哲则继续在安庆绪帐下效力，唐肃宗乾元二年（759），史思明在绞杀安庆绪时也将他一并诛杀。

在谋反的各项准备有条不紊推进之时，安禄山又迎来了两大利好。

第一个利好是安禄山在朝廷中最为忌惮的人，那个令他见到真人出冷汗、听见名字抖三抖的宰相李林甫于天宝十载（751）十一月去世了。李林甫死了还不算，继而为相的竟是安禄山根本看不起的杨国忠。

杨国忠是河中府永乐县（今山西省永济市）人，本名杨钊，直到天宝九载（750）才蒙唐玄宗赐名为杨国忠。这家伙年轻时长得挺帅气，但因为嗜酒好赌很为族人厌恶，30 岁时才跑到蜀地从军，虽然也做过新都县尉、扶风县尉等小官并一度得到当地土豪鲜于仲通的赏识，但并没有混出大的名堂。杨贵妃得宠后，一直与李林甫不和的剑南节度使章仇兼琼为了能搭上杨贵妃的关系，便在鲜于仲通的推荐下将身为杨贵妃从祖兄长的杨国忠找了出来，资助百万钱财送他到长安城活动。

杨国忠进入长安城后，一方面有章仇兼琼资助的百万钱财做打点，另一方面又有同宗族杨贵妃兄妹的帮助，他精通摴蒲赌博的特长很快传到了喜欢这玩意的唐玄宗的耳朵里，得以觐见之后顺利谋得了一官半职。章仇兼琼也因此顺利搭上了杨贵妃这条线，如愿被调回长安出任户部尚书兼御史大夫。鲜于仲通也于天宝十载（751）得到杨国忠举荐坐上了攻打南诏的唐军主将位子，过了一把“元帅”瘾，只不过这次出兵以失败告终，但其后他依然获得了相当于长安市长的京兆尹一职。

杨国忠虽然文化水平不高，但人长得不赖，小聪明也有不少，特别是在计算盘点方面很有特长，陪同唐玄宗玩摴蒲赌博游戏时，负责记录的赌资进出账目清清楚楚、分毫不差，唐玄宗很高兴地称赞他是理财高手，他的官位也不断提升，天宝七载（748）得以出任给事中兼御史中丞，专判度支，李林甫死后又出任宰相之职。

作为唐玄宗在位后期继踵而起的两大奸相之一，杨国忠虽然也有一些小聪明，但政治水平比前一位奸相李林甫差得太远，根本没入安禄山的眼。

第二个利好是寻机将朔方节度副使、“九姓铁勒”同罗部首领阿布思的兵马收归己有。严格来说这个利好其实是安禄山自己将危机转化为良机，硬生生创造出来的。

天宝十一载（752）八月，安禄山率大军并联合奚人攻伐契丹，结果遇到大雨，弓弦被淋湿泡涨失去弹性，军队也处于人困马乏之中，加之又遭到奚人的突然倒戈，最终大败。安禄山也被一支箭射断了身上佩戴的玉簪，逃跑途中还曾跌进深坑差点小命不保，最后在儿子安庆绪、部将孙孝哲等人的奋力拖拽之下才勉强爬出，狼狈回营。

这次失败让安禄山颜面大失，没过多久他便再次集结军马，倾巢而出声称要报一箭之仇，但在出兵之前他上表唐玄宗，要求将朔方节度副使阿布思派作他的副手率众来会。

唐朝时期在蒙古高原北部生活着回纥、仆固、同罗、浑、思结、拔野古、契、阿布思、骨仑屋骨思 9 个部落，虽然姓氏各不相同但都属于铁勒部落的分支，故称为“九姓铁勒”。这里提到的阿布思是“九姓铁勒”中同罗部的首领而非阿布思部的首领，同罗部族原臣属于后突厥汗国，天宝四载（745）突厥汗国灭亡后阿布思率部投奔唐朝，累积军功坐上了朔方节度副使的位子，但素与安禄山不和。

安禄山请求调阿布思来会，名为共同攻伐契丹，实际上是想乘机吞并阿布思的部众。素与安禄山不和的阿布思对安禄山的野心看得一清二楚，无奈远在长安城的唐玄宗偏偏就是无条件信任并强力支持安禄山，诏令阿布思率众前往听从安禄山号令。

阿布思不愿羊入虎口，被逼之下选择举众叛逃北走漠北。见阿布思不来，安禄山仇也不报了，契丹也不打了，连忙下令班师回营。

阿布思率众北走漠北进入回纥境内，不料为回纥所败，便准备西投同属铁勒部族的葛逻禄部，结果被安禄山看到机会，以平叛为借口半路劫杀并将阿布思的部众大部收服。阿布思虽勉强逃入葛逻禄部，但葛逻禄部慑于唐军威胁很快把他绑回来交给了大唐北庭都护程千里，随后被押回长安处死。

收服阿布思的部众后，安禄山的军事实力冠绝天下，态度更加嚣张，认为他必将叛乱的人已经不是以一个两个计了。

三、山雨欲来，众口难唤梦中人

安禄山在唐玄宗面前邀宠固位的很多手段其实并不高明，虽然唐玄宗老迈昏聩、冥顽不灵，但清醒的人大有人在。

第一个提醒唐玄宗对安禄山宠信过头的是下一任皇帝、时任太子李亨。

当初安禄山以“不知道太子是什么样的官”为理由故意不拜太子时，李亨虽然表面上没说啥，心里估计已经将这家伙骂了个底朝天，这一点安禄山心里也很清楚，他之所以举兵谋反，担心因为这事被他得罪了的太子将来登基后找他秋后算账也是个重要原因。

也说不清楚到底是为什么，唐玄宗对安禄山的宠信远远超出了正常范畴，在正常的恩宠之外竟还干了很多突破礼制的事情，例如在天宝九载（750）五月，册封安禄山为东平郡王，便开了有唐一代节度使封王的先例。

不仅如此，唐玄宗还在勤政楼的一次活动中给了安禄山极其特别的待遇。这次活动中，唐玄宗本人按惯例坐在帷幄之内，又让人在自己帷幄的左边给安禄山布置了一个金鸡大障，这相当于给了安禄山仅次于皇帝但远高于群臣的坐席。

对此，太子李亨实在看不下去了，便进言父皇："自古以来从没有臣子在皇帝面前坐进帷幄的例子，陛下如此突破礼制宠信安禄山，安禄山会膨胀过头的！"

太子的批评一针见血，唐玄宗被说得一时语塞，但他理亏之下并不愿意承认错误，愣了半晌之后自己找补："这个胡人相貌气质有点异常，我要通过这种方式用天子之气压一压他！"

儿子说你这么玩会出事的，老子回答我就是为了不出事才这么玩的。儿子除了讪讪而退，还能说啥？

第一个明确告发安禄山谋反的是大将王忠嗣。

王忠嗣并非一般人等，此人出身于著名大族太原王氏，年少时因父亲王海宾为国捐躯而受唐玄宗的眷顾，被养在皇宫之中为假子，成年后曾在唐军征讨吐蕃的玉川战役、征讨契丹和奚族的桑干河战役中建立奇功，又在攻灭后突厥汗国的战役中战功显赫，一度同时兼任河西、陇右、朔方、河东四镇节度使，比安禄山还多兼了一个。

天宝十一载（752），安禄山曾以讨契丹为名，寻机将"九姓铁勒"同罗部首领阿布思的兵马收归己有，从而实力大增。实际上安禄山早在5年前就玩过这种把戏，当时他针对的正是王忠嗣。

天宝六载（747），安禄山以加强边境防御为名，在范阳北修筑用于储备谋反战略物资的雄武城时，曾奏请派王忠嗣率军前往助阵，意在趁机夺取王忠嗣的兵马。

安禄山之所以敢针对王忠嗣，是因为宰相李林甫一直在防范和找机会打击王忠嗣。李林甫之所以防范和找机会打击王忠嗣，是因为害怕其终有一天会凭着赫赫战功入朝为相，从而对自己的宰相大位构成威胁。

王忠嗣久经沙场，可不像阿布思那样穷蹙无计并进而抗旨不遵，接到诏令后他的做法是率部火速前往，赶在预定日期之前就已经到了目的地，还没等安禄山反应过来，他已了解完情况又把大军给带走了，安禄山连他的面都没见着，更不用说动其他歪心思了。

有了实地考察的第一手资料，安禄山的所作所为、所思所想更加逃不过王忠嗣的眼睛，回到自己方镇的他连续修书多封上奏朝廷，直言安禄山必反，提醒朝廷赶紧应对。

但王忠嗣虽然能够从雄武城全身而退，却也没能力靠几封奏章就掀翻安禄山，因为此时的安禄山不但有唐玄宗的宠信，还有李林甫这一神功护体！

李林甫原本就对王忠嗣防范有加，此时王忠嗣又开始大力攻击安禄山，眼看要坏了其多用胡人做边将的大计，是可忍孰不可忍。王忠嗣的奏章按流程首先要经李林甫初审，能不能摆到唐玄宗面前都是个问题，就算真的摆到了唐玄宗面前，估计唐玄宗也只会哂然一笑；而李林甫对王忠嗣的打击力度也在进一步加大。

王忠嗣从雄武城返回不久，唐玄宗命王忠嗣协助将军董延光攻打吐蕃的石堡城（今青海省湟源县石城山）。王忠嗣认为此举没有战略价值而配合消极，最终董延光上奏将未能按期拿下石堡城归罪于王忠嗣的不配合，李林甫则趁机兴风作浪，令人诬告王忠嗣欲奉太子夺位。

攻石堡城不积极外加李林甫的诬告，王忠嗣又没有安禄山那样人人皆言其反但皇帝就是不信的好命，被大怒的唐玄宗召回长安并下狱严刑拷打，差一点就被砍了头，幸而得到部将哥舒翰等人的尽力营救才捡回一条命，出狱后先被贬为汉阳太守，第二年又转任汉东太守，至天宝八载（749），不知道因为什么具体原因突然暴死，就这样退出了历史舞台。

本应成为大唐王朝防止和清剿安史之乱重要压舱石的一代名将王忠嗣，就这样被李林甫和唐玄宗联手给消灭了。

第一个大力告发安禄山谋反的身边人是其同姓兄弟安思顺。开元元年（713），安禄山养父安延偃携带安禄山及自己哥哥的儿子安思顺等人从突厥逃入大唐投奔了东道岚州别驾安贞节。安禄山当时还是个10岁的孩子，直到20年后因机缘巧合被幽州节度使张守珪从“互市郎”拔为“捉生将”，才算真正意义上的从军。安思顺入唐时已是20岁左右的成年人，差不多入唐当年就从军并来到了唐朝与吐蕃对峙的陇右边防前线，在开元二年（714）七月，唐军于临洮（今青海省海东市乐都市）一带反击并大破吐蕃军的战役中就已崭露头角。

其后安思顺一直在陇右边防任职，累积军功不断升迁，至天宝五载（746）成为河西、陇右两军节度使王忠嗣的重要部将。天宝六载（745），王忠嗣遭李林甫陷害被征入朝并下狱，安思顺很快被任命为河西节度使，成为了一方军帅。在天宝九载（750）和十一年（751），安思顺还曾两度任朔方节度使之职，是一位深受朝廷信任的军政大员。

安思顺虽然和安禄山一样也是雄霸一方的人物，但他对朝廷很是忠诚。因为自小他就与安禄山一起生活，所以对安禄山的性格比较了解，长大后虽天各一方但见面的机会也不会少，安思顺敏锐觉察到了安禄山谋反的意图。虽然和安禄山的兄弟感情还不错，但安思顺趁着入朝面圣的机会义无反顾地向唐玄宗进行告发，多次面奏安禄山必反。

安思顺入朝面圣告发安禄山的动静不小，闹得朝廷百官尽人皆知，至于到底有多少人相信安思顺的话我们不得而知，反正唐玄宗不信！

第一个添油加醋大肆声称安禄山谋反的是宰相杨国忠。

出任宰相之前，杨国忠和安禄山的关系其实还不错。天宝七载（748），杨国忠出任御史中丞时，安禄山已经在唐玄宗身前红得发烫，每次安大胖子觐见皇帝上下台阶时，杨国忠都要跑上前去搀扶着他慢慢行走。

天宝九载（750），安禄山从范阳出发前往长安入朝觐见，受唐玄宗派遣，杨国忠兄弟姐妹出长安城一直迎接到戏水河边的新丰（今陕西省西安市临潼区境内），彼时车马冠盖遮天蔽日、声势浩大，主客之间甚是欢愉。

李林甫刚死时，杨国忠为了彻底扳倒李林甫的势力还曾和安禄山合作，由安禄山安排谋臣严庄及阿布思帐下的降将 33 人共同上奏，告发说李林甫曾经与阿布思暗通款曲并秘密结为义父子关系，最终死去的李林甫于天宝十二载（753）被剥夺官爵，以庶人礼仪改葬，受株连的官员达五六十人之多。

因为在之前的多次接触中已经看清了杨国忠底牌，失去李林甫掣肘的安禄山对这位新宰相根本不放在眼里。杨国忠也没想到之前还能与安禄山称兄道弟，身登宰相大位后安禄山的态度不但没变得更好，反而急转直下把自己看成了二傻子，这口气他哪里咽得下去？加之他对安禄山的所作所为早有耳闻，当此之际当然添油加醋大说特说，在唐玄宗面前多次告发安禄山图谋不轨。

从储君太子到军中高官，从同姓兄弟到当朝宰相，四大重臣接连提示唐玄宗安禄山在谋反，而且话说得越来越直白。但这四大重臣之中，太子屡次遭到李林甫的明枪暗箭，好几次陷入储君之位濒临不保的窘境，在唐玄宗面前的话语权并不大；王忠嗣虽极言安禄山必反但不久之后就身死名灭，没了下文；安思顺屡次告发但未得到皇帝响应，也只能偃旗息鼓；唯有杨国忠在不停地进言安禄山必反。

屡次进言安禄山谋反得不到认可的情况下，杨国忠又干了两件事。

一是推荐陇右节度副使哥舒翰兼任河西节度使，用以制衡安禄山。天宝十二载（753）八月，哥舒翰也晋爵西平郡王。

哥舒翰复姓哥舒，出生于西突厥突骑施部落，曾在一代名将王忠嗣的帐下效力，因屡立战功一路升迁、名震天下。对于他的勇猛无敌，诗人杜甫曾有诗赞美：

北斗七星高，哥舒夜带刀。
至今窥牧马，不敢过临洮。

杨国忠拉哥舒翰来抗衡安禄山，一则是因为哥舒翰勇猛无敌，名震天下；另一个重要原因是他与安禄山严重不和，甚至到了皇帝亲自居中调停的地步，而且还没调停成功。

哥舒翰与安禄山的不和主要因安思顺而起。天宝六载（747），河西、陇右节度使王忠嗣遭李林甫陷害被征入朝并下狱，河西由部将安思顺接替节度使一职，陇右则由部将哥舒翰任节度副使、知留后事，相当于副职主持工作。

在接替王忠嗣的节度使职位之前，安思顺和哥舒翰在王忠嗣帐下一个任大斗军使，一个任大斗军副使，是直接的正副手关系，但两人互相看不顺眼，关系处得很不好。作为自小与安思顺一同长大的同姓兄弟，安禄山在这场争斗中自然是站在安思顺一边，有事无事便要找茬，哥舒翰也不是省油的灯，一有机会便会反击，两人的关系越闹越僵。

因为哥舒翰与安禄山不和，两人又都是手握重兵的肱股之臣，唐玄宗多次好言相劝，还要求二人以兄弟相称，结果都不理想。天宝十一载（752）冬天，两人同时入朝时，唐玄宗又让高力士安排了一个酒局，希望两人能在酒桌上化干戈为玉帛。

酒过三巡之后，为了给高力士面子，安禄山主动递出橄榄枝，对哥舒翰说："我的父亲是胡人，母亲是突厥人；你的父亲是突厥人，母亲是胡人，我们两人的族类基本相同，为什么不能和谐相处呢？"哥舒翰回答道："古人说，狐狸朝着自己的洞穴嗥叫，这种同类相残是很不吉利的，因为它忘了本。你如果真的愿意和我亲近，我怎么会拒绝呢？"

安禄山看在高力士的面子上准备与哥舒翰和解，虽然勉强但还是递出了橄榄枝。哥舒翰也看在高力士的面子上准备与安禄山和解，但又想端着架子显得自己压安禄山一头，因而用了个"狐向窟嗥"的俗语，意思是我们两人的关系之所以不睦，全在于你的忘本。

安禄山本来就是冲着高力士的面子才勉强递出橄榄枝，结果哥舒翰还回来的竟然是这样一副高高在上的嘴脸，不情不愿再加上酒精刺激，竟使得他突然之间血压飙升、怒火猛蹿，"咣当"一下摔碎酒杯并大声喝骂："你个突厥狗，竟敢这么跟我说话！"

安禄山暴起，哥舒翰也不示弱，正准备回骂时高力士赶紧递了个眼色过来让他冷静。高力士的面子不能不给，哥舒翰只好假装不胜酒力离席而去，一场劝和宴就这么不欢而散，从此之后两人怨隙更深。

杨国忠干的第二件事，是在天宝十二载（753）底，进言唐玄宗召安禄山来长安，说安禄山如果不敢来就证明其必反。唐玄宗也感觉确实要试探和亲眼观察一下，于是同意了杨国忠的意见，下诏令安禄山入朝。

杨国忠断言安禄山根本不敢入朝，本以为这下安禄山再也无所遁形了，只可惜他并没有李林甫的城府，玩心眼根本不是安禄山的对手。唐玄宗的诏书到达后，心知肚明但信心满满的安禄山立即快马加鞭，没几天就赶了过来，于天宝十三载（754）正月，直奔华清池面见皇帝。

见到皇帝后，安禄山延续了他一贯的表演风格，在唐玄宗面前声泪俱下，边诉说“委屈”边控告杨国忠：“我本来只是个胡人，大字都不认识几个，没有陛下的厚爱就没有今天的我，但宰相杨国忠却总想着要置我于死地，不杀不甘心，再这样下去我活不了几天了！”

唐玄宗召安禄山来长安虽然意在试探，但他其实已经先入为主地认为安禄山没什么问题，如今又看到安禄山如此的可怜巴巴，那一丁点原本就不坚定的怀疑立马烟消云散，对眼前的这个大宝贝心疼得莫可名状，不但赏赐了巨额钱财，而且还给他加官晋爵。

唐玄宗这次给的最重要官职是应安禄山所请，让他同时兼任了负责皇家马匹管理的闲厩使和负责采买及管理官马的陇右群牧使等职，同时又任命安禄山的朋党御史中丞吉温兼任闲厩副使。这等于给了安禄山从御马、官马中免费挑选宝马良驹的极大便利，安禄山自然也不客气，立即安排亲信从中挑选出了几千匹能上战场的健壮马匹送往范阳另行饲养，随时备用。

在让安禄山负责御马、官马的采购和管理之外，唐玄宗还一度想让安禄山兼任宰相之一的“同平章事”，而且连圣旨都拟好了，只是由于杨国忠的力争才收回成命。

安禄山快马入京完全出乎杨国忠的预料，对安禄山入京后恩宠又盛更加焦急。听说皇帝要让安禄山做宰相，杨国忠怎么也坐不住了，赶紧进言：“安禄山虽然有很大的军功，但是他不识字，怎么能做宰相呢？如果圣旨真的颁将下去，朝廷肯定要被四夷耻笑的。”唐玄宗这才作罢，退而求其次让安禄山兼任了稍低一等的左仆射。

兼任闲厩副使的御史中丞吉温也算个人物，此人是唐朝历史上有名的酷吏，之前与另一位酷吏罗希奭攀附在宰相李林甫周围，李林甫指哪二人就打哪，罗织罪名并以严刑酷法制造了无数冤假错案，人称“罗钳吉网”。

吉温的人品很是差劲，基本上谁得宠就攀附谁，除李林甫外，唐玄宗面前的红人杨国忠、高力士、安禄山都是他攀附的对象。特别是在攀附安禄山时，他直言不讳地告诉对方：“李林甫宰相虽然对你不错，但不可能让你升到和他平起平坐的宰相之位，你如果举荐我，将来我当上宰相，那么你的宰相之位也是十拿九稳的。”一句话说得安禄山大喜，先保荐吉温担任河东节度副使，在其因母丧去职后又保荐其做了魏郡太守。

杨国忠当政后，举荐吉温坐上了御史中丞的位子，原本是想把他培养成自己的党羽，但吉温估计也跟安禄山一样打心眼里看不起杨国忠，暗地里一直充当安禄山在长安的眼线，一有风吹草动便立即派人快马加鞭报到范阳。安禄山此次敢于大胆进京向唐玄宗“哭诉”，也很难说不是先得到了吉温的报信。

杨国忠本来以为吉温是自己的人，直到他在安禄山的保荐下做了闲厩副使，才知道这家伙不过是个阳奉阴违的东西，大怒之下立即安排亲信翻出吉温索取贿赂的旧账进行告发，不久便将吉温贬官出京。两年之后，吉温其他犯奸作恶的事情也被翻了出来，最终落了个下狱被杀的结局。

在长安待了三个月后，安禄山请求返回范阳。唐玄宗不但立即允诺，而且送别时还脱下身上的外套给安禄山披上以示恩宠，这一举动让安禄山获得了强烈的心理暗示，认为是黄袍加身的好兆头，大喜之下反而进一步坚定了谋反念头。

安禄山的这次冒险入京效果奇佳，甚至让唐玄宗对关于他谋反的话题产生了逆反心理。从此之后，再有告发安禄山谋反的，唐玄宗不但没有兴趣再听，而且直接下令绑起来送到范阳由安禄山处置，那下场自不用多说。几个回合下来，再也没几个人敢飞蛾扑火了。

对自己的杰作很是满意，但唐玄宗还是觉得要再扫扫尾，不但要让大家彻底闭嘴，而且要让大家彻底跟自己一条心。

天宝十四载（755）二月，安禄山提请将部下的32名汉将改换为蕃将，与杨国忠同为宰相的兵部尚书兼同平章事韦见素决心再次进谏，鉴于之前进谏的很多人都被唐玄宗上绑送去了安禄山处，这次他先去找了杨国忠并表示："安禄山久有谋反之意，现在又要以蕃将代汉将，反叛的情势已经很明显了。我明天面圣的时候将极力进谏请皇上拒绝其请，如果皇上不听，你可一定要跟上啊！"杨国忠对此满口答应。

第二天两人如约面圣，但还没等韦见素说话，唐玄宗已经猜到二人来意并主动把话题挑明："安禄山请求以蕃将代汉将，你们是怀疑他在图谋不轨吗？"

皇帝已经主动把话题挑起来了，韦见素当然立即跟上："安禄山早已经有了谋反迹象，这次提出以蕃将代汉将的要求皇上可万万不能答应啊！"

不出韦见素所料，唐玄宗对他的意见根本不当一回事，而且很不高兴。但令韦见素大跌眼镜的是，之前一有机会便上蹿下跳大喊安禄山谋反的杨国忠，也不知道是被之前唐玄宗把告发之人都绑送到范阳的举动给吓着了，还是被眼前因韦见素的进谏而拉下脸的唐玄宗给镇住了，这次竟然毫无斗志，一副吞吞吐吐、欲言又止的样子，什么有价值的话也没说出来，安禄山最终如愿以偿。

无功而返之后，韦见素对阻止安禄山起兵并不死心，没过几天又拉着杨国忠一起面奏皇帝："我们有一个可以彻底打消大家对安禄山谋反担心的良策，那就是召安禄山回到朝廷担任宰相，然后让贾循任范阳节度使、吕知诲任平卢节度使、杨光翙任河东节度使，这样大家岂不是都放心了！"

唐玄宗也觉得这个办法很好，既能让自己喜欢的大宝贝官升一级入朝为相，又能把安禄山的三个节度使职务分散让臣子们再也无话可说，便点头同意了。

同意归同意，但唐玄宗的态度并不坚决，他终究还是想留着安禄山在边镇继续为朝廷开疆拓土，于是在诏书拟好后又决定压一压，先派一名自己信任的宦官去范阳实地看看情况再说。

天宝十四载（755）二月，唐玄宗派了一名叫作辅璆琳的亲近宦官以赐柑橘为名赴范阳实地观察安禄山的动静。可惜他所选非人，辅璆琳完全把这趟范阳之行当成了肥差，到达之后又吃又拿，看到安禄山对自己招待如此之好、送礼如此之重，根本就不相信安禄山会谋反，回到长安城后简直把安禄山的"忠诚"夸上了天。等到当年七月辅璆琳受贿之事被告发时，安禄山的谋反已经无可挽回，皇帝又不愿承认自己所选非人，能做的不过是找个别的借口把这个贪心的宦官杀掉泄泄愤而已。

其实不专门派人过去，长安在范阳也有眼线，安禄山在范阳的所作所为也能很快传回京城。例如李林甫捎话让安禄山好好反省、吓得安禄山大叫"我完蛋了"的情况便很快传回了长安，唐代知名、后世闻名的著名音乐家李龟年还曾把这事编成段子在唐玄宗面前表演，但唐玄宗只是将其当个笑话看而已，或许还在这个笑话中更加坚定了对安禄山“单纯和真性情”的看法。

辅璆琳赴范阳近距离观察安禄山并没有发现任何异常，让唐玄宗把那颗本来也不过是一丁点悬着的心稳稳地放进了肚子里。为此，他特意召见了杨国忠等人并一锤定音：“我推心置腹地对待安禄山，他必定不会有异志。国家的边境还要靠他镇守，凶悖的外族还要靠他震慑。真出了事情我自己负责，你们不要再杞人忧天了。”

叫不醒的不仅是装睡的人，还有可能是睡死的人。睡死的人不仅叫不醒，中间还可能迷迷糊糊地蹦起来给你一顿老拳。

挨了一顿驳斥后，朝臣们终于都闭了嘴，唐玄宗的耳根终于彻底清静了。虽然尽人皆知，但他再也听不到安禄山谋反的消息了。

对安禄山来说，天宝十三载（754）正月的这次入京，虽然有点冒险，但结果却很圆满，既得到了管理御马的闲厩使和采买及管理官马的陇右群牧使这样的重要职务，还有了皇帝钦赐“皇袍加身”这样的好兆头。

但这次入京所待的三个月也让安禄山彻底明白，长安终究不再是他的久留之地了。为了防止杨国忠说服唐玄宗改变主意再派人将他追还，从长安城出来后安禄山不敢稍作停留，快马加鞭越走越快，400斤的大胖子一路奔波，也不知道有多少健壮马匹因此口吐白沫甚至一命呜呼了。

到了淇门（在今河南省浚县西南）之后，安禄山甚至不敢再走陆路，转而改走水路坐船顺流而下。为了加快行程，他命先锋骑马先行，提前征集船夫并携带船板绳索等航行物资在河岸待命，每 15 里换一批人，经过沿途州县时也不肯下船休息，以每天三四百里的速度昼夜兼程直趋范阳，直至安全回到老巢才放下心来。

回到范阳后，安禄山再不像以前那般客气了。以前朝廷来人，安禄山必定远远迎接，态度热情而谦卑；现在朝廷再来人，他却总是声称有病不肯轻易现身，即使现身也常常先安排刀斧手分列两旁然后才见，大有耀武扬威之势。像辅璆琳这样皇帝亲近的宦官他还愿意收起刀斧手敷衍一下，像司勋郎中、给事中裴士淹这样的五品官员虽然奉旨巡按，但到了范阳竟要等上 20 多天才有机会见到他，且见面时他的态度十分倨傲，根本不是臣子见钦差时应有的模样了。

天宝十四载（755）六月，唐玄宗将宗室女荣义郡主赐婚给安禄山留在长安的儿子、实际是充当质子的安庆宗，并御笔亲写诏书令安禄山进京参加婚礼，虽然这仍是皇上的恩宠，但安禄山怎肯奉诏，以生病为由断然拒绝。

对杨国忠来说，皇上先是任你怎么说都不相信安禄山谋反，后来更变成连说都不让说了，他于是决定换个思路，既然皇上你不相信安禄山谋反，那我就逼着他快点谋反，让你看看到底谁对谁错。

除了不作不死，我们实在想不出还有什么更合适的词可以形容杨国忠了！

杨国忠逼迫安禄山加快谋反速度的方法很直接，直接派兵包围安禄山在长安的府邸，把留在其府邸的谋臣李超等人抓起来投入御史台大牢，没审问出来什么有价值的信息后又不经审判就给杀了。

此事很快被作为质子留在长安的安庆宗暗中派人传信到了范阳。安禄山在唐玄宗那里受到了异乎常人的恩宠，心里也是有那么一点感激的，他本来想等到年迈的唐玄宗驾崩之后再起兵，但李超等人被杀的消息传来后，他感觉到起兵之事不能再久拖了，决定先做个试探。

天宝十四载（755）七月，身兼闲厩使、陇右群牧使等职务的安禄山上表奏称要向皇帝献马 3000 匹，表示将选派 22 名蕃将负责押送并给每匹马配备 2 名马夫。

这支押送队伍一旦成行便是 6000 余人外加 3000 匹战马，只要选配得当显然是一支分量可观的军队，如果有这样一支先遣部队进入长安做内应，安禄山再率大军继后而来，事情当然就好办多了。

看出危险的河南尹达奚珣赶紧上奏朝廷，分析利害并请求唐玄宗回诏给安禄山："给朝廷献车马可以等到农闲之时的冬天再出发，届时朝廷会派人去接，不必你抽调人手押送了！"

唐玄宗到此时终于有所醒悟、起了疑心，但依然心存侥幸，于是又亲笔写了一份诏书并派亲近宦官冯神威赴范阳宣诏。诏书中按达奚珣的意见令安禄山暂缓献马，并对安禄山说："朕最近为你新建了一个温泉汤池，十月的时候我在华清池等你！"

冯神威带着皇上的手诏前往范阳，出发时也许还想着要怎么风光一把，结果到了范阳之后完全不是那么回事。宣诏之时，安禄山架着二郎腿斜躺在胡床之上，身体只是稍微前倾了一下，根本就没有臣子接旨的样子。听完诏书后，他先是问了一句："圣人身体可还安好？"后又意味深长接了一句："马现在不献也行，那就等到十月我风风光光到京师之后再说！"

这几乎等于是正式发布谋反宣言了！

可怜钦差大人冯神威大老远跑来范阳，不但没受到任何礼遇，反而被安禄山的人带到驿馆随便安置下来，在驿馆内待了好几天也没再见到安禄山，既没等来厚礼相赠，更没等来谢恩奏表。

几天之后，安禄山终于派人通知冯神威："你可以回去了。"两手空空的冯神威如蒙大赦，飞也似的逃回长安，跪在唐玄宗的面前声泪俱下："臣差点再也见不到皇上了！"

安史之乱的爆发终于只剩下具体的时间选择了。

第三章

渔阳鼙鼓到嘉山对决

一、烟尘千里：渔阳鼙鼓动地来

唐玄宗天宝十四载（755）十一月初九，安史之乱正式爆发。这是一场谋划了8年之久并持续了8年之久的叛乱，也是唐代乃至整个中国古代历史上的划时代事件。

天宝十四载（755）七月，朝廷派出的钦差冯神威在范阳碰了一鼻子灰狼狈逃回长安后，安禄山开始与亲信严庄、高尚、阿史那承庆等人谋划正式起兵事宜。自八月起，安禄山麾下士卒的待遇突然有了大幅提升，士卒们多次得到犒赏，军事操练的频次也密集了很多。

对于突然而来的犒赏和密集的军事操练，类似史思明这样的人物即便没有被明确告知意图，心里估计也能猜到七八分；大多数中下层军官未必清楚具体原因，但乐得坐享福利。总之，军队的士气开始被慢慢调动起来了。

所谓师出有名，起兵总要找个理由，“清君侧”是最常见也是最容易拿出来说事的理由。对安禄山来说，这当然是小菜一碟。

十一月初，有位安禄山先前从范阳派往朝廷汇报工作的官员完成任务后返回，这位官员有没有从长安带回来有用的消息已不重要，但他从长安返回的这件事情本身很重要，因为“清君侧”的“时机”到了。

该名奏事官员从长安返回没多久，安禄山就在范阳召集帐下众军官并拿出事先伪造好的皇帝“手诏密旨”，告诉大家：“皇上有密旨给我，命令我领兵入朝讨伐杨国忠，请大家随我一起起兵勤王。”

这么拙劣的“清君侧”借口当然没几个人相信，多数中下层军官之前也并未想过反叛朝廷之事，但一则他们长期以来都是唯眼前这位掌握职位升降和士卒生死的节度使大人是从，对远在天边的那位皇帝并无多少概念，更谈不上忠诚；二则事情已经走到了这一步，不想被当场拿下、身首异处的话，除了听命之外根本没其他选择。

一阵面面相觑之后，“领命”之声接连响起并逐渐汇成了同一个声音：“杀进长安城，诛灭杨国忠！”

完成将官动员后，安禄山立即征发自己统率的军队和之前收服的同罗、奚、契丹、室韦等部族的军马共15万人，号称20万大军，正式竖起反叛大旗。

根据起兵谋划，大军在众将官的统领之下连夜开拔，向蓟县城南集结。十一月初九一大早，安禄山集合并检阅军队，发布了誓师南征的两大军令：“大军向南，兵锋直指长安；行军目标，诛灭奸相杨国忠！”

劝阻的人也不是没有，虽然连夜行军，但这么大的动静不可能谁都不惊动，一帮蓟县父老听闻安禄山要起兵叛唐，赶紧结队前来劝阻，大家公推一位名叫李克的老人进言：“节度使大人此次举兵师出无名，恐怕没有好的结果！”

但李克连安禄山的面也没能见到，安禄山只是派人回了一句：“此次出兵是替国家分忧，并非出于私利，只要对国家有利，我啥也不怕！”说完之后便很礼貌地把这群劝阻之人给送走了。

回过头来，安禄山立即下了第三道军令：“再敢有异议动摇军心者，斩首并夷灭三族！”

谋划了8年之久的叛乱当然不会因为老百姓的几句话就放弃，愿意回话并礼貌把人送走也不过是为了给自己树立“正义之师”的形象罢了。

但这支“正义之师”在随后的所作所为一点也不正义！

400斤的大胖子安禄山乘坐铁制辇车，率领亲信精锐坐镇中军、稳如泰山，指挥的15万军马如潮水般自北向南滚滚推进、扬起千里烟尘，人喧马嘶、惊天动地之状声传百里之外。

大军从范阳南下，首先进入的是河北地界。这里原本就是三镇节度使安禄山的管辖范围，州县官员很多还是安禄山的亲信，故而大多数州县均望风瓦解，不等大军到达就已打开大门远远迎出；少数不愿投降的州县官吏意欲反抗，但一则检视辖区军队发现实在不够范阳大军吃的，二则打开军资府库准备分发兵器时，却发现刀枪早已锈钝、棍棒早已蛀坏、弓弦早已沤烂，只能弃城而逃。个别逃得慢的或者奋起反抗的则一击而溃，或自杀或被杀或被擒，基本没有形成有效抵抗。

在起兵之前，安禄山先针对河东道首府所在地太原要了个小花招。太原又名晋阳，是隋末李渊父子起兵的地方，堪称大唐王朝的龙兴之地，也是唐朝三个都城中的“北京”，在当时的政治体系中占有重要地位。此时太原城里的最高长官是以副职身份实际主持工作的杨国忠亲信、北京副留守杨光翙。

安禄山从奚人里挑选了20名能征善战的士兵，交由亲信何千年和高邈带领着来到太原城下，声称这20名士兵都是要进献的勇猛无敌的“射生手”，要求杨光翙出城迎接。

安禄山身兼范阳、平卢、河东三镇节度使，太原正是河东节度使的治府所在地，杨光翙名义上是安禄山的下属，出城迎接节度使大人派来的队伍自是理所当然。

可怜毫不知情、毫无防备的杨光翙刚刚出城，这群“射生手”便突然冲了过来，还没等他反应过来，已经被人像小鸡一样拎到了马背之上疾驰而去。堂堂太原城的最高长官就这么稀里糊涂地当了俘虏，并且很快被安禄山用来斩首祭了军旗，理由当然是他作为杨国忠亲信一直在“助纣为虐”。

杨光翙突然被擒走，太原城中大惊失色，赶紧派人八百里加急向长安报信。当信使快马加鞭赶到朝廷的时候，从东受降城（在今内蒙古自治区托克托之南）赶来报告的信使正好也到了。

令人抓狂的是，虽然两大重镇的信使同时赶来报告安禄山叛乱的消息，但正在华清池休闲享乐的唐玄宗依然以为这是与安禄山有仇隙之人故意陷害他，根本不信。

一直到安禄山起兵之后的第七天，也就是十一月十六，唐玄宗才终于如梦方醒般确信了安禄山叛乱的事实，这才赶紧召集重臣们商量对策，但御前会议的紧张气氛却被一个人的扬扬得意给抢了戏。

得意扬扬的正是杨国忠！安禄山起兵正是他要看到的结果！他终于向唐玄宗证明了自己之前关于安禄山要谋反的判断是多么具有先见之明！

杨国忠既然敢千方百计逼反安禄山，当然没把安禄山的起兵放在眼里，在御前会议上他满不在乎地说道：“真正谋反的只有安禄山一人而已，他手下的将士们只是被逼为之，根本不想谋反，要不了十天半个月他就会被人正法并传首到陛下的行宫里来！”

真不知道杨国忠的自信到底从哪里来，反正参加御前会议的其他大臣听了这话之后个个瞠目结舌，相顾失色，不知道该怎么说才好。

杨国忠的话也不是一点作用都没有，唐玄宗就接受了他关于战局走向的判断，信心有了很大提升，腰杆也立马直了起来，这倒是大敌当前时主心骨所必须具有的东西！

唐玄宗毕竟是开创了“开元盛世”的皇帝，虽然在之前对待安禄山的态度上昏聩糊涂，但清醒之后的基本判断还是有的。御前会议结束的第二天，他便指派特进毕思琛赶往东京洛阳、金吾将军程千里赶往太原所在的河东道，分别持节征募军队进行布防。

有着大唐立国130余年的底蕴做支撑，唐玄宗的运气也不能算太差，因为正当朝廷用人之际，一员大将突然就降临到了他面前，此人名叫封常清，时任河西节度使，恰好在此时入朝述职。

封常清是蒲州猗氏（今山西省运城市临猗县）人，年少时随获罪的外祖父流落到安西胡城（在今哈萨克斯坦境内），生活清贫，30岁时在安西从军并自荐到安西副都护、四镇都知兵马使高仙芝的帐下效力，随高仙芝参加了征讨达奚部叛乱、从吐蕃手中夺回小勃律（今克什米尔的吉尔吉特）等战役，积功不断升迁，至天宝十三载获任河西节度使之职。

封常清虽然起于微寒，长得很瘦并且有点跛脚，但他从小受外祖父教导勤于读书，才学极好，高仙芝平定达奚部叛乱后他私下写好捷报并主动呈送，记录详细、条理清晰，引起瞩目而一举成名。作为高仙芝的帐下高参，他铁面无私，为人果敢，治军极严，赏罚分明，是一位难得的将才。

唐玄宗第一天确认安禄山叛乱，封常清第二天就出现在了他面前，这实在是件令人极高兴的事情，他立即询问封常清有何破敌良策。

封常清一则久经沙场屡战屡胜，对自己的军事才能有着充分自信；二则估计对安禄山的具体实力也缺乏全面认识；三则大概和杨国忠的判断相似，认为安禄山帐下的大多数人只是受到裹挟被迫跟随，一有风吹草动便会拨乱反正；四则当此之时必须给皇帝信心、给朝廷壮胆，因而他以极其豪迈的语言回答："现在天下太平了很长时间，人不习战，所以才会对叛军浩大的声势十分害怕。但道义上有顺逆之分，战场上有各种奇谋，我愿意飞马奔赴东京洛阳，开府库招募勇士，率大军渡过黄河邀击叛军，不过数日便能砍下逆胡的首级献于大殿之下。"

封常清的话让唐玄宗备受鼓舞、龙颜大悦，转天便任命封常清为范阳、平卢节度使，派他快马加鞭赶赴洛阳。封常清确实行动迅捷，赶到洛阳后不过10来天时间便募集了6万人马，同时下令拆除黄河上的河阳桥以阻断叛军的行进路线，全力加强防备。

安排完毕思琛、程千里、封常清后，皇帝车驾从华清池紧急回宫。回宫后，唐玄宗立即着手干了两件事：

第一件事是将安禄山留在长安做质子的儿子安庆宗给抓起来并处以腰斩之刑。

作为质子，安庆宗的命运与安禄山的所作所为紧密相连，在安禄山深受宠信的时候他日子过得也很不错，半年前还蒙皇帝赐婚娶了皇家宗室女荣义郡主为妻，但当安禄山举起叛旗的时候，等待他的便只能是被杀这一条路了。

让人很意外的是，半年前才被皇帝赐婚给安庆宗的宗室女荣义郡主也被赐了自尽，莫名其妙充当了安庆宗的“陪葬”。

第二件事是立即将安禄山的同姓堂兄、朔方节度使安思顺征调入京，免去其节度使职务而改任户部尚书之职，同时将其弟安元贞由负责皇宫禁卫和飞骑仪仗的羽林军大将军调任为负责厩牧车马事务的太仆卿。

安思顺虽然和安禄山关系密切，但之前曾多次上奏说安禄山必叛并提请朝廷早做准备，故而唐玄宗并没有像对待安庆宗那样治他的罪。但安思顺毕竟也是手握重兵的一方节度使，为防万一将其从方镇调入京城，一则解除兵权防止其与安禄山同流合污，二则也可以让他起到一定的“质子”作用。将安元贞调离禁军当然也是再正常不过的逻辑。

安思顺之前曾面奏安禄山必叛，此时又毫不犹豫地从朔方赶回京城，移交兵权并老老实实地待在家里低调到不能再低调，只期盼能够躲过一劫。但阎王好过、小鬼难缠，不久之后老冤家哥舒翰还是找上门来将其陷害致死，此是后话。

杀安庆宗只起到了泄愤的作用，召回安思顺及调离安元贞只起到了预防的作用，将毕思琛、封常清、程千里等派往洛阳和河东也只能算是安排了前锋军队，最根本的还是要调兵遣将，考虑怎么全面消除威胁、平定叛乱。为此，唐玄宗从地方和中央两个层面作了积极部署。

地方层面是积极做好河东与河南等关键区域的军事部署。重要的人事调动包括任命右羽林大将军王承业为太原尹；任命在华清池时就已派往河东道的右金吾大将军程千里为潞州大都督府（今山西省长治市）长史；设置并任命卫尉卿张介然为河南节度使，领陈留等十三郡等，同时在叛军行进路线上的各处郡县均设置防御使，层层加强防备。

唐玄宗针对地方上的人事部署，最引人瞩目也最关键的动作有两个：

第一个关键动作是“夺情”，任命正在家中守母孝的朔方右厢兵马使、九原太守郭子仪为灵武郡太守、朔方节度使等职。

郭子仪是华州郑县（今陕西省渭南市华州区）人，为人儒雅，治军宽厚，奖赏惩罚十分守信，很得人心。他早年以“武举”入仕并曾在多地任职，开元二十五年（737）奉调至朔方镇，先后在任朔方节度使的牛仙客、王忠嗣、张齐邱、安思顺等帐下任职，天宝十三载（754）任丰州（今内蒙古自治区五原西南）都督、西受降城使、朔方军右厢兵马使、九原太守等职，不久因母亲去世而离职返家守孝。

安史之乱爆发后，朝廷“夺情”令郭子仪提前结束守孝复出，接替安思顺任朔方节度使之职。在此后平定叛乱的过程中，郭子仪在收复河北、河东、洛阳、长安等战役中居功至伟，在安史之乱结束后还曾击退吐蕃再次收复长安并平定仆固怀恩叛乱，被尊为“尚父”，是大唐王朝名副其实的“家国再造之臣”。

第二个关键动作是接受郭子仪的推荐，在两个月后即天宝十五载（756）正月任命朔方节度副使、左兵马使李光弼为河东节度使，不久后又加其魏郡太守、河北道采访使之职。

李光弼是契丹人，并且籍贯和安禄山一样也在营州柳城，可谓正宗的老乡。其父李楷洛原为契丹部族酋长，武则天时归顺大唐，入唐后屡立战功，官至朔方节度副使。

出身将门的李光弼为人严肃坚毅、沉着果敢，年少时擅长骑射且喜读《汉书》，可算是文武双全。他从军后以左卫亲府左郎将起家，积功逐步升迁，天宝五载（746）进入河西、陇右节度使王忠嗣的帐下，任兵马使、赤水军使，深得王忠嗣器重。王忠嗣曾赞颂道：“他日继承我衣钵、代替我统兵的，定然是李光弼。”其后不久，李光弼承袭父亲李楷洛的爵位晋封蓟郡公，并因率军击败吐蕃、吐谷浑之功进号“云麾将军”。

天宝十一载（752），安思顺赴任朔方节度使后，李光弼升任了其父李楷洛曾出任过的朔方节度副使之职，继续得到器重和赏识。安思顺一度还想把自己的女儿嫁给李光弼，但李光弼应该是已经看出了安禄山不受节制的气象，顾忌到安思顺与安禄山的特殊关系而果断拒绝，随后称病离职。与安思顺关系素来不睦的哥舒翰对李光弼不攀高枝的行为很是欣赏，便找机会向皇帝进了几句美言，将他召回了长安城。

与安思顺和哥舒翰同出王忠嗣帐下但两人互相看不顺眼、势同水火相似，李光弼与郭子仪也曾一同在安思顺帐下任职，两人的关系也非常糟糕，甚至发展到同坐一张桌子吃饭时都会互相瞪眼，但凡来个人轻微煽个风点个火，恐怕就要掀翻桌子拳脚相向了。

李光弼虽然称病从朔方离职回京，但朔方节度副使的职位并未免除，郭子仪出任朔方节度使后，便成了李光弼的直接上司。不久之后，唐玄宗征求郭子仪的意见，问他有谁适合担当平定河北的重任，郭子仪便顺势推荐了李光弼。

河东节度使虽然位高权重，但此时的河北正是对抗叛军的最前线，上一任河东节度使正是安禄山，此时接替相当于拿到了一个有名无实的虚职，是个人都知道这一去肯定凶多吉少。

得知是郭子仪“公报私仇”的推荐，李光弼恨不得把郭子仪的祖坟给挖了，但圣旨已下、圣命难违，无可奈何之下他只好服软，跑去郭子仪府上求饶。

见到郭子仪后，李光弼再无先前和这个冤家对着干的气势，跪在地上流着眼泪求饶：“我甘愿奔赴前线为国家去死，但请求您大人大量不要再加害我的妻儿老小了！”

看着李光弼的这副绝望的模样，郭子仪也禁不住泪如雨下，一把将李光弼搀扶起来，说道：“当下国家正在危难之际，我因为器重将军才点你的将，正要与你一起奔赴战场讨伐逆贼呢，哪里还顾得上私人恩怨啊！”

郭子仪一番推心置腹的话令李光弼既惭愧又感动，两人不仅冰释前嫌，而且从此之后互相支持，共同撑起了保家卫国的大旗，逐步成为大唐王朝平定安史之乱最重要的两大支柱。

这件事中，郭子仪光明磊落、举贤不避仇，李光弼也是光明正大、有话摆到明面上说，正是因为两人在国难当头之际坦坦荡荡、舍小嫌而取大义，才携手干出了一番“再造家国”的壮丽事业，并得以名垂青史、光照千古。

郭子仪、李光弼虽然在之后的平叛过程中战功不断积累，重要性不断上升，但就叛乱初起之时而言，两人最多只能算独当一面的将才，地位和声望还远没到可以统领中军、托付家国的地步，唐玄宗选来承担这一重任的是高仙芝。

高仙芝是高丽人，年轻时随父在西北从军，他相貌俊美、擅长骑射，积累军功至开元末年升任了安西副都护、四镇都知兵马使。天宝六载（747），在与吐蕃争夺小勃律政权的过程中以智取胜，随后升任安西节度使，成为威震西域的大唐名将。

天宝九载（750），高仙芝突袭并生擒“昭武九姓”中的石国国王送长安处死，石国太子遂向大食（即阿拉伯帝国）求兵东进，天宝十载（751），高仙芝率 3 万人马与黑衣大食军队在今中亚的怛逻斯发生遭遇战，势均力敌之下因为葛罗禄部的突然倒戈而败归。

怛逻斯之战唐军虽然战败，但损失并不算大，总体上没有影响到唐王朝在西域地区的统治和扩张，也没有显著恶化唐王朝与大食的关系，因而高仙芝的地位并没有受到大的影响，不久之后被征入朝授开府仪同三司，任右羽林大将军。

值得一提的是，怛逻斯之战最重要的影响并不在于军事上，而在于中国古代四大发明之一的“造纸术”西传上。当时高仙芝的军中有一批懂得造纸术的工匠，因为战役失败成了俘虏并将成熟的造纸工艺传入阿拉伯世界，进而又传到了西方。造纸术可能在这批造纸工匠进入阿拉伯世界之前就已经西传，但阿拉伯世界乃至西方的造纸工艺在怛逻斯之战后得到了质的提升却是历史事实。

安禄山起兵叛乱的时候，高仙芝正在朝中，唐玄宗遂以皇子荣王李琬为元帅，以高仙芝为副元帅，统兵东征。李琬的元帅只是挂名，高仙芝才是部队真正的指挥官。

有将不能无兵，因为常驻长安的军队数量很少，又要保护皇帝安全，不能全部派出去，唐玄宗便命令把内府的钱帛拿出来用以招募军队，倒是只用了十来天时间就在京师组建起了一支 11 万人的军队，还取了个“天武军”的威武名称，但所募之人皆是市井无赖之徒，“天武军”之名实在名不副实。

高仙芝久经战阵，当然不愿意只带着新兵出发，但京师之中的正规军数量实在太少，只好以从京城宿卫部队中抽调的飞骑、彍骑等为基础，加上一部分尚在京师的边兵和一部分勉强能看得上眼的新募兵，拼凑了5万人马从长安出发东进，到达陕郡（治所在今河南省三门峡市陕川区）之后安营扎寨。

大元帅李琬并未随军出发，但唐玄宗却给高仙芝派了另外一个人：监门将军边令诚。

唐玄宗一直很信任身边的宦官，高力士就因为深受宠信而权倾朝野，以至于皇子公主等要尊称其为“阿翁”、驸马要尊称其为“爷”。开元年间派往幽州巡察节度使张守珪谎报军情案件的牛仙童、天宝年间派往范阳巡察安禄山是否在谋反的辅璆琳和传旨的冯神威都是宦官。指派作为监军随高仙芝出发的这个边令诚也是宦官。

边令诚被派作监军开了唐代宦官监军之先河，某种程度上可视为唐代中后期宦官专权的源头之一，但边令诚作为监军随高仙芝出征并不是从天宝十四载（755）的这次屯兵陕郡才开始，早在天宝六载（747），高仙芝统兵征讨倒向吐蕃的小勃律政权时，他就在军中监军并和高仙芝一起统率主力出击，虽然过程中一度畏敌不敢深入，但高仙芝成功征服小勃律并班师回朝后，他在高仙芝面临上司刁难时也曾仗义执言地说了些关键好话，这才有后来的高仙芝升任安西节度使之事，所以出发之时，高仙芝对边令诚的再次监军应该没有特别感觉，但他做梦也想不到，这次随军出征的监军大人竟会在不久的将来变成他的索命阎罗。

朝廷调兵遣将的同时，叛军也在快速推进。安禄山骗俘洛阳的北京副留守、杨国忠亲信杨光翙只是虚晃一枪，意在给朝廷造成大军将选道河东进攻长安的假象，同时给“清君侧”做个加持，实际上他主力的行军路线一直在河北，并且仅仅用了 23 天时间就基本拿下河北全境并顺利推进到了黄河北岸。

所谓兵贵神速，面对黄河这道天险，如果按照正常的速度坐船渡河，15 万军马没有十天半个月恐怕渡不过去，这显然是安禄山不愿意看到的。

叛军抵达黄河岸边的时候已在腊月头上，此时的黄河地区已是隆冬季节，虽然之前没有完全冰冻封河，但安禄山久经沙场的经验立即起了作用。

安禄山命人把搜集而来的各种破旧船只、砍伐和征集来的各种杂草树木等堆积起来，从河北岸到河南岸铺满水面并固定好，然后又在上面大量浇水，当晚寒潮大肆助力，一夜之间便在黄河河面上冻起了一座浮桥。

15 万大军就这么轻而易举地快速渡过黄河，并轻而易举地攻占了黄河南岸的灵昌城（今河南省滑县东），紧接着便直扑河南重镇陈留（在今河南省开封市祥符区）。

此时人在陈留的河南节度使张介然到任才不过数日，地形都没来得及摸熟的情况下就面临叛军来袭，只得紧急募兵万人仓促应战，但刚刚募集起来的军队如何能敌得过安禄山身经百战的虎狼之师？战斗刚刚开打，初上战场的新兵们就被叛军黑压压的进攻气势吓破了胆，根本无法组织有效抵抗，贪生怕死的陈留太守郭纳很快开城投降，张介然和他募集来的万人军队都成了俘虏。

势如破竹的安禄山顺利地拿下陈留，但在这里他收到了起兵以来的第一个坏消息。通过朝廷发往陈留的告示，他得知自己留在京城长安做质子的儿子安庆宗被大唐朝廷给腰斩了！

安禄山起兵叛乱，作为质子的安庆宗在长安被杀是必然的下场，这点他不可能不知道。但此时确切得知儿子丧命的消息，安禄山依然号哭不已："我有何罪，为什么要杀我的儿子？"

人的逻辑有时候就是这么奇怪！

哭完之后，安禄山便把愤怒的目光转向了那1万刚刚投降的陈留守军，下令连同张介然一起全部砍杀。可怜陈留城中血流成河，顿成人间地狱！

在陈留杀完人后，安禄山大军继续西进，朝着洛阳和长安的方向滚滚而来，很快便到达了荥阳城下。

荥阳太守崔无诐奋起抵抗，但他所凭借的军队也是刚刚招募来的新兵，这些新兵哪里见过战场上的腾腾杀气，刚刚登上城楼便被蜂拥而来的叛军和铿锵有力的鼓角之声吓破了胆，很多人气短腿软之下甚至直接从城墙上摔了下去，人多得竟如雨点般纷纷坠落。

荥阳陷落，崔无诐殉国，东都洛阳危急！

安禄山攻陷陈留的第三天，唐玄宗感觉到了形势的严峻性，声称要让太子监国，自己要御驾亲征，同时还下诏命令朔方、河西、陇右三大方镇除留下必要的守城军队外，其余人马全部由节度使统领于20天内向长安汇集完毕。

除了声称要让太子监国外，唐玄宗还对身边人说了一句“我打算干件事儿”的话，这让素来与太子关系不睦的杨国忠吓了一大跳，认定所谓的“我打算干件事儿”必定就是唐玄宗准备正式传位给太子了。这还得了，他赶紧跑到韩国夫人、虢国夫人面前大喊：“一旦太子监国，我们只怕离死期不远了！”两个妹妹被他一吓唬，吓得顿时哭作一团，赶紧结伴入宫去见杨贵妃，恳求贵妃出面阻止。

杨贵妃在两个同姓姐姐的撺掇下立马跑到唐玄宗面前，口衔土块以示死谏之意，大哭道：“陛下如果不顾自身安危亲上前线，臣妾不如先死了算了！”

唐玄宗虽然说出了御驾亲征的话，但态度并不坚决，被杨贵妃这么一哭，心气消散，亲征的念头立刻消失殆尽。

唐玄宗是否御驾亲征是朝廷的事情，对安禄山可没什么影响，反正不管皇帝动作如何，叛军距离洛阳是越来越近了。

叛军到达洛阳之前，封常清已主动出击，把防线布置到了洛阳城东的武牢关（今河南省荥阳市汜水镇）。

武牢关原称虎牢关，避唐高祖李渊祖父李虎的名讳而改名，是洛阳城东边门户，地势险峻、战略位置重要，本为易守难攻之地，但封常清所依仗的军队主要由临时招募人员组成，根本来不及进行军事训练，战斗力极其孱弱，安禄山派来轮番冲杀的却是久经战阵的精锐铁骑，守军如何能够抵挡得住？防线很快就被冲得七零八落。武牢关失守！

洛阳的第一道防线被攻破后，封常清并未泄气，很快收拢败退下来的军队在葵园布置起第二道防线，但在叛军的攻击之下再次溃散。葵园失守！

封常清继续收拢残兵，在上东门组织起第三道防线，依然没能挡住叛军前进的步伐。叛军从四座城门一起涌入洛阳城中，烧杀抢掠无恶不作，顿时便将繁华的大唐东京变成了人间地狱。其后封常清虽然在都亭驿、宣仁门继续组织抵抗，但屡战屡失、节节败退，最后不得不向西撤退。洛阳失守！

洛阳陷落后，城中的重要官员有河南尹达奚珣、洛阳留守李憕、御史中丞卢奕、采访判官蒋清四人，达奚珣缴械投降，其余三人宁死不屈、一起遇害。

封常清带领残兵一直败退到“天武军”的扎营地陕郡，在这里与自己的老上级也是朝廷的讨逆主将高仙芝会合，但此时的陕郡早已风声鹤唳，陕郡太守宝廷芝在败军达到之前就已弃城逃奔河东，城中的其他官员和百姓也如鸟兽般四散而逃。

封常清之前曾在唐玄宗面前夸下过数日便能斩首安禄山的海口，但洛阳之战让他彻底清醒，败退过程中已连续派了三批人赶回长安报告前线形势和叛军情况，见到高仙芝后又立刻提出：“我连日血战，亲身感受到了叛军的势不可挡。当前长安的门户潼关兵力空虚，一旦叛军涌入潼关，长安就完了。现在陕郡肯定是守不住的，不如先退守潼关以拒叛军。”

高仙芝与封常清有过多年的上下级关系，对封常清的能力十分清楚，他更清楚自己所带的5万军队和封常清在洛阳临时招募的6万人马并没有本质区别，既然封常清在洛阳一败涂地，自己手上的这5万人马肯定也挡不住安禄山的铁骑，听了封常清的意见后，他几乎第一时间就下了命令：“大军西撤，退守潼关！”

叛军一路追击封常清而来，封常清见到高仙芝没多久追杀的声音就传了过来。高仙芝下令大军西撤的命令是在仓促之间发出的，所率军队的大部分又没有经历过正规的军事训练，立时大乱，不等叛军到达，自己的人马就已经在相互拥挤和踩踏之中死伤了一大片。

好不容易折腾进了潼关，刚刚布好防线，叛军便正式杀到，幸而潼关天险易守难攻，叛军攻打了一阵无果后撤兵东走，唐军才勉强稳住阵脚。

东京洛阳是大唐王朝仅次于西京长安的政治中心，它的失守在军事布局、政治象征和社会心理上都产生了巨大冲击，高仙芝的“天武军”主动从陕郡撤入潼关又相当于把潼关以东的半壁河山拱手相让，叛军自然笑而纳之。其后，陕郡成了安禄山部下悍将崔乾祐的扎营地和攻打潼关的大本营，临汝、弘农、济阴、濮阳、云中等郡均望风而降，大唐京城的安危被叛军逐步挤压在了潼关一城之上。

虽然蓄谋数年，兵强马壮，但安禄山的政治眼光其实并不咋样。在起兵之初他还愿意装装样子，礼貌送走那些赶来劝他不要谋反的蓟县父老，又擒杀杨国忠的亲信杨光翙给自己的军队做做所谓“正义之师”的包装。但得知儿子安庆宗在长安被杀后，安禄山立刻原形毕露，在陈留大开杀戒，将俘虏的上万守军屠戮殆尽，一点也没有体现出“正义之师”应该有的胸襟和气度。

天宝十四载（755）十二月十二日，攻下洛阳后，安禄山的皇帝梦迫不及待地到来了，不到20天之后的天宝十五载正月初一，他在洛阳正式称帝，自号“雄武皇帝”，定国号为“燕”，定年号为“圣武”，儿子及手下的谋臣也个个加官晋爵。

二、河北义旗：千古忠烈颜昆仲

安禄山于天宝十四载（755）十一月初九日在范阳起兵后，仅用了23天时间就基本拿下了河北全境，到第34天就顺利攻占了大唐东京洛阳城，可谓兵锋所指所向披靡，但进展顺利并不代表大唐的地方官员全都是尿包软蛋，颜杲卿、颜真卿昆仲便是奋起反抗并名垂千古的代表人物。

颜杲卿是京兆万年（今陕西省西安市）人，是唐前期著名经学家、历史学家颜师古的后人，性格刚直，颇具才能，天宝十四载（755），出任常山太守，名义上属于安禄山管辖。

安禄山于当年十一月在范阳举兵叛乱后，大军很快开到了藁城（今河北省石家庄市藁城区），猝不及防的颜杲卿眼见安禄山兵强马壮、势不可挡，只能从长计议，带着长史袁履谦一起从常山（今河北省石家庄市正定县）前往藁城向安禄山诈降。

安禄山对颜杲卿的来降很是高兴，在将其子弟纳为质子并做了相应的军事部署后，赏赐颜杲卿高官厚禄，又让他继续镇守常山。

颜杲卿满心愤懑，在从藁城返回的路上忍不住指着身上由安禄山所赏的新官服对袁履谦说道："我们为什么要穿这种东西呢？"

袁履谦本来还在心里嘀咕一向刚正不阿的太守大人为什么会向叛贼屈服，听到颜杲卿的这句话后立时明白过来，颜太守还是原来那个刚正不阿的颜太守，自己这个长史当然也决不能做折节事贼的长史，他立即向颜杲卿表明了忠于朝廷的心迹，随后又配合颜杲卿暗暗筹划起兵讨贼的事宜。

常山太守颜杲卿积极谋划起兵反抗安禄山之事，他的从弟平原太守颜真卿也在谋划同样的事情。

颜真卿是开元二十二年（734）的进士甲科出身，天宝年间逐步升迁到监察御史、殿中侍御史、武部员外郎等职，因得罪杨国忠，于天宝十二载（753）被外放至平原（今山东省德州市陵城区）任太守之职。

平原和常山一样都在安禄山的管辖之下，颜真卿到达平原时，安禄山谋反的迹象已经很明显了。在确信安禄山必反的情况下，颜真卿以平原连遭暴雨需加强城池修缮为由，派人对城墙进行加固，同时对护城河进行深挖疏浚、选拔丁壮充实军队、加强粮仓储存，从多个方面提升战备能力。

颜真卿赴任平原太守前已有大名，但主要是以文人的形象示人，在加强平原战备的同时他为了消除安禄山疑心，每天与宾客一起在河上泛舟饮酒、吟诗作对，刻意给自己营造了一种腐儒气息，因此安禄山根本没把这一介书生放在眼里，对他在平原的各种动作也完全没当回事。

范阳起兵时，安禄山通令颜真卿率领平原、博平（在今山东省聊城市茌平区）的七千人马负责镇守河津地区，颜真卿从安禄山的命令中确认了其正式谋反，第一时间委派了司兵参军李平走小路抄近道赶往京城报信。

叛军在河北行军的速度之快、进展之顺利完全超出了唐玄宗的想象。唐玄宗对此哀叹道："河北 24 个州郡，难道就没有一个忠义之士吗？"直至见到李平并听闻了颜真卿在平原的所作所为，唐玄宗才喜出望外地高喊："我以前真是小看了颜真卿啊，他竟然能做出如此壮举！"

在安排李平赴京城报信的同时，颜真卿进一步加强了平原的城池战备，在原有的 3000 个正规军的基础上进一步招募壮勇，旬日之间便募集了万余人。

颜真卿将新募军马交由录事参事李择交总负责，并安排刁万岁、和琳、徐浩、马相如、高抗朗等人为将领分别统兵。然后颜真卿召开誓师大会，他慷慨陈词、泪流满面，号召大家奋起抵抗，极大振奋了军心。

平原的战备刚具规模，大唐王朝的东京洛阳城就已被行军迅捷的安禄山攻下，留在城中未及撤退的四大高官除河南尹达奚珣折节投降外，洛阳留守李憕、御史中丞卢奕、采访判官蒋清宁死不屈全部遇害。安禄山令其部下段子光率人携带三人的头颅到河北诸郡巡回示众，既炫耀武力，又恐吓不服之人。

段子光一路趾高气扬、志得意满，顺利到达了颜真卿所在的平原郡，他满以为会跟之前在其他州郡一样顺利完成任务，却不料被颜真卿直接拿下并处以腰斩之刑，顷刻之间丢了性命。

杀完段子光，颜真卿又为李憕、卢奕、蒋清的头颅续上蒲身并置办棺木予以安葬，同时设灵堂进行祭拜哭祀，李憕等三位殉国官员总算得以魂归黄土。

此外，颜真卿还委派自己的亲信宾客带着悬赏告示四处联络，得到了多个郡县官员的积极响应。

饶阳太守卢全诚坚决不肯向安禄山投降，安禄山令部将张献诚纠集从上谷、博陵、常山、赵郡、文安五郡征发而来的 1 万团练兵围攻饶阳，卢全诚率人坚守城池，毫不畏惧。

清池尉贾载、盐山尉穆宁共同谋划，砍杀了安禄山任命的景城（治所在今河北省沧县西景城）太守刘道玄后，带着刘道玄的头颅和缴获的 50 余船战略物资一起来见景城长史李玮，李玮也一不做二不休，将居住在景城的安禄山的重要谋臣李庄的父亲、弟弟及全族 300 多人尽皆夷灭，同时派人将刘道玄的头颅送往平原郡颜真卿处，以示响应义旗。

河间司法李奂杀了安禄山任命的河间长史王怀忠，济南太守李随派人渡河杀了安禄山任命的博平太守马冀，各聚集起了数千乃至上万兵马。

各地响应的反抗力量共同推举颜真卿为河北义军盟主，誓与叛军不共戴天。

派亲信宾客四出联络的同时，颜真卿委派颜杲卿的外甥卢逖秘密前往常山，联络颜杲卿共举义旗，携手切断叛军和范阳的联系，以缓解叛军对长安方面造成的军事压力。

颜氏昆仲一拍即合，共同开启了反击叛军的壮丽事业！

安禄山在藁城接受颜杲卿的“投降”后，让颜杲卿继续“镇守”常山，并指派部将蒋钦凑和曾骗俘杨光翙的高邈率军五千镇守常山的重要门户井陉关。

蒋钦凑和高邈顺理成章地成了颜杲卿选定的打击对象。

井陉关也称土门关，隶属于常山郡，其守将蒋钦凑和高邈自然也隶属常山太守管辖。高邈深受安禄山器重，领兵驻扎井陉关不久便被安禄山派回范阳地区征兵，颜杲卿抓住了这次难得的机会，首先对蒋钦凑发难。

颜杲卿假托安禄山之命，令蒋钦凑率人从井陉关前往常山议事并接受犒劳。当天傍晚蒋钦凑带人如约而至并被安排至驿站小歇，颜杲卿命长史袁履谦、参军冯虔携带美酒佳肴和歌舞乐队前往犒劳。

蒋钦凑受命前来接受犒劳，见颜杲卿安排得如此丰盛，甚是开心，与随从人员在袁履谦等人的恭维之下开怀畅饮，很快便烂醉如泥。

袁履谦等人眼见计谋已成，立即动手，一刀将蒋钦凑的头颅砍下，随后又将蒋钦凑带来的卫队缴械、随从捆绑，第二天全部斩首。

解决掉蒋钦凑后，为防井陉关原有的五千驻军不受节制，颜杲卿将其全部遣散。

不久后高邈从幽州返回，不明所以之下还未来得及进入藁城便被冯虔所擒。

让人意外的是，当初与高邈一起跑到太原城下骗俘北京副留守杨光翙的何千年此时也从洛阳前来常山，刚走到礼泉驿（今陕西省礼泉县北泔河塬附近）便被颜杲卿派来的崔安石、翟万德带人截获，与高邈在同一天内被先后押到了颜杲卿面前。

何千年长期跟随安禄山，对叛军内部情况很是熟悉，如今眼见到了生死攸关之际，赶紧向颜杲卿献计乞降："太守大人既然准备起兵勤王，开了好头之后还应该努力善后。常山郡虽然募集了一些兵将，但都是没有战斗力的乌合之众，现在应该深挖战壕、高筑城墙作坚守之计，等到朔方节度使的大军到达后再合军进击，那时再传檄赵、魏并截断燕、蓟的要塞之地，则叛军被擒之势可成。现在应该对外大肆宣扬说李光弼正率领着一万朔方大军从井陉关向饶阳而来，同时派人游说正率军围困饶阳的张献诚，就说他所率军队都是战斗力一般的团练兵，根本挡不住李光弼率领的山西劲兵，那个时候张献诚必然会解围撤走。”

何千年的分析头头是道、切中要害，很以为然的颜杲卿依计而行，张献诚果然和预料的分毫不差，下令围困饶阳的大军赶紧撤退，并且军令颁于匆忙之中，竟致所部军队在仓促之间无以为计，瞬间溃散。

颜杲卿初战告捷，马上派人进入饶阳犒劳守城将士，并命崔安石等人前往河北各郡宣告称：“朝廷大军已经攻占井陉关并且进军迅捷，很快就能收复河北诸郡，先举义旗迎王军者赏，迟延不动被王军攻占者诛！”

在颜杲卿的心理攻势和颜真卿的联络号召之下，之前向安禄山投降的州郡纷纷响应，连同常山郡、平原郡在内，24个河北州郡中重归朝廷的达18个之多，隶属安禄山的仅仅剩下范阳、卢龙、密云、渔阳、汲、邺6个郡。

重归朝廷的18个郡兵力合计达20余万人，河北义军声势大振！

颜杲卿虽然采纳了何千年的计谋并成功解了饶阳之围，但并没有放过何千年，他派自己的儿子安平县尉颜泉明等人用木盒装上蒋钦凑的头颅，连同高邈、何千年两名叛将一起押往京城。

颜泉明的押送队伍很快到了太原城，当初何千年、高邈在太原城下骗擒北京副留守杨光翙的时候曾留下过一篇罗列杨光翙罪行的“檄文”，得意扬扬地声称：“光翙今已就擒，国忠岂能长久！”彼时的二人哪里料得到，转瞬之间自己竟然也变成了阶下之囚。

可恨的是，颜泉明等人到了太原城后没能再进一步，此时太原城里的最高长官是唐玄宗派来任太原尹的右羽林大将军王承业，此人为了抢夺功劳，竟将颜泉明的押送队伍及颜杲卿的上奏表状给扣了下来，自己另外写了一封表状，将常山军民杀擒叛将的功劳全部据为己有，并因此得到了进一步的加官晋爵。

为防事情败露，王承业甚至在颜泉明返回常山的路上派部下翟乔等人假装盗贼进行截杀，好在善念尚存的翟乔不忍残害忠良，将王承业的企图告诉了颜泉明，颜泉明这才得以逃出生天。

但王承业终究还是做贼心虚，为了掩盖自己的小人行径，竟至于在此后常山郡遭受叛军围攻、危如累卵的时候拥兵不救，坐视常山城破、颜杲卿等人罹难。

颜杲卿在河北高举义旗凝聚抵抗力量的同时，又秘密委派郏城人马燧前往范阳游说留守的范阳节度副使贾循反正。

马燧游说贾循道：“安禄山忘恩负义、倒行逆施，别看现在攻下了东京洛阳，最终必定还是逃不过被夷灭的下场。节度副使大人如果能够诛灭城内那些不肯听命之人，带领范阳拨乱反正、重归朝廷，安禄山的根本老巢就将被倾覆，大人也将立下不世之功。”

贾循对马燧的话深以为然，但对何时动手却一时拿不定主意。正在犹豫不决之际，所谋之事被范阳别将向润容获知，向润容赶紧派人向安禄山告发，安禄山得到消息后不敢怠慢，立即命党羽韩朝阳赶往范阳处置。

韩朝阳赶到范阳后，以传安禄山训令为名召贾循单独谈话，待贾循到达后迅速将其拿下并缢杀，随后又将其全族夷灭。马燧得知后紧急逃入西山，得到山中隐士徐遇的藏匿才保住了一条性命。

虽然谋取范阳不成，但颜氏昆仲在河北举起的义旗仍然极大缓解了长安方向的军事压力。此时安禄山正准备率领叛军主力进攻潼关，中军已经推进到了新安一带，听到河北有变的消息后赶紧回师，潼关和长安因此获得了宝贵的喘息时间。

回师洛阳后，安禄山赶紧派部将蔡希德率精锐万人渡过黄河回救河北，常山成为其首先的进攻目标。同时，史思明、李立节等人也得到安禄山的军令，率步骑万人自范阳南下会攻博陵（今河北省定州市）和常山。

颜杲卿正式起兵刚刚 8 天，城防守备尚未完备，史思明、蔡希德两路大军就已进围城下，他赶紧派人向太原的王承业告急，请求其率军来救。然而，王承业抢夺颜杲卿杀蒋钦凑，擒何千年、高邈等叛军将领的功劳在前，派人截杀颜杲卿之子颜泉明不成在后，此时正在做贼心虚之际，巴不得颜杲卿赶紧被叛军灭口，哪里肯救。

王承业完全一副作壁上观的模样，颜杲卿只能率领常山军民孤军奋战，但常山郡临时拼凑起来的军马如何挡得住安禄山精锐部队的轮番冲杀？虽然守城将士日夜拒敌，但几日之后便弹尽粮绝。

天宝十五载（756）正月初八，常山城陷落，守城将士万余人遇害，颜杲卿、袁履谦等人皆力竭遭俘。

遭俘之后，颜杲卿抱定了必死决心，对叛军的劝降完全不予理会。叛军又将刀架在其少子颜季明和外甥卢逖等人的脖子上喝道："如若投降，可保你儿不死！"颜杲卿依然闭目不应。

颜季明和卢逖一并遇害，颜杲卿、袁履谦等则被押送至洛阳交由安禄山处置。

到达洛阳后，安禄山盯着颜杲卿厉声质问："你原本不过是范阳的一个小小功曹参军，是我举荐你做的判官，随后没几年又提拔你当上了太守，我有什么对不起你的地方，你竟然要反叛于我？"

颜杲卿怒目圆睁，针锋相对大骂道："你原本不过是营州的一个小小的牧羊胡奴，天子提拔你做了三镇节度使，恩宠无双，皇上有什么对不起你的地方，你竟然反叛朝廷？我世为唐臣，虽然看起来得到过你的举荐，但官俸和职位都是朝廷所赐，怎么可能跟着你干大逆不道的谋反之事！我是为国讨贼，只恨不能将你人头斩下，你竟敢污蔑我谋反。无耻胡狗，有狗胆赶紧将我杀了！"

颜杲卿大义凛然的批驳令安禄山哑口无言，恼羞成怒之际痛下杀手，下令将颜杲卿、袁履谦等人绑在洛水中桥的柱子上当众肢解。

铁骨铮铮的颜杲卿、袁履谦虽罹酷刑，但一直到断气都在大骂不止。颜杲卿即便被钩断舌头、袁履谦即便被砍断手足，也未发出一声安禄山想听到的乞悯之音。

颜杲卿罹难前后，其子颜季明、颜诞，侄子颜诩，外甥卢逖等人，或死于常山城破之时，或死于洛阳刀锯之下，一门之中罹难者达 30 余人，可谓满门忠烈。

直到当年二月，李光弼、郭子仪率军从井陉关东下收复常山郡，被叛军关押在常山牢狱中的颜杲卿、袁履谦的幸存的妻儿才被营救出来，并得以为亲人服丧守孝。

战乱之中，颜杲卿的另一儿子安平县尉颜泉明也遭遇了被叛军俘虏、押送至洛阳囚禁等坎坷，两年之后即唐肃宗乾元元年（758）才因叛军内讧得以逃脱并投奔了叔父颜真卿。

看到颜泉明平安归来，颜真卿既大喜过望，又悲从中来，略作安顿后便安排他前往已被收复的洛阳与河北寻访失散亲属的下落及殉国亲属的遗骨。

经过一番努力，颜泉明找到了当年奉命对颜杲卿行刑的刽子手并得知了颜杲卿遗体的下落，刽子手同时回忆起颜杲卿被肢解时先被砍下了一只脚并与袁履谦遗体埋在一起的残酷细节，这才让颜杲卿的遗骨得以寻回。

在常山被杀的颜季明，最终只找到一枚头骨。

唐肃宗乾元元年（758）九月初三，颜真卿设坛祭祀侄儿颜季明，在悲愤交加、情难自已的情绪中提笔写下了一篇祭文，该祭文的定稿虽然随火而化，但草稿却得以保存并流传后世，这便是现今珍藏在台北故宫博物院的《祭侄文稿》，其文曰：

> 维乾元元年，岁次戊戌，九月庚午朔三日壬申，第十三叔银青光禄夫使持节、蒲州诸军事、蒲州刺史、上轻车都尉、丹杨县开国侯真卿，以清酌庶羞，祭于亡侄赠赞善大夫季明之灵曰：
>
> 惟尔挺生，夙标幼德，宗庙瑚琏，阶庭兰玉，每慰人心，方期戬谷，何图逆贼闲衅，称兵犯顺，尔父竭诚，常山作郡。余时受命，亦在平原。仁兄爱我，俾尔传言，尔既归止，爰开土门。土门既开，凶威大蹙。贼臣不救，孤城围逼，父陷子死，巢倾卵覆。天不悔祸，谁为荼毒。念尔遘残，百身何赎。呜呼哀哉。吾承天泽，移牧河关。泉明比者，再陷常山，携尔首榇，及兹同还。抚念摧切，震悼心颜，方俟远日，卜尔幽宅，魂而有知，无嗟久客。呜呼哀哉。尚飨。

《祭侄文稿》追述了颜氏一门挺身而出抗击安禄山叛乱并杀身成仁的壮烈事迹，全文不过234字，篇幅不长且不在意字距、行距间的疏落有致，布局时密时疏，行文之中还有多处涂改，完全是颜真卿在情绪激愤难抑和功力自然流露之下所写。有着颜氏一门的忠勇义烈作为根基，下笔之时情如潮涌、不顾工拙，书写豪放不羁、行文气势磅礴，达到了世人难以企及的艺术高度。

后世将颜真卿的《祭侄文稿》与东晋王羲之的《兰亭序》、北宋苏轼的《黄州寒食帖》并称为“天下三大行书”。《祭侄文稿》在其中排名第二，被誉为仅次于《兰亭序》的“天下行书第二”。

值得一提的是，颜真卿不仅在行书上留下了名震千古的《祭侄文稿》，在楷书上也创立了后人争相临摹的“颜体”，并留下了《多宝塔碑》《颜勤礼碑》等传世名作，与唐朝另一位著名书法家柳公权并称“颜筋柳骨”，后世又将颜、柳二人与唐初书法家欧阳询、宋末元初书法家赵孟频并称为“楷书四大家”。

颜杲卿父子在抗击安史之乱中表现出的忠烈令后世敬仰，颜真卿在安史之乱及其后数十年的气概也同样彪炳史册。

天宝十五载（756）三月，颜真卿加封河北采访使之职。这之前不久，清河郡一位叫李萼的年轻人奉命前来平原郡向颜真卿求援，表示清河郡是朝廷支撑“北军”的重要军库所在地，布帛钱粮及盔甲兵器充足，人口也有10万之众，如果颜真卿分兵支援清河，必能安抚并将清河变为强力后援，其他各郡也必望风归心。

颜真卿于是借兵六千支援清河郡，李萼进一步建议他派兵攻取魏郡，进而协助被叛军阻挡在崞口（今山西省长治市黎城县东阳关）的朝廷程千里大军打通北进关隘，然后联合清河等郡南据孟津并分兵据守黄河诸要塞以切断叛军北退之路，只要说服朝廷采取坚壁清野之策，不过月余叛军必然发生内乱并崩溃。

颜真卿深以为然，会同清河郡和博平郡组建联军攻打魏郡并大败叛军，斩首万余人、俘虏千余人，缴获大量马匹和其他军事物资，安禄山委派的伪魏郡太守袁知泰逃奔汲郡，河北义军声威大振。

攻克魏郡之前，颜真卿得到了北海太守贺兰进明起兵反抗的消息，便邀其率兵前来会合。贺兰进明率领五千军马渡河与颜真卿相会，二人见面之际不胜唏嘘，长相稽首哭于马上，合军皆哀。

两军会合后，颜真卿对贺兰进明坦诚相待，多次征求他的意见，不但对联军的指挥权不断向贺兰进明转移不以为意，还把攻克魏郡的主要功劳也让给对方。

可叹的是，贺兰进明并不像颜真卿那般心中只装着家国，反而将颜真卿的大气当作自己的福气，在上报给朝廷的奏状中对攻克魏郡战事的描述随心所欲，怎么有利于突出自己就怎么写，结果得偿所愿获得朝廷河北招讨使的加封，真正在战事中立下大功的颜真卿部将李择交、范冬馥等人得到的反而只是象征性的奖赏，清河、博平两军的有功官兵更是寸功未录，积极性受到了极大打击。

抢功的消极后果很快显现出来，贺兰进明在魏郡大捷后率军讨伐信都叛军，因军队士气低落而久攻不下，最后不得不采取重赏的办法募集勇士，这才将信都攻克。

颜杲卿在常山被围时，遇到了因抢夺军功而拥兵不救的太原尹王承业；颜真卿攻克魏郡后，又遇到了抢夺军功而信口雌黄的北海太守贺兰进明，表面上似乎是颜氏昆仲的运气不好，实质上却是大唐官场风气的重要反映。

虽然被贺兰进明抢去了收复魏郡的功劳，但胸怀坦荡的颜真卿根本没受影响。此时，安禄山老巢之一的平卢镇将领刘客奴、董秦以及安东都护府的将领王玄志联合派人取海道前来联络，表示三人正暗中合谋讨伐诛杀安禄山任命的伪平卢节度使吕知诲，并谋求攻取范阳以归顺朝廷，希望得到颜真卿的支持。

家国危难之际，颜真卿展现了令人敬仰的大胸怀，不但立即派遣部将贾载护送大量军资走海路前往支援，而且不顾众人劝阻，把自己唯一的才不过 10 岁的儿子颜颇也送过去作为质子，以此坚定刘客奴等人的起兵决心。

多方奋战之下，颜真卿一度收复魏郡等大片王土，并派人将唐肃宗在灵武即位的消息广泛传播到河北诸郡和河南、江淮等地，为灵武朝廷树立正统地位和各地守军坚定防守意志做出了重要贡献。

令人扼腕的是，颜杲卿、颜真卿昆仲虽然大义凛然，但终究受制于军事实力上的不足，未能从根本上扭转河北战局。在叛将史思明、尹子奇等人的反扑之下，各郡相继得而复失，河间太守李奂被俘送洛阳，景城太守李玮赴水殉国，饶阳太守李系蹈火自焚、裨将张兴劝说史思明反正不成后遭锯杀而死，乐安、信都开城投降，平原、博平、清河三郡的人心也在叛军的压倒性优势之下逐步溃散。

唐肃宗至德元载（756）十月，颜真卿眼见颓势难以逆转，不得不弃郡渡河，取小道赶赴唐肃宗的临时行在凤翔，获授刑部尚书之职，不久后升任御史大夫。

在朝廷之中，颜真卿严格履行监察之职，尚在草创阶段的肃宗朝廷百官为之肃然，至唐代宗时累官吏部尚书、太子太师等职，成为朝中重臣。

唐德宗时，因为始终不改刚正不阿的本色，颜真卿先后被宰相杨炎、卢杞所嫉恨。淮西节度使李希烈起兵叛乱并攻陷汝州后，公报私仇的卢杞奏请说，颜真卿素有大名为四方信服，如果派他前去宣旨晓谕叛军归顺，必能不战而屈叛军。

明知凶多吉少，颜真卿仍毅然领命前往。到达之后，叛军因其名动朝野，胁迫他折节投降为己所用，遭颜真卿严词斥责：“你们听说过颜常山吗？那是我的兄长。安禄山叛乱时他率先举起义旗，被俘后叱骂叛贼不绝于口。我年近八十，官至太师之位，唯有坚守节操死而后已，岂能受你等胁迫！”

大义凛然的颜真卿被李希烈软禁，其后又多次凛然拒绝各种胁迫，最终于兴元元年（784）八月初三日被李希烈派人缢杀，时年 76 岁。

虽遭小人陷害而罹祸惨死，但颜真卿一生坦荡，刚正儒雅、先国后己，既为时人所重，又受后世敬仰，与从兄颜杲卿一起皆可当“千古忠烈”之誉。

三、东出井陉：郭李联手败思明

颜杲卿、颜真卿等人举起的义旗虽然声势浩大并一度迫使叛军回师北援，为长安方向赢得了一定的喘息时间，但未能从根本上改变河北战局。扭转战事不利局面的任务落到了另外两人身上，一个是郭子仪，一个是李光弼。

天宝十四载（755）十一月，安禄山在范阳起兵后，史思明并未跟随叛军主力南趋洛阳，而是受命率军平定河北。颜杲卿派郏城人马燧秘密游说范阳节度副使贾循反正之事泄露后，贾循被安禄山派人缢杀，史思明随后成为范阳留守。

颜杲卿等人正式竖起义旗震动河北之时，安禄山命告发贾循有功的心腹向润客代史思明为范阳留守，命史思明、李立节等率军自范阳南下，会同自洛阳率军北上的蔡希德一起攻打博陵和常山，史思明在军事上的才能由此得到了广阔的施展空间，也因之成为安史之乱中至关重要的风云人物。

史思明、李立节、蔡希德等人指挥的叛军在河北的战事异常顺利，天宝十五载（756）正月初八，攻破常山并俘获颜杲卿等人后，继续进攻其他举旗反抗的郡县，兵锋所及尽皆残破，河北诸郡再次陷落，仅剩下平原、饶阳等少数几个郡坚守不降。

随后，史思明遇到了自己在战场上最大的劲敌——李光弼。

常山鏖战之际，朔方节度使郭子仪正率军围攻云中郡（今山西省大同市），因东京洛阳陷落，唐玄宗命郭子仪罢围云中回师朔方，整顿扩充军队为夺回洛阳做准备。

天宝十五载（756）正月，朔方节度副使李光弼受郭子仪推荐出任河东节度使，二月又加魏郡太守、河北道采访使等职，被朝廷赋予平定河北的重任。

获任河东节度使之职后，李光弼带领蕃、汉步骑兵万余人，太原弓弩手3000人东出井陉关，向着已被叛军攻陷的常山进发。

和此前河北诸郡的反抗力量主要为临时招募、战斗力孱弱不同，李光弼率领进入河北大地的这支朔方军虽然人数有限，却是一支久经战阵的正规军，加之统帅李光弼杰出的指挥才能，毫不意外成为叛军最难缠的对手之一。

朝廷正规军的抵达使得常山郡人心大振，城中三千团练兵揭竿而起，生擒叛军将领安思义并开门迎接。

李光弼看着被押送到面前的安思义，先问道："你认为自己还有活路不？"见安思义不答又道："你久经战阵，倒是说说看，我的军队能否敌得过史思明？你且为我出谋划策一番，如果策谋可取，当饶你不死。"

生机摆在面前，安思义一把将其抓住，指出李光弼大军远道而来，士卒疲惫，史思明的大军很快就会扑过来，应该先入常山郡城休整并严加防备，待寻到有利之机再出兵以决胜负。

李光弼采纳了安思义的建议并率军入城。果然史思明闻听常山失守后，立即将围攻饶阳的军队调往常山，先锋部队在第二天天还未亮时便已抵达常山城下，其亲率的主力骑兵也很快赶到，围城之众超过 2 万人。

常山之战是李光弼和史思明生平的第一次交手。面对叛军的汹汹气势，李光弼先是派遣步兵五千开东门出战，未能击退叛军后又命五百弓弩手自城楼由上而下引箭齐发，待叛军锐气受挫有所后撤时，再命一千弓弩手出城追击，分成四队轮番发箭，终于将敌军杀退。

初战告捷后李光弼乘胜出击，率兵五千出城与叛军夹滹沱河对峙，史思明多次以骑兵进行快速冲击都被李光弼的弓弩射退，伤亡惨重，只得暂时休战等待步兵来援。

休战之际，李光弼得到老百姓送来的情报，一支 5000 人的叛军步兵从饶阳向常山赶来增援，目前正在九门以南的逢壁休息。

李光弼立即派遣两千步兵和两千骑兵，偃旗息鼓火速赶往逢壁迎敌，趁叛军正在埋锅造饭之际突然间纵兵掩杀，将这支试图增援的叛军全歼。

骑兵占不到便宜，增援的步兵又被全歼，史思明心气泄了大半，只得率军退回九门。常山郡管辖的 9 个县中，除九门和藁城外，其余 7 个县都被收复。

在和史思明的第一次交手中，李光弼大获全胜。

李光弼和史思明一据常山，一据九门，连续对峙了40余日，双方都不敢轻举妄动。史思明转而将目光移向了李光弼的后勤供给，派兵阻断了常山粮道，致使常山城中的粮草顿时紧张起来，军马甚至只能吃草席续命。

面对粮草缺乏的困境，李光弼虽然采取措施从石邑取回了一些粮草，但终究不能从根本上解决问题，只好派人向郭子仪求援。

为解李光弼之困，郭子仪亲率大军东出井陉关，于天宝十五载（756）四月初九抵达常山与李光弼会合，在常山附近聚集起蕃、汉步骑兵10余万人，声势大振。

四月十一，郭子仪、李光弼率军进攻九门与史思明展开大战，再获大捷。与史思明一同自范阳南下攻打常山的李立节被朔方军中郎将浑瑊射杀，自洛阳回师北上会攻常山的蔡希德逃奔巨鹿。

史思明收拾残部退至赵郡（治所在今河北省赵县）和博陵，因博陵此前曾向唐军投降，史思明便将博陵郡的大小官员杀了个干净。

叛军的残暴不仁激起了河朔百姓的强烈反抗，各地自发集聚、结营自保的反抗力量多的达到2万人，少的也有万余人，此时期纷纷自出，争相配合郭、李的朔方大军展开反攻。

四月十七，郭、李大军进攻赵郡，一日而拔，史思明被迫将军队收缩至博陵。

攻下赵郡后，久居边境地区并养成抢夺瓜分战利品习惯的朔方军竟也在城中大肆掳掠起来，此时李光弼展现了铁腕治军的本色，他亲自坐镇赵郡城门，将将士们掳掠之物全部收回并返还给老百姓，极大赢得了民心。

另一边郭子仪也没闲着，赵郡之战他率领的部队生擒了四千叛军，除了将安禄山任命的伪赵郡太守郭献璆斩首外，其余全部释放，以此树立官军仁义之师形象及瓦解叛军军心。

九门大败逃奔巨鹿的蔡希德回到洛阳向安禄山求援，安禄山立即调拨步骑2万人交由他指挥，命其再次渡河北上归入史思明麾下。同时，安禄山又命心腹牛廷玠从范阳调遣万余人南下助力。

经过安禄山的连番调度，史思明麾下精兵恢复到了5万余众，其中的万余人还是以骁勇善战闻名天下的同罗骑兵以及安禄山专门训练的王牌部队“曳落河”。

精兵在手，史思明信心大增，立即对朔方军展开反击，一直进击到恒阳（今河北省保定市曲阳县）城外。

面对史思明指挥的精锐部队，郭子仪实施了坚壁清野和骚扰疲敌的战术，在城外深挖战壕并夯筑高台，叛军来攻就依托战壕和高台积极防御，叛军撤退便派军尾随追击；白天陈兵做进攻之状，夜晚派兵不断骚扰叛军军营，迫使叛军始终处于神经紧绷状态，晚上也得不到充足休息。

如此数日之后，叛军被折磨得疲惫不堪，郭子仪、李光弼等待的正面决战时机终于到了。

天宝十五载（756）五月二十九日，在恒阳城外东北方约10里的嘉山一带，郭子仪、李光弼率领的朔方大军，与史思明、蔡希德率领的叛军精锐展开正面对决。

嘉山之战不仅是朔方军的一次空前大胜，也是安史之乱爆发6个月来大唐政权对叛军最为酣畅的一次痛击。

此战，5万余叛军中，4万余人被消灭在战场上，上千人被生擒，几乎全军覆没。叛军主将史思明在混乱之中被人从马上撞落，拄着一支折断的枪柄，披头散发，赤脚步行，一直到晚上才狼狈不堪地逃回军营，随即带领残部逃回博陵。李光弼率军紧随其后，将博陵团团围住，此前被史思明等攻陷的河北10多个州郡义旗再起，纷纷杀死叛军将领后向唐廷纳节。

河北形势一片大好！

然而，这大好的形势却因潼关的突然失守急转直下！

第四章

潼关军溃到马嵬悲歌

一、临阵斩将：万古一夫用哥舒

高仙芝、封常清从陕郡退守潼关之后，虽然等于将潼关以东的半壁河山拱手让出，但依靠潼关天险毕竟挡住了叛军的迅疾步伐，再加上安禄山急于在洛阳称帝放缓了进攻节奏，同时河北颜杲卿、颜真卿等举兵也形成了强大的牵制力，总算给大唐朝廷赢得了一丝喘息之机。

潼关扼守着大唐统治中心关中地区的西大门，地形险要、关防坚固，即便在安史之乱结束后，大诗人杜甫仍然用“艰难奋长戟，万古用一夫”的诗句来形容其一夫当关、万夫莫开之势。有此关防护卫，虽然丢失了河南河北大片王土，大唐朝廷仍然有能力在喘息稍定之后与叛军展开对决并战而胜之。

然而，大河南北官民共同努力赢得的这丝喘息竟很快被唐玄宗和杨国忠整成了哮喘！

高仙芝久经战阵，又是“天武军”主将，在军中自然说一不二，但在这次事关国家安危的军事行动中，随军的宦官监军边令诚似乎也想有所建树，多次针对军事部署提出自己的意见，却大多被高仙芝驳回，不满情绪与日俱增。

高仙芝不战而退从陕郡撤入潼关后，边令诚似乎认为其指挥无方有负重托，以至于丢盔弃甲、王土沦丧。让人无语的是，边令诚的做法却是将这所谓战事上的不利转化为要挟高仙芝的机遇，竟多次向高仙芝索贿，结果自然都被顶了回来。

意见不被采纳，索贿又不成功，气急败坏的边令诚彻底丧失了道德底线，趁着回朝廷奏事的时候不仅添油加醋夸大高仙芝、封常清溃败的景象，甚至诬告封常清故意助长叛军声势动摇军心，又诬告高仙芝贪污克扣军粮和朝廷赏赐。

先不说边令诚是在诬告，即便其所言都是真事，在大敌当前之际对军队主将的处置也必须慎之又慎，就算要撤换也要安排妥当才行。

但或许是安禄山叛乱让唐玄宗深感丢了面子，也或许是洛阳失守让唐玄宗复感丢了里子，总之本就昏聩多年的皇帝此时已经难以冷静思考了，听完奏报之后勃然大怒，命令边令诚立即带着自己的敕令返回潼关军中，将高仙芝和封常清斩首示众。

封常清在洛阳失守退向陕郡的路上已经连写了三道奏表派人送往长安，提醒朝廷叛军远远不是原来认为的那样不堪一击，但或许是败军之将根本不受待见，三道奏表竟一道也没能呈送到唐玄宗面前。

退守潼关后，始终等不到朝廷回音的封常清担心轻敌情绪继续在朝廷蔓延，决定亲自返回长安面奏军情，但刚进入渭南地界就接到了圣旨，被朝廷削官罢爵，令其以“白衣”身份返回高仙芝军中。

进京不成的封常清只得返回潼关，结果没几天边令诚携带的第二道圣旨又到了，这次竟是要取其项上人头。

可敬的是，即便在临死之前封常清依然心系家国，在遗表中指出，洛阳兵败是因为自己的军队都是新近募集还来不及训练的乌合之众，叛军却都是久经沙场的骁勇铁骑，他同时用“臣死之后，望陛下不轻此贼，无忘臣言”的话叮嘱唐玄宗千万不可轻敌，只不过他的遗表唐玄宗是否还愿意看就不得而知了。

封常清被杀时高仙芝正在巡视军营，等他巡视完毕回到议事大厅的时候，边令诚带着百余名军斧手也围了过来，对高仙芝说道：“皇上也有圣旨给你！”

高仙芝慌忙跪倒接旨，听边令诚宣读完赐死他的圣旨后，愤慨异常，大喊道：“我遇敌不战而退，因此被杀无话可说。但是天地神明可鉴，说我贪污克扣军粮和朝廷赏赐，真是天大的冤枉啊！”

不仅高仙芝大声喊冤，其帐下的兵士也在大声喊冤，然而圣命之下谁又能有回天之力呢？

高仙芝、封常清就这样因为一个宦官的谗言被轻易砍了头，当时是天宝十四载（755）十二月十八日，距离十二月十二日洛阳失守以及唐军退守潼关不过6天时间。

唐玄宗不但临阵斩将，而且一下子砍了当世两大名将的脑袋，此举就算不是自毁长城，也差不多是把自家的墙脚挖了两个大洞，因为紧接着他就遇到了应该由谁接替高仙芝的大难题。

高仙芝、封常清被杀后，潼关大军暂时交由将军李承光统领，但李承光的资历和声望远不及高仙芝和封常清，唐玄宗当然不可能放心把守卫家国的重任交到他手上。

唐玄宗突然发现，杀高仙芝和封常清容易，再想找出一位与高仙芝、封常清同等资历和声望的大将可就难了。

当然也不能说大唐王朝离了高仙芝、封常清就不转了，因为此时长安城里就住着另一位享誉天下的名将——哥舒翰。

当初杨国忠拉拢与安禄山势同水火的陇右节度副使哥舒翰并推荐其兼任河西节度使，为的就是借助哥舒翰的声望和实力制衡安禄山。天宝十二载（753）八月，哥舒翰还晋爵为西平郡王，声望和实力都达到了和安禄山差不多的层级，应该说杨国忠并没有选错人。

只可惜哥舒翰的身体并不比安大胖子好，而且赶在安禄山之前就出了问题！

天宝十四载（755）二月，哥舒翰因嗜好饮酒、放纵声色等原因突发中风难以在方镇履职，只能入京养病，掣肘安禄山的效果也失去了大半。

唐玄宗并不情愿把守卫家国的重任交到一个走路都不便利的人手上，但在长安城里现有的将军里翻过来拨过去，实在找不到比哥舒翰威望更高的了，再加上哥舒翰素来与安禄山不和，被想当然地认为必会尽心讨伐安禄山，所以皇帝心一横：就是哥舒翰了！

哥舒翰没想到自己都已经快半瘫了，居然还会被皇帝紧急召见，而且还要拜为讨伐安禄山叛军的主将天下兵马副元帅，他的第一反应当然是拒绝“厚爱”，一次拒绝不了就两次拒绝，两次拒绝不了就三次拒绝，但哪里架得住“皇恩浩荡”，最后除了领命，还是领命。

大唐统治中心关西地区最重要的西大门潼关的防守任务，就这样交到了几乎是半残之人的哥舒翰手上！

唐玄宗强令哥舒翰出山，可不仅仅是让他接替高仙芝去守潼关，交给他的更重要任务是收复东都洛阳。

为了尽快收复洛阳，唐玄宗几乎把长安的家底掏了个空，一方面敕令天下兵马都向洛阳方向集结，另一方面把长安城及周边能调动的军队几乎全都用了起来，以哥舒翰为天下兵马副元帅，以田良丘为御史中丞、充行军司马，以起居郎萧昕为判官，并命蕃将火拔归仁等率领各自的部落兵随行，总共拼凑了12万人马交由哥舒翰指挥，与高仙芝原来指挥的“天武军”及潼关原有驻军等合起来差不多有18万人，号称20万在潼关驻扎。

自长安出发之日，唐玄宗也给了哥舒翰足够荣宠，不仅亲自到勤政楼送行，还令他过城门不必下车，又令百官在城郊相送，一路之上更是旌旗招展夹道助威，搞得哥舒翰十分惶恐，到了潼关之后仍多次上奏说自己身体抱恙，希望朝廷另选贤能，结果当然都被驳回。

也不能说唐玄宗没有选对人，哥舒翰作为声震天下的名将确实也是有两把刷子的，天宝十五载（756）正月底，安禄山派自己的儿子安庆绪指挥大军进攻潼关，便被哥舒翰一举击退。

随后安禄山的日子确实变得不太好过！

安禄山大约在唐玄宗天宝六载（747）萌发叛乱之意，经过8年的蓄积于天宝十四载（755）十一月正式起兵，仅仅一个月零两天便顺利攻占了大唐东都洛阳城，又过了不到20天便在洛阳称帝，建立起了伪燕政权。

彼时的安禄山志得意满，视攻灭大唐如探囊取物，却不承想形势很快就大变样了。

首先是主攻的西面，天宝十五载（756）正月安庆绪率军进攻潼关试图打开局面，结果被哥舒翰击退。

其次是西南面，武令珣、毕思琛等率军试图截断唐军的江淮粮饷，虽于五月将鲁炅等围于南阳，但无法再有更大进展。

然后是南面，李怀仙、杨朝宗、谢元同等率军准备南下江淮，但被张巡阻于雍丘。

最后是北面，五月末郭子仪、李光弼在嘉山大败史思明，河北郡县大部分被收复。

叛军不仅四面受敌、战事不利，所在的洛阳与自己大本营范阳之间的联系也变得困难起来，只能依靠轻骑兵间道往来传递消息，还大部分遭到了官军截获。

安禄山的大本营在范阳，大部分叛兵的老家也在范阳，眼见联络被阻，前方成了“孤岛”、后方情况不明，军心立时就不稳了。

军心动摇令安禄山慌了神，心烦意乱之下，他忍不住将一直鼓动自己叛乱的高尚、严庄等人叫到面前一顿痛骂：“你们这些年一直鼓动我造反，总是说什么万无一失。现在我们被挡在潼关之外连续数月无法前进，和范阳的联系也断了，到处都在起兵，只剩下汴、郑几个州还在我们手上，你们跟我说的万无一失到底在哪里？从今天开始，你们不要再来见我了。”

安禄山的斥责令高尚和严庄无言以对，只能讪讪而退，此后连续数日都躲着不敢再让安禄山看见自己。

高尚和严庄不敢再见安禄山，安禄山也不愿再见高尚和严庄。正在双方都陷于焦虑彷徨之际，安禄山的心腹近臣田乾真从潼关前线返回洛阳，听说痛骂之事后，赶紧向安禄山进言：“自古以来，帝王在经营大业的过程中都是有胜有败，哪能轻易成功？现在虽然处处起兵结营，但都是些新招募的连战场都没真正上过的乌合之众，怎么能敌得过我蓟北劲兵，有什么可担忧的！高尚和严庄都是长期辅佐陛下的元勋之臣，如果连他们都被斥退不用，军中的那些将领谁不害怕？如果因此导致上下离心，那才是我为陛下真正担心的地方。”

安禄山痛骂高尚和严庄，不过是怒火攻心之下的应激反应，他可没傻到唐玄宗那样临阵斩将的地步。田乾真的这些话一则在理，二则正好给他找到了合适的台阶，大喜之下禁不住抬起大手在田乾真背上一阵猛拍，大声叫着田乾真的小名：“阿浩，还是你知道怎么劝解我！”

夸完田乾真，安禄山立即命人将高尚和严庄请进皇宫大殿并置酒欢宴。在酒宴之上，安禄山亲自劝酒并高歌一曲助兴，以此表示自己的歉意，此后仍像先前一样对待和信任二人。

叛军内部的一场小小内讧被迅速平息，但战场上的不利局面依然存在，是顶住压力留在洛阳继续图谋长安，还是放弃洛阳退回老巢范阳，依然在安禄山的朝堂之上争论不休！

安禄山虽倾向于退回范阳，但尚未下定决心，正在犹豫不决之际，潼关前线的形势突然发生了大变！

哥舒翰虽然身体欠佳，但统兵潼关后却做了一些宰相杨国忠之前根本没预料到的事情。

安禄山起兵的主要口号就是诛杀奸相杨国忠，这个口号倒也选得合适，大多数人确实把杨国忠的骄纵不法作为招致安禄山叛乱的主要原因，对杨国忠几乎到了人人切齿的地步。

负责统辖潼关骑兵的王思礼与哥舒翰的关系很密切。因为安禄山起兵的主要借口是诛杀杨国忠，便劝哥舒翰趁着兵权在握的大好时机上表抗奏，要求朝廷诛杀杨国忠，让安禄山丧失继续进军的理由。

王思礼究竟是因为与杨国忠有嫌隙欲公报私仇，还是因为把杨国忠看作招致叛乱的罪魁欲杀之而后快，还是天真地以为杀了杨国忠安禄山就真的会退兵其实并不重要，反正哥舒翰并没有接受他的意见。

见哥舒翰不纳，王思礼又提出派遣 30 名骑兵潜回长安，趁杨国忠不备将其劫持到潼关诛杀，对此哥舒翰回答道："真这样干的话，造反的就是我哥舒翰而不是安禄山了。"

见哥舒翰不肯对杨国忠下手，王思礼又把目光转向了哥舒翰的老冤家——留在长安的安禄山堂兄安思顺。这回哥舒翰可就没那么客气了。

安思顺于开元元年（713）与少年安禄山等人一起，被自己的叔父、安禄山的养父安延偃从突厥境内携带入唐，其后从军并官至大唐河西节度使和朔方节度使，成为封疆大吏。他与哥舒翰同在河西、陇右节度使王忠嗣帐下效力时互不服气，相互之间争斗不止，连带着安禄山也与哥舒翰成了死对头；并且他在安禄山正式起兵前就已察觉到堂弟的异常并多次告发，故而叛乱爆发后唐玄宗并未治他的罪，只是将他从朔方节度使任上调回京城改任为户部尚书，并将其弟安元贞由负责皇宫禁卫和飞骑仪仗的羽林军大将军改任为负责厩牧车马事务的太仆卿，总算暂时保全了身家性命。

为了谋杀安思顺，哥舒翰干了一件很不地道的事。他安排人伪造了一封安思顺写给安禄山的信件，号称在潼关之外捉拿到了安思顺派去送信的人并截获了信件，以此向朝廷诬告人在长安的安思顺与安禄山私通信息，同时罗列安思顺的所谓7条罪名，要求朝廷诛杀安思顺。

由于哥舒翰的诬告，加上他手握重兵形成的强大影响力，唐玄宗不信也得信了。天宝十五载（756）三月，安思顺及其弟安元贞皆被赐死，家属全部放逐岭南，一时之间天下冤之。

哥舒翰冤杀安思顺的过程中，杨国忠曾试图相救，却发现哥舒翰手握影响国家命脉的军权，朝廷中根本无人能逆其意，贵为宰相的自己也无从下手。

此前安禄山从范阳起兵虽然以诛杀杨国忠为名并且势如破竹拿下洛阳，长安毕竟还有潼关天险保护，对战场实况并无亲身感受且对官军实力仍颇自信的杨国忠并未真正觉得自己有多危险。如今安思顺直接因潼关哥舒翰而死，自己也处在被算计的边缘，他这才真实感受到军人一旦不受节制到底有多可怕。

正在此时，有人直接提醒杨国忠："现在朝廷重兵都掌握在哥舒翰手上，一旦他军旗向西回师长安，你不就危在旦夕了吗？”

同时，王思礼劝哥舒翰杀杨国忠的意见虽未被采纳，消息却被走漏传到了杨国忠的耳朵里。对自己的坏名声颇有自知之明的杨国忠吓得冷汗直冒，立马感觉到死亡的气息扑面而来，赶紧筹谋自救之策。

杨国忠自救的第一件事，是在长安组建一支自己能够掌控的自卫队。为此他紧急向唐玄宗奏称：“潼关大军虽强，但长安再没有可以新派过去的兵力了，万一失利，长安可就危险了。请允许我从负责国家马场的监牧人员中挑选三千青少年进行训练。”

得到批准后，兼任剑南节度使的杨国忠将这支新军交由剑南军将李福德等统领。同时他又命人在长安城继续招募军队，倒也成功募集到了上万人员并交由自己的亲信杜乾运统领在灞上驻扎，名义上是为了防御叛军，实际上却是为了防范哥舒翰。

杨国忠在长安的动作很快传到潼关，哥舒翰立即明白了杨国忠的所思所想。杨国忠害怕哥舒翰回师图己，哥舒翰也害怕被杨国忠恶语中伤，有了高仙芝、封常清被杀的前车之鉴，他可不想被杨国忠背后捅刀，遂果断展开反击。

哥舒翰的反击简单而又直接，他在给唐玄宗的奏表中说，既然杜乾运统领的灞上驻军是为了防御叛军，那就由身为潼关主将的我统一指挥吧！

哥舒翰的理由冠冕堂皇，杨国忠有苦难言，唐玄宗却不能不允，杜乾运就这样成了哥舒翰的部下。紧接着，哥舒翰便通知杜乾运赴潼关议事。

因为哥舒翰是直接上司，杜乾运不能不去，哪知道刚进军门便被哥舒翰拿下，随后被随便安了个罪名砍了头，驻扎在灞上的那1万新兵自然也被哥舒翰彻底掌控。

杨国忠辛辛苦苦老半天，好不容易拉扯起来的万人自卫队就这样被哥舒翰轻轻松松给解决了，这让他身上的死亡寒意进一步加深，他忍不住对着儿子哀号道："我怕是要死无葬身之地了！"

二、潼关军溃：盛唐一去不复返

安禄山一方，想方设法诱使潼关守军出击并一战定乾坤是当前的首要任务，因为叛军前有潼关阻挡后有嘉山失利，如不能尽快打开局面便会面临向范阳撤退的窘境。

朝廷一方，所谓的"进攻时机"一到，便令潼关守军倾巢而出，并一举击溃叛军主力也是当前的首要任务，因为对于唐玄宗来说，洛阳丢失令其颜面尽失，如不能尽快出兵收复实在无颜以对天下；对于杨国忠来说，因哥舒翰冤杀安思顺、诱杀杜乾运而心生恐惧，如不能尽快转移哥舒翰面向长安的注意力实在是寝食难安。

为了诱使唐军出关，驻扎在陕郡的叛军悍将崔乾祐对兵力进行了大规模调配，将主力精锐隐藏起来，只安排了三四千老弱病残士兵在陕郡地面上公开活动，故作军纪涣散、毫无防备的模样，想方设法将这一“情报”传到了长安。

半年来，唐玄宗一直盼望的便是这样的“大好时机”，如今“大好时机”突然降临，当然不能错过，他要求哥舒翰立即出兵收复陕郡和洛阳的圣旨很快就到了潼关。

收到圣旨的哥舒翰大惊失色，赶紧上奏：“安禄山用兵多年，这才刚刚起兵怎么可能就不设防了？他一定是故意用老弱残兵引诱官军出击，如果出兵便中了他的计谋。叛军远道而来最希望的是速战速决，官军占据天险关隘应该坚守以逸待劳，并且叛军因残暴不堪大失人心，面临的形势越来越窘迫，肯定会发生内乱，那时候官军再乘势讨伐，不战亦能全胜。行军打仗追求的是最终的胜利而不是所谓的速战，现在各地勤王的军队大多没有赶到，请让我再等一等。”

恰在此时，率军取得嘉山大捷的郭子仪、李光弼也从河北写来奏表，请求朝廷批准他们继续北上进攻范阳，将安禄山的老巢一举剿灭，指出只要攻下范阳并收取叛军的妻儿老幼作为人质，叛军必然军心动摇，进而内乱溃散。郭、李同时强调：“潼关大军应该坚守关隘等待叛军师老疲敝，千万不可轻易出击。”

哥舒翰屡经战阵，郭子仪、李光弼新立奇功，三大一线战将的上奏有理有据，却都没能抵挡住朝堂之上杨国忠的三言两语和唐玄宗的刚愎自用。

被哥舒翰之前连续几个动作吓破胆的杨国忠一刻也等不得哥舒翰继续待在潼关不动了，在皇帝面前疾言厉色地表示：现在叛军根本就没设防，哥舒翰如还犹豫不决，天赐良机转瞬即逝。

唐玄宗已经被安禄山起兵和叛军攻破洛阳折磨半年多了，如今再被杨国忠这么一激，也一刻等不得所谓以逸待劳了，从长安派往潼关传旨的太监一批接着一批，命令哥舒翰立即出兵的圣旨一道接着一道，几乎到了项背相望的地步。

多道圣旨连下，哥舒翰除非真的要谋反，否则只有两条路可走：一条是率军出关，另一条还是率军出关！

天宝十五载六月初四，哥舒翰被迫引兵出潼关，崔乾祐的诱敌之计大功告成。

六月初八，哥舒翰统率的潼关大军与崔乾祐统率的叛军在灵宝县西原相遇，对决就此展开。

西原之战是安史之乱乃至中国古代历史上最具影响力的转折点之一。哥舒翰在出潼关之前便知道此行凶多吉少，悲愤之下忍不住捶胸痛哭。实际上天时、地利、人和确实都不在他这边！

首先是天时不利唐。兵出潼关原本就是叛军引诱和朝廷逼迫所致，时机并不合适，并且在随后的战场上，气候变化也没站在哥舒翰这边。

其次是地利不占优。潼关之所以能在近 6 个月的时间里让叛军寸步难进，除了本身的险要之外，从这里到陕郡的地形不利于大规模行军也是重要原因。两地之间的地形是一条两边是山地、中间是黄河的狭窄地，这条狭窄地到了灵宝县西原后进一步收窄，作为战场十分易守难攻。之前大唐官军作为防守方，利用地形优势使得叛军寸步难进，如今官军主动出关变成了进攻方，地形的优势便顺理成章转移到了叛军那边。

最后是人和不协调。潼关守军虽有很多是在叛乱爆发后才招募而来，到此时已得到差不多半年的训练，并不能完全算是新兵蛋子了；此外军中还有大量来自陇西、河右、朔方等方镇的精兵以及火拔归仁等率领的蕃兵，战斗力并不差，但击败叛军仅靠这些是远远不够的。

因中风在家休养的哥舒翰被朝廷强行起用，虽不至于无法视事，但他的身体实在经不起过多具体军务的烦扰，进驻潼关后便把日常军务都交给了行军司马田良丘打理，田良丘却又缺乏决断能力，转而将骑兵主要交给哥舒翰的部将王思礼统辖，步兵主要交给原来高仙芝的部将李承光统辖，王思礼、李承光则你不服我、我不服你，根本做不到步调一致。

哥舒翰接管潼关的兵权后，部队的监军也由宦官边令诚换成了另一位宦官李大宜，李大宜虽未像边令诚那般进主帅的谗言，品行上却也没好到哪里，其在军中整日饮美酒、赏歌舞，对将士也毫无体恤之心，以至于担负守卫家国如此重任的将士们经常连糙米饭都吃不饱。

至于哥舒翰本人，其军功虽然赫赫，但治军之法却一味追求严格而缺乏体恤，唐玄宗曾听说前线士兵的衣服穿破了没的更换，便让人在皇宫里收集闲置衣服改制成 10 万套战袍送往潼关，哥舒翰收下后却直接锁入军库不予发放，以至于潼关城破后都成了叛军的战利品。

哥舒翰对部下缺乏体恤且身体抱恙不理日常军务，王思礼、李承光等人互相争权，李大宜等人奢靡作乐，诸种因素叠加导致潼关守军人数虽然号称20万之众，实际上却是士气低落、指挥不畅，根本就达不到开关出击的标准，更不用说勇猛向前收复洛阳了。

天时地利人和一样不占还不是唐军问题的全部。哥舒翰虽然出潼关前就已敏锐洞察到叛军呈现出的几千老弱病残和毫无防备乃是诱敌之计，但或许是朝廷圣命催得过频来不及将叛军诱敌之计的意图向下传递提醒，也或许是在出关凶多吉少的情况下不愿意沮丧军心，总之在随后的战场上大多数唐军并无防备之心，轻易便被叛军所诱钻进了口袋。

西原之战开始前，叛军一方崔乾祐将诱敌冒进的既定方针坚决贯彻到底，他把主力埋伏在有一条长约70里狭窄通道的山上，只把非常少的兵力部署在正面战场上。

官军一方，哥舒翰带着负责打理日常军政事务的田良丘等人乘坐大船在黄河之中行进，实时观察两岸战场情形。但或许是因为身体原因导致哥舒翰的神经未能始终如一地紧绷，也或许一直向前本就是大军出关的任务所在，总之当他看见战场上敌军人数很少时，并没有小心谨慎步步为营，而是犯下冒进大错，命令大军长驱直入。

潼关大军被哥舒翰分成三拨，第一拨是担任突前任务的5万精锐，安排由大将王思礼等率领；第二拨是紧随其后的 10 万人，安排由大将庞忠等率领；第三拨是剩下的 3 万人，由哥舒翰亲自统领登上黄河北岸的高地，瞭望战场形势并擂鼓助威。

开战号角吹响后，面对王思礼指挥的 5 万官军精锐，崔乾祐仅派了不到 1 万人出战，并且有如天上的星星一般到处散落，这里聚集几个、那里聚集几个，有的地方人多点、有的地方人少点，有的往前冲、有的往后退，完全不成行军打仗的阵形。

一方队伍庞大且号角如雷，另一方不过万人且阵形散漫，很多官军在两军正式接战之前就已经笑了，感觉这场仗简直就是老虎吃蚂蚁，还不够塞牙缝的，很多人甚至调侃："等把这些家伙都捉完了，饭点应该也到了吧！"

接战之后，叛军果然难以抵挡官军强大的攻势，很快便开始后撤，并且在后撤的过程中旗也倒了、人也跑了，完全就是一副溃散的模样。

看见叛军如此不堪一击，官军的神经更加松弛，也不再分什么骑兵前步兵后，更不分什么你追击我防备了，四五万前军沿着狭窄地带呼啦一下几乎全部追了上去，很快便钻进了崔乾祐提前部署妥当的 70 里伏击带。

这条伏击带北面临黄河、南面迫群山，既长且狭，官军在追击的过程中已经是互相拥挤、阵形不再，进入伏击带后更是首尾不能相顾。正在人喊马嘶、乱作一团之际，埋伏在山上的叛军突然就冒出来了。

叛军居高临下，将滚木礌石一股脑地推将下来，被挤压在狭窄地带上动弹不便的官军相互推挤，连枪槊都没法自如挥动，更不用说组织起有序防御了。

挡无可挡、避无可避的困境之下，官军伤亡惨重。

哥舒翰发现前军陷入包围后，立即指挥将数十辆马拉毡车调往队伍的最前方，试图以车马阵将敌军冲开一个口子。

这些战车外画龙虎、金爪银目，张牙舞爪、威风凛凛，既可结阵形成强大冲击力，又可炫人耳目令敌军害怕胆怯，但哥舒翰万万没想到的是，六月盛夏的午后突然刮起了猛烈的东南风，官军正好处在大风的正下方，崔乾祐抓住这一天赐良机，命人组织起数十辆装满茅草的马拉战车，将茅草点燃后与官军的马拉毡车对冲。

东南风暴起之际，处于正下方的官军顿时被漫天的烟雾熏得无法睁眼，一部分人很快便难分敌我自相砍杀起来，大批人马因此白白送了性命。

乱了一阵后，又有人大喊敌军随着烟雾冲过来了，于是弓弩手立即上前对着烟雾万箭齐发，一直到傍晚箭射完了才发现原来射了个空。

日落西山烟雾散，数万人马精力疲。正当官军懊恼彷徨之际，崔乾祐提前安排的另一支伏军，也是安禄山麾下最强悍军队之一的同罗精骑兵已完成从南面山地的迂回，突然自官军后方杀将出来。

前方有阻挡，上方有伏兵，后方又来了敌军精锐，被困在狭窄地带早已筋疲力尽、缺矛少箭的官兵再也无法组织起有效防守，立时大乱，有的向山谷之中拼命逃窜，有的在互相推挤的过程中跌入黄河，河中倒是有上百艘运粮船，结果因爬的人过多基本都发生了侧翻，大批官兵死于溺水；有的官兵连侧翻的船也没摸到，情急之下捡起地上的几支长矛和盾牌胡乱绑在一起，做个简易小船跳上去就往河对岸划，大部分自然也被河水吞没；跑得慢的官兵则被叛军砍杀而亡，哀号逃命之声遍于山野。

潼关大军号称 20 万人，进入西原战场的实际人数约为 18 万，被诱入狭窄伏击带的前军只不过四五万人，但这四五万人乃是哥舒翰麾下最为精锐的部队，随着他们的溃散，哥舒翰的战力也失去了大半。

不仅如此，在失去精锐的同时，王思礼、李承光等相互争权导致的各部行动不一致、纪律松散，哥舒翰、李大宜等不恤部下导致的士气低落、指挥不畅等恶果也显现了出来。

王思礼等率领的前军溃散之时已是夜晚，紧随在前军之后由庞忠等人率领的 10 万后军根本无法搞清楚前线战况，听到前线大败的消息和官军哀号的声音后，也不知道是谁发了一声喊，突然也跟着大乱并随即溃散，再接着黄河北岸由哥舒翰亲自指挥的 3 万人眼见河对岸兵败如山倒，竟也跟着一哄而散。

哥舒翰纵然有千般谋略，面对 18 万大军的同时溃散也是回天无力，只能带着身边仅剩的 100 余骑一直退至首阳山才找到西渡黄河的机会，最终狼狈逃回潼关。

大批溃散的官军也想逃回关内，结果被之前为防御叛军开挖的三道壕沟所阻，这三道壕沟每道宽 2 丈、深 1 丈，若在平时自可慢慢渡过，但当此溃散之时哪里还顾得上秩序，你争我抢之下大批人马摔了进去，须臾之间便将壕沟填平，掉进去的人马还来不及反应就已被后面涌上的人马踩了个严实，哪里还有命再爬起来。

5 天前，18 万人马在哥舒翰的带领之下浩浩荡荡开出潼关，如今逃回来的仅有 8000 人！

西原之战的第二天也就是天宝十五载（756）六月初九，崔乾祐兵临城下，对潼关发起进攻，此时关内从战场上退回来的那 8000 人当然是指望不上的。

郭子仪、李光弼在河北取得嘉山大捷后的第 10 天，长安乃至关中最重要的门户潼关，就这样陷于敌手！

紧接着，河东、华阴、冯翊、上洛等处长官皆弃郡而逃！

长安再无可守之险，亦再无可战之兵！

潼关陷落后，哥舒翰带着亲信往西撤退，一直退到关西驿站方才勉强立住脚跟。此时的他仍试图扭转乾坤，命人在驿站外张榜贴出告示，意欲重新收拢逃散的士卒并杀回重夺潼关。

哥舒翰对于重新夺回潼关到底有多少信心并不明确，可以明确的是他手底下的部将已经信心尽失了，这突出表现在蕃将火拨归仁等人的身上。

哥舒翰正在驿站里收拢散卒和部署后续行动的时候，火拨归仁等带着上百名骑兵突然将驿站围住，然后自己进入驿站报告哥舒翰："叛军追过来了，请您立即上马撤退。"

闻听追兵将到，哥舒翰赶紧上马准备撤退，但刚出门就被包围驿站的人马拦下，火拨归仁率众跪在地上边磕头边说道："您率领20万大军东出潼关，结果一战而溃，有何面目再见天子？并且您难道没看到高仙芝、封常清的下场吗？您还是和我们一起往东边去投降吧！"

哥舒翰不甘束手就擒，欲从马背上跳下来。但一则他身患疾病身手不比从前，二则火拨归仁等早已做好准备，火速上前将他摁在马鞍之上，用准备好的绳索绕过马腹捆住双脚，令他逃无可逃。

动弹不得的哥舒翰大喝："我宁愿像高仙芝那样去死，放我下来！"但此时说什么都是无用，不要说已经被绑紧的他，驿站内其他不愿意投降的部将也被火拨归仁等一一拿下，连同他一起押着往东北的潼关而来。

其实就算没有火拨归仁等人闹这一出，以哥舒翰的身体情况，他能逃走的机会也不太大，因为就在火拨归仁押着他往东刚走没几步，敌将田乾真率领的追兵就已经赶上来了，正好驿站的纷争已定，倒也免得再动刀动枪过多杀人了。

哥舒翰当初赴潼关领兵便是被朝廷强迫所致，虽不至于怨声载道，但升起几分失望情绪应该是人之常情。六月初四率军出关更是被逼无奈，捶胸痛哭显示他心头的失望情绪已经转化为绝望之情。西原大战时眼见18万官军在自己眼皮底下全线崩溃，他就算有钢铁意志也不可能阻止绝望情绪在全身蔓延。紧接着潼关被叛军轻易攻克，他凭着一点点残存的大丈夫信念逃至驿站正在筹划收拢散卒、回师反攻之际，却被自己的部将给出卖了，那一点点残存信念的火苗不被掐灭恐怕也不现实。

所以火拨归仁等人可能只是将哥舒翰被擒的命运稍微提前了那么一炷香工夫，却也基本成为压垮他的最后一根稻草。

被叛军押送至洛阳安禄山的面前后，这位被西北边陲诗人以“北斗七星高，哥舒夜带刀”盛赞的大唐将星完全没了精气神，当安禄山问出“你以前常常看不起我，现在又是怎样看我”的话时，哥舒翰竟伏地跪拜并摇尾乞怜：“以前都是臣肉眼不识圣人，现在您尚未平定天下，如今李光弼在常山，李祇在东平，鲁炅在南阳，如果陛下饶恕臣的性命，臣可写信招他们来降，不出几日就能大功告成。”

安禄山大喜，立即册封哥舒翰为伪燕国司空、同平章事，令其写信招降各处守将。

有点出人意料的是，对大唐朝廷不忠不义的安禄山安置完哥舒翰后，转过头来却对着主动投降的火拨归仁说了一句：“你这家伙背叛主人，不忠不义。”随后下令将这叛主的降将给砍了头。

哥舒翰写出去的招降信很快有了回音，只不过李光弼等人在回信中并没有如其所愿表示投降，而是义正词严地责备其在丧师辱国之际不仅不能以死报国，反而折节投降，实在有辱斯文。

所有的回信都在斥责哥舒翰，这令安禄山大失所望，随后他也不再客气了，找了一处宫苑将自己新册封的这位司空、同平章事圈禁起来。

这一圈禁便是一年多的时间，第二年即至德二载（757）十月，哥舒翰为安禄山的儿子安庆绪所杀。

唐玄宗急于收复洛阳，多道圣旨催迫哥舒翰领兵出潼关后，他也知道这是事关大唐命运的决定性一战，如若失败则大势去矣。

六月初八，西原大战进行的过程中，对于哥舒翰派往京城告急的人，唐玄宗多次召见反复询问战场情况，确认前线战事吃紧时，还下令李福德等人带领之前杨国忠奏请训练自保的三千监牧兵赶赴潼关增援，这已经是除了皇宫禁军之外长安城里仅剩的军事力量了。

虽然把最后的底牌都打了出去，但心提到嗓子眼的唐玄宗一直等到傍晚过了约定时间也没看见潼关方向燃起报平安的烽火，这才终于知道什么是真正的害怕了！

不难想象在持续煎熬中等待潼关平安烽火燃起而不得的唐玄宗，心中残存的那一点点侥幸是如何一步步转化为绝望的，也不难想象他是在怎样的煎熬中度过六月初八这个夜晚的。

好不容易熬到了天亮，唐玄宗赶紧把几位宰相召入宫中商量后事，此时他能指望的其实还是杨国忠，也只能是一直以来大权独揽的杨国忠！

杨国忠虽然是山西人，但发迹地在四川，做宰相后又兼任了剑南节度使之职，故蜀地一直被看作他的大本营。听到安禄山起兵的口号就是讨伐自己时，杨国忠虽然不相信叛军真的能打到京城，但还是吩咐剑南节度副使崔圆悄悄做了一些准备，以备万一之时有个退路。

如今潼关失守长安危急，逃奔蜀地顺理成章成了杨国忠的第一选择。面对唐玄宗的问计，他不假思索便将这一主意说了出来。

唐玄宗数天前连颁圣旨催迫哥舒翰领兵出关时有多霸气，此时便有多㞞包，立时便接受了逃奔蜀地的意见。

逃蜀的主意虽定，准备总还需要一两天时间，动身之前也还需要敷衍一下朝廷百官们。

六月初十的朝会上，杨国忠面对百官询问应对之策，开口之前已是涕泗横流，但满朝文武面对宰相问计皆是低头不语，试问大唐的一副盛世好牌被打成如今这般乱七八糟的局面，谁又能有回天之力呢！

见百官皆无语，杨国忠只能自己找台阶下：“10 年来一直有人在告发安禄山意图谋反，可皇上就是不信。现在局面沦落到如此地步，可不是宰相的错。”那意思罪魁祸首还是皇帝，但此时说这些还有什么意义呢？

潼关败局早已传至长安，城内本已人心惶惶，如今朝会也没能拿出任何应对之策，谁还能故作镇定呢？

朝会刚一结束，长安城里就乱了套，官员和百姓都像没头苍蝇一般四处乱窜，寻找应对之策。倒也没窜太长时间，因为很快大家就发现根本无法可想，大多数人只能关门闭户躲在家里瑟瑟发抖，幻想着也许皇帝老爷突然间就将乾坤给逆转了呢。

昔日熙熙攘攘、热闹繁华的大唐国都几乎在一瞬间变成一座寂静死城，当然这只是更大混乱爆发前的短暂寂静。

官民扰攘之际，杨国忠让韩国夫人、虢国夫人等迅速进宫，劝唐玄宗赶紧动身，其实只要动身的准备做好了，唐玄宗哪里还需要再劝！

六月十一日的朝会照常进行，但到堂的文武百官已经十无一二了。唐玄宗倒是跑到勤政楼露了个面，并且下旨要御驾亲征，只是听到这消息的人信他才怪！

六月十二日天还没亮，在一番紧张准备之后，唐玄宗带着在宫城里的杨氏姐妹、宫妃公主、皇子皇孙以及杨国忠等亲近大臣、宦官宫女等，从延秋门悄悄溜出，那些在宫城之外的皇妃公主和皇子皇孙们可就管不了了，他们只能自求多福。

开创了大唐王朝繁华顶峰“开元盛世”，曾意气风发巡视朔方并留下“千乘万骑入咸阳”壮观气象的唐玄宗李隆基，就这样开启了仓皇的逃亡之路！

潼关失守，长安大势已去！

玄宗出逃，大唐盛世终结！

三、六军不发：玉辇何由过马嵬

逃亡队伍溜出宫城后，很快走到了储备钱帛、杂彩和天下赋调的国库左藏，此时的左藏储积越丰富，映照着逃亡队伍的心境便越苦涩。不甘把海量财富留给安禄山的杨国忠向唐玄宗提了个意见："一把火把左藏给烧了吧！"

唐玄宗望着眼前围墙高大的国库，苦涩之情和悲凉之意一起涌上心头，叹了口气："叛贼来后如果得不到想要的东西，必然转过头来向城中百姓勒索，就留给他们吧，不要让我的赤子臣民们多遭罪孽。"

天亮之后，仍有一些不知道该干些什么的官员照常上朝，在宫门之外等待的时候倒也没什么异常，等到宫门打开正准备进入时，突然从里面涌出来一群宫女太监，大喊："皇上不见了！"

长安城彻底沸腾！

城中的达官贵人和士民百姓纷纷向城外逃窜，城外的山野村夫却趁机跑进城里，有的钻进皇城宫苑寻宝，有的跑到王公府第打劫，曾经神秘威严的朝堂大殿出现了毛驴的身影，唐玄宗没舍得烧的左藏也被人点起大火，最终京兆尹崔光远、宦官边令诚等勉强组织了一些人力维持秩序，一连杀了10多个人后才让乱象稍微好转。

可叹当初东京洛阳城破之时，尚有洛阳留守李憕、御史中丞卢奕、采访判官蒋清等官员宁死不降、舍生取义，如今叛军尚未到达西京长安，崔光远、边令诚等人已经缴械投降，崔光远派出自己的儿子前往洛阳迎接安禄山，边令诚也献出了受命掌管的宫城管钥。

皇帝都带头逃跑了，崔光远、边令诚纳城投降也没啥特别可说的，值得一说的倒是二人在一段时间之后又从长安逃出来并投奔了新帝唐肃宗。在唐肃宗朝中，崔光远继续为官并活到了上元二年（761），冤杀高仙芝、封常清的边令诚就没什么好下场了，迎接他的是被唐肃宗下令斩首示众。

欲烧左藏而不得的杨国忠拥着唐玄宗继续向前，出便门过了渭水之后又派人点火准备烧掉河上的便门桥以断追兵之路，尚存一丝帝王气息的唐玄宗看见后赶紧让宦官高力士带人将火扑灭并说了一句：“士庶百姓都在避贼逃生，怎么能断了他们的生路呢！”

唐玄宗派人提前赶路令沿途郡县做好接驾准备，可这些郡县官员早逃散了，根本就没人来接，直到中午时分逃亡队伍也没能吃上饭。杨国忠带人好不容易才找到地方买了一点胡饼回来给皇帝，同时也顾不了啥尊严了，把皇帝逃亡无饭可吃的事说给了周边的老百姓听，希望他们能够进献一些饭食。

老百姓倒也朴素，听闻消息后纷纷拿出家里的粗粮糙饭进献，向来锦衣玉食的公子王孙、达官贵人们也没了往日气象，一个个用手抓起来就吃，如风卷残云般霎时间吃得干干净净，只恨数量不足没吃饱，哪里还顾得了粗粮糙饭难下咽。

凡是进献饭食之人，唐玄宗皆命人赏赐并亲自慰劳，说到伤心之处从皇帝到百姓哭声一片。一位名叫郭从谨的老人忍不住数落起来："安禄山包藏祸心非止一日，早就有人在朝堂之上告他谋反，可很多被杀了头，这才让贼子的奸计得逞，陛下也被迫流亡。先皇一直强调要延求忠良以聪耳目，还记得宋璟做宰相的时候曾多次直谏，天下因此得以安定太平。近年来朝廷大臣讳言真话，一味阿谀奉承，以至于陛下根本就不知道宫门之外到底发生了些什么事。草野之人早知道会有今天，但宫门九重，哪有机会上达天听呢？若非事已至此，只怕今天的这番话陛下也永远听不到吧！"

唐玄宗面红耳赤，只得自贬："这都是我的错，现在后悔也来不及了。"

队伍继续前行，走到金城县驿站时已是半夜，此时王思礼从潼关方向赶了上来，唐玄宗才知道哥舒翰已经被擒，便命王思礼暂代哥舒翰的河西、陇右节度使之职，让他赶赴河西、陇右，沿途收拢散卒，以作反攻之计。

潼关军溃后，河西诸少数民族部落以为朝廷派遣镇抚其地的那些都护都随哥舒翰陷于敌阵，故而趁机自立并互相攻击。王思礼赶至平凉时，诸少数民族部落正厮杀得热火朝天，他只好又回头追赶上了已经入蜀的唐玄宗。

实际上西原之战时，河西诸都护都跟随哥舒翰在黄河北岸瞭望战场，其后虽然溃散但并未陷敌，唐玄宗听闻河西等地的情况后，立即命河西兵马使周泌为河西节度使，命陇右兵马使彭元耀为陇右节度使，分别率领各都护回镇招抚少数民族部落，王思礼则改任行在都知兵马使。

王思礼不久后出任关内节度使，在其后平定叛乱的过程中发挥了重要作用，官至三公之一的司空，此是后话。

六月十四日，大唐天子的逃亡队伍走到了马嵬驿（在今陕西省兴平市西北），杨贵妃和杨国忠的人生历程也在此走到了尽头！

唐玄宗决定逃亡事出紧急，准备仓促，从长安出发又是偷偷摸摸，再加上沿途官员逃散无人接应，六月十二日当天就面临了无米下肚的窘境，最后皇帝靠着杨国忠买的一些胡饼勉强充饥，官员王孙们靠着老百姓送来的粗粮糙饭胡乱果腹，至于那些禁军的将士不要说吃饱，很多人是否分到过一个米粒都是问题。

队伍走到金城县驿站时已近半夜，虽然找到了一些粮食和煮饭器皿，自己动手暂时往肚子里填了一些东西，但驿站中连灯都找不到一盏，人困马乏之际只能横七竖八席地而卧，狼狈之状可想而知。

在饥饿、疲劳、人心惶惶等多重打击之下，包括内侍大太监袁思艺在内的很多人都逃走了，那些没逃走的很多也都积攒了一肚子怨气。

逃亡队伍走到马嵬驿时已近中午时分，虽然暂时停顿下来休息，但饿得前胸贴后背的禁军将士们根本不知道今天的第一餐饭到底在哪里，也不知道前面的路途会是什么样子，肚里的怨气渐渐转化成了嘴里的骂声，此时统率禁军的龙武大将军陈玄礼眼见人心可用，终于借机站上了历史前台。

陈玄礼早在唐玄宗李隆基还没做太子的时候就已经在帐前听差，唐中宗“韦后之乱”时随李隆基起兵诛杀了韦皇后和安乐公主，为唐睿宗李旦重登宝座及李隆基坐上太子大位立下过汗马功劳。李隆基即位后他一直负责统率禁军，宿卫宫中并多次直言进谏，可谓皇帝托付身家性命的宠信近臣。

作为几乎寸步不离皇帝的禁军统领，陈玄礼对杨国忠在宫里的活动轨迹和一言一行清清楚楚，对杨国忠祸国殃民的不满和痛恨或许不止一日，只是以前并无机会，如今大厦倾倒、家国颓败，自己统率的禁军只能跟着皇帝在饥饿和疲惫中狼狈逃亡，惶惶不可终日，他的怨恨终于爆发出来。

陈玄礼能深受信任地在宫中宿卫几十年，自然不可能是一个行事莽撞之人，下定决心要杀杨国忠的他并没有擅自动手，而是希望由皇帝下旨解决问题，为此他向唐玄宗进谏道：“安禄山叛乱打出的口号是诛杀杨国忠，朝廷内外也对杨国忠切齿痛恨。现在局势危急，銮驾蒙难，陛下应该顺应民意，为了社稷安危着想，将杨国忠绳之以法。”

唐玄宗过去对杨国忠的奸名早有耳闻，只是根本不当回事，现在出逃的方向由杨国忠一手规划，后面还需要仰仗杨国忠一路护送，要他在这个时候下旨诛杀杨国忠绝无可能。之前要求诛杀杨国忠的意见唐玄宗听到了应该不止一次，如今在逃亡的路上再次听到也算不得奇怪，不同的是，唐玄宗以前一定会斥责几句甚至降下大罪，如今他要想成功逃到目的地根本离不开禁军的忠心护卫，故而对提出谏言的陈玄礼连重话都不敢说一句，只能温言抚慰并迅速将话题岔开。

见皇上不允，陈玄礼又悄悄联络了东宫太子的贴身宦官李辅国（此时尚用本名李静忠），请他禀告皇太子李亨，希望在太子的领导下行诛杀杨国忠之事。

李亨于开元二十六年（738）被册立为太子，执掌东宫虽已达18年之久，但存在感一直不强，李林甫在世时便多次想动摇他的大位，一度将他逼得连自己的太子妃韦妃都给休了。杨国忠为相后，与杨贵妃一个把持内宫，一个权倾外廷，对他的地位同样造成了严重威胁，突出表现在安禄山率叛军渡过黄河并攻下陈留后，唐玄宗曾宣称要御驾亲征并令太子监国，同时还流露出了要传位给太子的意思，结果在杨国忠的撺掇下杨贵妃跑到唐玄宗面前“衔土死谏”，愣是把所谓的御驾亲征、太子监国和皇位传承都给搅黄了。

现在陈玄礼主动找到太子为诛杀杨国忠出头，对东宫来说不但意味着最大政敌的消亡，而且意味着三千禁军的投诚，李亨不动心是不可能的，但或许是长期以来他一直生活在谨小慎微之中的原因，故而并没有立即表态，而是表现出一副犹豫不决的样子，实际等同于默许。

有太子的默许就够了，陈玄礼随即召集禁军中的核心将领进行动员，大家一拍即合，杨国忠就此成了摆在刀俎上的鱼肉。

作为逃蜀的发起人，杨国忠在这个时候似乎还挺尽职，当唐玄宗等人在驿站屋内休息时，他倒是骑着马在驿站内外进行巡视，没想到的是巡视到驿站西门时竟被跟随逃亡的吐蕃使团拦住了马头。

吐蕃的这批使团有二十几人，唐玄宗从长安出发时虽然允许他们跟着一起逃亡，但在皇帝都吃不饱的情况下他们能分到的食物自然更少，在这个时候已经快饿疯了，好不容易见到了大唐宰相，立马拦住索要饭食。

杨国忠还没来得及说两句打发吐蕃人的话，陈玄礼等人已经发现了这个动手的好机会，发了一声喊："杨国忠与胡虏谋反了！"随即便向杨国忠冲了过去，一位名叫张小敬的士兵在跑动过程中更是冲着杨国忠发了一箭。

杨国忠眼见禁军向自己冲了过来，刚刚骂完一声"你们想造反吗"，便被张小敬一箭射中马鞍，大惊失色之下赶紧拨转马头逃进驿站大门。

但群情已被激起，杨国忠逃跑的方向又是驿站之内，自然是被瓮中捉鳖，很快被一拥而上的禁军将士们一顿刀砍枪戳，当场血肉模糊丢了性命。

人死之后，杨国忠的头颅被禁军砍下并挑在枪尖上举到驿门外示众，同时人在附近的韩国夫人和杨国忠的儿子杨暄也一并被乱刀砍杀。

杨氏三夫人中的秦国夫人已在安史之乱爆发前的天宝十三载（754）病逝，此时看来反而是得了善终，剩下的另一位虢国夫人和杨国忠的老婆裴柔听到消息后，带着儿女们在混乱之中匆忙逃脱，但刚到陈仓（治所在今陕西省宝鸡市东）便暴露行踪并被当地县令薛景仙率队追捕逼入一处竹林。

走投无路之际，虢国夫人于绝望中倒也显示了三分胆气，先是拔剑将自己的一对儿女给杀了，随后听到裴柔大喊“娘子帮忙也给我个痛快吧”，又提剑将裴柔和杨国忠的幼子杨晞给杀了，最后反手一剑往自己的脖子上抹去，但重伤之下却未气绝，直到被县吏抓回投入大牢时她还没搞清楚来追捕的是些什么人，奄奄一息之际她忍不住问了句：“你们到底是官兵，还是叛贼？”听到县吏回了她一句“兼而有之”时，一股鲜血涌至喉咙并在此凝结而亡，颇有点死不瞑目的意思。

陈仓县令薛景仙得以青史留名并不只是剿灭了杨国忠家人，当叛军没过多久占据扶风郡后，他又借助扶风郡民康景龙等起兵反抗的机会，率军击杀了叛军守将并在扶风据守。太子李亨在灵武称帝后，扶风成为保障江淮物资顺利运往灵武和蜀中的重要中转站。不久后扶风郡治改名为凤翔，第二年又升格为凤翔府，成为唐军反攻长安和洛阳的大本营，这其中薛景仙对扶风的收复及坚守可谓居功至伟。

杨国忠先是针对安禄山发力，激得安禄山提前竖起反叛大旗，随后河南河北狼烟滚滚；后是针对哥舒翰发力，逼得哥舒翰被迫引兵出击，随后西原惨败失潼关、大唐盛世不复返，如今终于把自己连同一家老小的性命全都交待出去了。

杨氏家族那位最重要的人物当然也别想逃脱！

门外的喧哗和惨叫之声传到了驿站屋内，负责皇帝出行停留和食宿差遣的御史大夫兼置顿使魏方进赶紧跑出去查看，发现杨国忠被杀后完全没意识到众怒难犯，竟不知死活地大声斥责："反了吗？你们竟敢杀害宰相！"话音未落，禁军手中的武器已向他招呼过来，魏方进立时毙命。

随行的另一位宰相韦见素闻讯也出门察看，尚未开口已有人挥动武器向他砸来，他立时头破血流，好在他平时名声不错，禁军中有多人同时出声阻止："不要伤了韦相公！"这才勉强捡回一条性命。

屋子里的唐玄宗很快也知道了"杨国忠谋反被杀"之事，大惊失色，但很快就开始幻想禁军能到此为止，不要闯进屋内威胁本尊才好。

禁军确实没有闯进屋子，但将屋子围了个水泄不通。

眼见不能再装聋作哑，唐玄宗只得整理了一下衣服，拄着拐杖走出门外，强作镇静站到了禁军队伍前面，先是确认"杨国忠叛乱"并肯定众将士除逆，算是顺应了人心，随后体恤众将士辛劳并温言安抚让大家散开休息，希望能尽快破除危局。

当然没那么容易！皇帝金口虽然吐出了一堆赞誉之辞，但禁军将士根本没有要散的意思。惴惴不安的唐玄宗只得示意高力士上前，低声询问陈玄礼到底想要怎样。

陈玄礼高声回答："杨国忠谋反，他的妹妹杨贵妃哪能再侍奉陛下？请陛下恩准将杨贵妃一并正法！"

禁军的要求唐玄宗恐怕在听说杨国忠被杀伊始就已想到，现在亲耳听陈玄礼说将出来依然心头一震，沉默良久后说了句"朕自会处置"，回身进了屋子。

既割舍不下自己最宠爱的女人，又没办法遣散围屋的禁军，当然他更不可能豁出性命与杨贵妃同生共死，进屋之后的唐玄宗束手无策，像老僧入定般手拄拐杖、低头不语。

皇帝沉默不语，大臣们可是急得直冒冷汗。韦见素的儿子京兆司录韦谔眼见时间在一点点流逝，屋外的禁军逐渐开始躁动，终于沉不住气，"扑通"一声跪在皇帝面前以头抢地、血流满面："现在众怒难犯，安危就在顷刻之间，请陛下速速决断。"

唐玄宗仍在挣扎："贵妃一直居于深宫内苑，如何能知道杨国忠谋反？"

眼见韦谔分量不够，高力士也跪倒在地，对唐玄宗说道："贵妃确实无罪，但禁军将士已经杀了杨国忠，如果贵妃仍然留在陛下身边，将士们怎敢心安！请陛下仔细思量，将士们心安了陛下才能安全哪！"

"将士们心安了陛下才能安全"这句话一下子将唐玄宗震醒

过来，杨贵妃再受宠，终究也抵不过大唐的皇位和他自家的性命。有气无力之下，他对着高力士轻轻摆了摆手，语带哭腔：“你去处置吧！”

喧闹了这么久，连虢国夫人都知道逃跑，贵妃杨玉环怎可能想不到自己的下场？之前还指望着皇帝能保下自己，现在连最后的希望也破灭了。临死之前她倒还保持了最后的气度，向皇帝磕了几个头并留下了几句诀别之语，随后被高力士等人押送至驿站佛堂处缢杀，时年37岁。

杨贵妃断气后，尸身被抬到驿站大院中请陈玄礼等人查看。眼见目标达成，陈玄礼等终于解去甲胄、叩首谢罪，随后带领禁军散开，一场主要针对杨氏家族并成功毁灭杨氏家族的兵变终于落下帷幕。

杨贵妃的尸身被裹在一条紫色的锦褥中，在驿道旁的土坡之下找了块地方草草掩埋。唐玄宗后来曾打算下诏为杨贵妃改葬，被礼部侍郎李揆以可能引起禁军猜疑为由劝止，只得派了几个宦官悄悄跑回去置办棺木重新收殓安葬。据说收殓之人打开土坟后找到了杨贵妃的香囊等物并带回呈给了唐玄宗，让唐玄宗终于有了凭吊的寄托之物。

杨贵妃生于开元七年（719）六月初一，本名玉环（一说玉奴），开元二十二年（734）15岁时成婚，嫁的乃是唐玄宗和武惠妃的儿子寿王李瑁。开元二十八年（740），21岁时以给唐玄宗母亲窦太后祈福的名义，被唐玄宗敕书送至道观出家，道号“太真”。天宝四载（745）八月，26岁时被正式册立为贵妃。因唐玄宗在开元十二年（724）废王皇后之后再未册立新后，杨贵妃在后宫的11年里地位实际等同于皇后，其间虽因恃宠骄纵等原因被两次遣送回娘家，但很快又被迎了回来，总体上恩宠不衰、权倾后宫。

受宠之时，杨贵妃乃至杨氏家族风光无限，“遂令天下父母心，不重生男重生女”。如今风云突变，不仅自己身遭横死，杨氏也基本族灭，“好一似食尽鸟投林，落了片白茫茫大地真干净”。

杨贵妃被誉为中国古代四大美女之一，在很多文人那里形象并不差，“诗仙”李白就曾写诗赞其天生丽质和雍容华贵曰：

云想衣裳花想容，春风拂槛露华浓。
若非群玉山头见，会向瑶台月下逢。

中唐大诗人白居易也写下著名的长篇叙事诗《长恨歌》，虽不乏对唐玄宗重色误国导致安史之乱的批判，但总体笔调却是同情杨贵妃的遭遇并歌颂她与唐玄宗的感情，以至于这对帝王后妃的事迹竟成了流传千古的凄美爱情故事。

“红颜祸水”则是对杨贵妃的另一种代表性评价，实际上陈玄礼等逼死杨贵妃时便已经蕴含了这层意思。这方面最有名的评价大概要数清朝史学家赵翼了，他在自己的传世名著《廿二史札记·唐女祸》中写道："开元之治，几于家给人足，而一杨贵妃足以败之。"意思是唐玄宗之所以沉沦、杨国忠之所以擅权、安史之乱之所以爆发、大唐盛世之所以终结，全怪杨贵妃。

作为权势地位实际等同于皇后的后宫之冠，杨贵妃的很多举动都对唐玄宗的言行乃至大唐朝政产生着影响，例如杨氏一族的发达离不开她的支持，唐玄宗在叛乱爆发不久放弃御驾亲征、太子监国和提前传位的意图离不开她的"衔土死谏"，等等。因此，如果说杨国忠在马嵬兵变中死无全尸完全是咎由自取，那么杨贵妃随后被缢杀也算不上什么无辜的结局。

但大唐王朝的掌舵人可从来不是杨贵妃，设立十方节度使并赋予军政大权的也不是杨贵妃，杀高仙芝、封常清并强令哥舒翰出潼关作战的更不是杨贵妃。早在中唐时期，诗人李商隐就曾对所谓杨贵妃是"红颜祸水"发出过灵魂考问，他不无讽刺地写道：

冀马燕犀动地来，自埋红粉自成灰。
君王若道能倾国，玉辇何由过马嵬。

不是说杨贵妃的花容月貌可以倾邦覆国吗？既然她有如此能耐，只要让她到两军阵前露个面、笑一笑，安禄山的叛军就会自动投降吧，皇帝陛下的銮驾也就不需要再经马嵬驿逃跑了吧！

关于杨贵妃的结局还有另外的传说。一类传说认为杨贵妃并不是被缢杀，而是和杨国忠一样被马嵬驿的乱军所杀，也有的认为杨贵妃是吞生金屑而亡或者是被缢之前先吞了生金屑。这些说法虽然在细节上有所差异，但并没改变马嵬驿兵变的基本事实。

另外一类传说更加具有故事性，认为在马嵬驿被杀的只是一名替身，杨贵妃本人则被调包并秘密送走。至于逃走后的结局，一说是流亡民间做了普通的女道士；一说是流亡一段时间后渡海去日本并平安过完了后半生，并且在现在的日本山口县境内还留有所谓的杨贵妃墓。这些说法的可信性其实并不大，例如日本的杨贵妃墓虽然已经很有年代，但极大可能是在杨贵妃流亡日本的传说成型后才冒出来的。

这类传说由来已久，有兴趣的读者如果愿意当然可以去做一些探究考察。但无论结局是生是死，马嵬驿兵变之后的杨贵妃作为政治人物的使命都已终结，剩下的不过是文学家笔下的形象塑造罢了，对其后的历史大进程也不再有特别影响。

岂止是杨贵妃，马嵬驿兵变之后，唐玄宗作为皇帝的历史使命也开始走向了终结。

第五章

灵武新君到要地争夺

一、太子称帝：人心未散尚可图

马嵬驿兵变的第二天，唐玄宗准备继续上路，此时队伍中的重要朝臣只剩下头部受伤的宰相韦见素一人，负责皇帝出行停留和食宿差遣的御史大夫兼置顿使魏方进也在前一天丢了性命，连接下来往哪儿走、怎么走都没人操心了。

唐玄宗任命韦见素的儿子韦谔为御史大夫充置顿使，让他操心如何把行程继续下去，但杀了宰相兼剑南节度使杨国忠的禁军将士们已经不愿意再把蜀地当作目的地了，大家表示：“杨国忠谋反，他作为剑南节度使，属下的将官都在蜀地，怎么还能再往那里去呢？”

唐玄宗虽然仍想着去地势险要、易守难攻的蜀地，但兵变之后的他早已威严扫地，此时既没胆量也没能力再做所谓口出谕旨、一言九鼎之事了，只能听凭大家讨论和争吵。

于是，有人主张去河西、陇右，有人认为可以去灵武，有人表示可以去太原，还有人说干脆返回长安得了，吵吵嚷嚷之下根本达不成一致意见！

眼见统一意见难以达成，新任置顿使韦谔只好先行权宜之计。他表示：“如果返回长安，必须要想好怎么正面防御住叛军，我们现在的兵力太少实在不足以防御，不如先到离此不远的扶风郡，然后看情况再决定到底去哪儿。”

一听说要直接面对叛军，大家立马泄了气，但又确实找不到更合适的办法，于是一致同意先去扶风再说。

前进方向有了之后，唐玄宗随即上马准备启程，但昨日兵变闹出的大动静早已惊动了周边百姓，此时闻听皇帝要远离京城，大批百姓在一些乡绅耆宿的组织带领下纷纷赶来，挡在官道之上不让銮驾通过，更有人对唐玄宗进行灵魂考问：“长安宫城是陛下的家，先王陵寝是陛下的根，现在陛下把这些都给抛弃了，你到底准备跑哪儿去？”

马上的唐玄宗被问得脸色青红不定，半晌说不出话来，最后只能让太子李亨暂时留下来安抚大家的情绪，自己则厚着脸皮找个借口一溜烟跑了。

皇帝李隆基没留住，乡绅耆宿们便一把把太子李亨给拽住了。大家表示："皇上既然不肯留下来，那就请太子留下来吧，我们愿意率领子弟跟随太子东向破贼，收复长安。如果太子殿下和皇上都跑到蜀地去了，又该由谁来为我们这些中原百姓做主呢？"

默认陈玄礼杀杨国忠时，李亨可能就已经有了另起炉灶的心思，此时眼见百姓不断聚集，短时间内已达数千人之多，确实人心可用、大业可图，心里的想法估计又坚定了几分，但场面话还是要说几句的，他表示父皇冒险远行，自己实在不忍抛下他，就算要留也要追上前去当面禀告并听从父皇的旨意，说完便拨转马头做出前行之势。

李亨的第三个儿子建宁王李倓带着东宫大太监李辅国一起上前抓住李亨手中的缰绳，大声劝谏："逆胡谋反犯阙，四海分崩离析，如不顺应民愿，如何兴复家国？殿下如果跟随皇上入蜀，一旦叛贼将栈道烧毁，中原之地就会全部落入贼手。人心离散之后再想重聚可就难了，到时候再想回来也没机会了。不如将镇守西北边关的官兵收拢起来，再把河北的郭子仪、李光弼军召回来，合力东向讨贼，收复两京，平定四海，使社稷转危为安，将宗庙重新修葺，然后再迎皇上回京，那样岂不是最大的孝道，何必拘泥于儿女依恋父母这种小的孝道呢？"

李亨的大儿子广平王李俶虽然没来得及第一时间抓住马缰，

此时也大声规劝父亲留下来图谋兴复，乡绅耆宿们更加来劲，一起向前将马上的李亨围了个水泄不通，不管是真愿意还是假离开，李亨短时间内都别想再移动半分了。

时机已经成熟，李亨也不再犹豫，命令李俶骑马去追唐玄宗，禀告自己受父老之请“被迫”留下来的情况。

其实不等李俶赶到，久候李亨不至的唐玄宗已经从自己派回去查看情况的人的口中知道了消息，愣了半晌之后意识到自己再也掌控不了太子的事实，发出一声“天意”的哀叹后只得认命，下令将最后面的两千禁军及隶属于飞龙厩的骏马都留给李亨，并对留下来的禁军将士们表示：“太子仁孝，可以承奉宗庙社稷，你们要好好辅佐他。”

随后，唐玄宗又指派寿王李瑁和宦官高力士将东宫妃嫔及相应物资送回，并让高力士转告太子：“民心不可违，你去吧，今后要奋发努力，不要以我为念。西北的那些胡人部族我一直很厚待他们，你今后可以重用。”

离开马嵬驿后，唐玄宗带着已经严重缩水的逃亡队伍按刚刚商定的计划继续向扶风郡进发。六月十七日走到岐山境内时，突然听到传言说叛军的先锋部队就要追上来了，吓得连脚都不敢歇，更顾不上劳累疲惫，连忙快马加鞭逃到了扶风。

在扶风虽然暂时歇下脚来，但要不要脱离队伍已经在禁军将士中成为公开谈论的话题且有愈演愈烈之势，并且经过马嵬驿兵变后，将士们对皇上、大臣已经没什么敬畏之心，此时就连禁军大总管陈玄礼也压不住队伍了。

正在犯愁之际，恰好从成都向长安进贡的10余万匹丝帛运到了扶风。眼见禁军将士离心大动，唐玄宗干脆采用了一赌定输赢的办法。他让进贡队伍把这些丝帛全部摆在驿站的院子里，召集禁军将士进来查看并表示："大家跟着我仓促离京丢下父母妻儿，我深感惭愧；此去蜀地路途遥远，路上可能十分艰险，实在不愿意跟着我入蜀的，可以把这些丝帛分了自行离去，我带着妃子王孙和宫中宦官们自己入蜀，不连累大家。"

禁军将士们其实也明白，不入蜀便只能藏匿或者投降，藏匿便不会再有以前那种在宫中当差的好日子，投降也未必会有好的下场，再加上唐玄宗可怜兮兮地说完上述话语后已是泪流满面，一刹那间众人反而心志坚定起来，一起大喊："我们是死是活都要跟随陛下，不敢有二心。"

唐玄宗通过此举不但彻底打消了众人脱离队伍的心思，而且直接把入蜀作为逃亡目标提出来时也没人再反对了，这相当于把在马嵬驿丢失的皇帝威严又捡回来了很大一部分。

队伍里的杂音消失后，逃亡队伍后面的行程也顺利了很多。七月十六日，逃亡队伍抵达普安郡（治所在今四川省剑阁县）；七月二十九日，抵达蜀郡（治所在今四川省成都市），逃蜀算是取得了成功，但此时他的随从队伍已经只剩下1300人了。

在普安和蜀郡，唐玄宗分别发出谕旨，大意都是责躬罪己，同时对平叛进行相应的部署。这之前天下臣民大多并不清楚唐玄宗到底跑哪儿去了，直到谕旨到达方才知道原来皇帝已经远遁到蜀中了！

不过这两道谕旨在发出的时间上很是尴尬，因为此时的唐玄宗已经在不知不觉中丢失了“皇帝”之位，变成了大唐王朝的“太上皇”了！

不管是被迫选择还是顺水推舟，在马嵬驿被强留下来的皇太子李亨立即就面临了何去何从的问题。

正在彷徨无计的时候，建宁王李倓再次站了出来，认为李亨曾经遥领过朔方节度使一职，其后和朔方的将领官员们仍保持着一定联系，再加上朔方离马嵬驿相对较近，军事力量也比较强大，是理想的去处。

李倓的意见得到了一致赞同，大家随即从马嵬驿启程向着西北的朔方而去。

因为担心叛军来追，李亨等一路急行军似的赶路，有马骑的还好，光脚跑的可就苦了，路途中边走边有人掉队，在渭水河畔还因误会与从潼关败散下来的溃军打了一仗，2000 多人的队伍很快便只剩下几百人了。

直到抵达彭原（治所在今甘肃省宁县），衣服及粮食上的困境才因为太守李遵的接济得以缓解。随后在彭原招募到了几百新兵，在平凉（治所在今甘肃省宁县固原）又获得了大量的牧马牛羊并继续募兵 500 余人，队伍这才有所起色。

在平凉李亨停留休整了 10 多天时间，朔方节度使郭子仪的副手、朔方留后杜鸿渐听到消息后，召集将官们商议，认为灵武比平凉更适合屯兵驻守，于是派人奉表请李亨入灵武，同时献上了朔方的钱粮兵马账簿。

恰在此时，原本准备进京出任御史中丞的河西司马裴冕也来到了平凉，听闻杜鸿渐等人的奏请后觉得在理，也力劝李亨入灵武，决议遂成。

七月初十，李亨率队到达灵武，大唐朝廷的平叛力量终于有了第一个相对安定的指挥中枢。

唐玄宗在山河飘摇之际一心远遁，把在一线收拾残局的任务扔给了太子，相当于主动放弃了平定叛乱、维护江山社稷的领导权，因此马嵬驿之别虽非李隆基和李亨父子的永诀，但大唐王朝的最高权杖已在事实上完成了转移。

但仅有事实上的转移远远不够，李俶、李倓、李辅国等人在前途未卜的关头推举李亨出头，杜鸿渐、裴冕等人迎李亨于非常之际，李亨自己更是“受命于危难之中”，三方都不会允许九死一生之后出现“为他人作嫁衣裳”的可能，即便这个“他人”是九五之尊。

所以，李亨前脚刚到灵武，杜鸿渐、裴冕、李辅国等人劝进的奏表后脚就跟着来了。理由也很直白：“将士们都是关中人士，日夜思归，之所以跋山涉水跟随殿下，是希望能够建功立业。如果所图无望一朝离散，再想重新召集可就难了。请陛下顺从人意、激励军心，从江山社稷的大局出发登基为帝。”

一劝自然是不能允的，否则与传统所谓“禅让”的礼法不合，二劝也不到时候，三劝仍要故作推辞，一般到第四劝就可以因“盛情难却”而点头了，但李亨或者出于一向的谨慎，或者觉得底气还不够足，也或者意在借此树立贤德形象，此次在灵武直到五劝之后方才应允。

七月十三日，李亨在灵武称帝，史称唐肃宗。

称帝后，灵武朝廷首先宣告启用新的年号“至德”，天宝十五载（756）由此被替换为至德元载；其次是派遣使臣四出，通告天下灵武登基之事以明正统；最后是宣告尊唐玄宗为“太上皇”并派专人入蜀禀报，禀报只是明面上的礼数，背后更重要的目的是要让唐玄宗交出皇权象征的传国玺和玉册。

八月十二日，灵武的使臣抵达蜀郡，将唐肃宗灵武称帝一事正式通知给唐玄宗。

唐玄宗对来自灵武的消息既深感震怒又无可奈何，虽然当众说了句“我儿应天命顺人心，我还有什么可担忧的”，但随后便陷入了挣扎和沉默之中。一直过了好几天才无奈妥协，先是于八月十六日补发了一道《命皇太子即皇帝位诏》，后又于八月十八日颁发了一道《命群臣辅嗣皇帝诏》，并派遣韦见素、房琯等人将传国玺和玉册送往灵武，正式接受了皇位转移的事实。

唐玄宗远遁蜀中后，唐肃宗在灵武登基解决了官军群龙无首的问题，对大唐王朝此后逐步平定安史之乱起到了至关重要的作用，称其“受命于危难之际”恰如其分。但在称帝之始，唐肃宗面临的却是一个风雨飘摇的烂摊子。

政治上，灵武朝廷初创之时，有资格站在朝堂之上的文武官员加在一起都不到 30 人，很多人还是临时提拔起来的，对朝堂到底应该是啥模样根本没有概念。部分武将更是骄横无礼，甚至于出现了大将管崇嗣在朝堂上背对皇帝而坐且谈笑自若的情况。

军事上，唐肃宗从马嵬驿带来的两千禁军逃散得只剩下几百人，加上在彭原和平凉等处临时招募的几百人，总共也不到 2000 人。朔方虽是天下重镇，但主力精兵之前都被调出参与平叛，一部分跟随灵武太守、朔方节度使郭子仪等在河北，另一部分在西原之战中败亡溃散。唐肃宗在灵武登基时，留在朔方守边的大多是老弱病残。

经济上，朔方虽是一方重镇，但毕竟是边远地区，兵马钱粮的产出供给固守一方的需求或许还可维持，以之支撑整个平叛大业可就捉襟见肘了。

面对困境，灵武朝廷着手进行了多方努力。

摆在最眼前的是杀鸡儆猴、整顿朝纲。

监察御史李勉针对在朝堂上失礼的管崇嗣发起弹劾，唐肃宗先是下令将其下狱，随后又予特赦，在打一巴掌揉三揉之间令其他官员精神为之一紧，朝堂礼仪这才有所成型。唐肃宗因此发出感叹：“我有了李勉，朝廷才有了威严！”

推动新朝廷顺畅运转最重要的工作是延揽人才，虽然灵武朝廷建立后有很多从长安出逃的朝官陆续来投，但唐肃宗最为倚重的李泌、房琯、第五琦等人却都不是直接来自长安。

李泌出生于京兆府，因 7 岁能文而获得“神童”美誉，先后受到唐玄宗和宰相张悦、张九龄等的喜爱与赏识，唐玄宗曾安排他与当时还没做太子的李亨交游。开元二十六年（738），李亨被册封为太子后，已经成年的李泌上书言事，唐玄宗打算封他官做但被推辞，便让他以待诏翰林的身份留在李亨身边辅佐，李亨对他很是信任，常以“先生”一词称呼于他。

因为伴随在太子身边且深受信任，同时还曾写赋讥笑杨国忠，李泌遭到杨国忠的嫉恶并被找借口流放到了蕲春，其后虽得以离开蕲春但未再返回长安，而是跑到颍阳（在今河南省登封市境内）隐居起来。

唐肃宗在马嵬坡定下前往朔方的行程后，派了专人前去请李泌出山。此时李泌如约前来灵武，唐肃宗大喜过望，让李泌紧紧伴随左右随时咨询意见及讨论政策，几乎到了形影不离的地步。

李泌颇有些高人逸士之风，坚决辞让了右相任命，唐肃宗只得先以宾客之礼待之。一次李泌陪同皇帝出入军中时，听到将士们都在窃窃私语：“穿黄袍的那位是皇上，穿白袍的那位应该是位高人逸士吧！”

返回后，唐肃宗派人把将士们的谈话内容告诉了李泌，并对李泌说：“艰难之际，不敢委屈你必须做官，但请你穿一件紫色官袍以免大家再胡乱猜疑吧！”

不得已之下，李泌只好穿上紫色官袍并入谢皇帝。早有准备的唐肃宗笑着说道："官袍都已经穿上了，怎么能够再无官名呢！"随即从怀中取出了提前写好的诏书，封李泌为侍谋军国、元帅府行军长史，让他与任天下兵马元帅的皇长子广平王李俶一起轮流协助自己处理军政大事。因为李俶的元帅府就设在禁中，李泌和李俶中的一个如果去见皇帝，另一个就在元帅府坐镇，反之亦然。

为了提高决策效率，唐肃宗又同意了李泌的请求，即所有的军政奏请由李泌和李俶先召集群臣将领们讨论，重要的再呈报皇帝，其他的就随机处置，实际等同赋予李泌宰相的权力了。

李泌确也不负所托，名义上所有的讨论都由他和李俶一起召集，但第一关实际都由他来审核。当时军务繁忙，来自四方的奏报几乎全天 12 个时辰都不中断，唐肃宗都是让人先送给李泌过目初审，如无特殊情况可等到第二天再商讨，如遇到紧急军情则随时进宫禀报，为此开启禁中的钥匙也都交由李泌和李俶掌管。

不仅唐肃宗无条件信任李泌，就连广平王李俶的天下兵马元帅之职也是因为李泌的进谏才得以获任。

李俶虽然是皇长子，但在马嵬驿首先抓住缰绳劝说唐肃宗留下的却是三皇子建宁王李倓，随后倡言向朔方进发的也是李倓，并且在路途中率军护卫出力最多的仍是李倓。因此，在灵武军中，三皇子建宁王李倓的声望要远超皇长子广平王李俶。

因为李倓的英武表现，唐肃宗打算让他出任天下兵马元帅一职，负责统领大军东征。李泌对此很不赞成，进言道："建宁王确有元帅之才，但广平王是兄长，如果让建宁王任元帅，东征功成之后难道要让广平王效法西周时期的吴太伯远远避开吗？”

唐肃宗回答道：“广平王已经是皇位的继承人了，没必要再用元帅的职位来提高身份吧？”李泌表示：“广平王现在还没有正位东宫，值此天下艰难之际，大家都认为谁做天下兵马元帅，谁就是将来的太子！如果以建宁王为元帅，待他功成之时，陛下如果不立他为太子，只怕他麾下同立战功的那些人也不答应吧！当年太宗皇帝发动的‘玄武门之变’可就是因此而起的。”

在李泌的劝谏之下，皇长子广平王李俶最终获任天下兵马元帅之职，为其以后顺利正位东宫奠定了坚实基础。建宁王李倓虽然英勇善战，在接下来的平叛中立下赫赫战功，却终因卷入权力斗争，受宦官李辅国、后宫张皇后等人的诬告而被唐肃宗赐死。

李泌提出的另一个重要意见是劝谏唐肃宗将临时行在由灵武先迁往彭原，待援军聚集后再迁往凤翔，在那里等待江淮的庸调赋税送达后用作平叛反攻的经济支撑。这个意见被唐肃宗全盘接受，大唐王朝的政治中枢也由此完成了从逃亡朝廷向反攻指挥部的转变。

九月二十五日，唐肃宗率众从灵武南下彭原走到顺化（治所在今甘肃省庆阳市）时，碰到了从蜀中奉命来送传国玺和玉册的韦见素、房琯一行，虽然唐肃宗只是将传国玺和玉册置于别殿早晚朝拜如拜父皇，但新皇帝登基的物件至此都齐全了。

朝廷正在用人之际，本就是朝堂宰相的韦见素自然是要留用的，但唐肃宗认为他之前一直依附于杨国忠，故而并不怎么待见他，倒是对另一位大臣房琯十分倚重。

房琯年少时以好学知名，为官后也留下了一些声名。唐玄宗从长安出发逃往蜀中时，时任宪部（即刑部）尚书的房琯并不知情。路途中唐玄宗与高力士讨论起长安城里的大臣们知道皇帝西行后谁会追上来时，高力士点了几个必定会追上来的官员，又点了几个不太可能追上来的官员，房琯因为时论其可为相而未获任用、曾获得过安禄山推荐等原因，被高力士认为不太可能追上来。唐玄宗对此不以为然，说了句“事未可知”，果然没几天房琯就追了上来，令唐玄宗大为高兴，当即任命他为文部（即吏部）侍郎、同平章事，至蜀中后又派他与韦见素一起将传国玺和玉册送往唐肃宗处。

因为房琯素有大名，唐肃宗对他很是看重，遇到军国大事经常与他讨论，房琯也以天下为己任，言辞慷慨、滔滔不绝并且勇于决断，常常弄得朝堂之上的其他重臣不敢随便插话。

不过与李泌不同的是，房琯很有些志大才疏。当年十月，其在指挥反攻长安的军事行动中用人不当复加僵化套用古人战法，于咸阳陈涛斜与安守忠指挥的叛军对垒时，以牛车 2000 乘居中并在两边辅以骑兵和步兵列阵，结果牛在叛军的顺风击鼓和呐喊之下被惊散，人畜混乱之际又遭到叛军的顺风放火，最终 4 万唐军被杀得仅剩数千，其本人也靠着李泌的营救才免于获罪。

唐肃宗重用的第三个重要人物是第五琦。

第五琦年轻时就因任职干练、颇能谈论强国富民之道而具名，安史之乱爆发后被北海太守贺兰进明奏请提拔为录事参军，曾献计帮助贺兰进明收复了被叛军攻占的河间、信都等州郡。

唐肃宗驻跸彭原时，贺兰进明派第五琦前往奏事。第五琦进言道："现在正是朝廷用兵之时，但军队的强弱与赋税直接相关，而赋税主要依赖江淮一带。倘若能授我一职让我负责筹集军需，我就能尽收东南财富用以支援函、洛前线，解陛下之忧。"

唐肃宗大喜，遂以第五琦任监察御史、江淮租庸使、山南等五道度支使等职，第五琦随后创建了官方专卖食盐的榷盐法，又采取铸造以一当十虚币大钱的办法将民间财富向官府积累，使朝廷的经济基础逐渐变得雄厚起来。这些理财办法很大程度上是对民间财富的一种非对称搜刮，对社会经济活力造成了很大伤害，但对于朝廷积累财富用以支撑平叛却起到了重要作用。

扩充军队是新朝廷站稳脚跟并组织反攻最根本的条件。

哥舒翰率领出潼关的18万兵马虽然在西原遭遇惨败，但并非都死在了沙场之上，相当一部分其实是变成了逃散的溃兵，唐肃宗一行之前在渭水河畔虽因误会与潼关败散下来的溃兵打过一仗，但搞清楚状况后不但停了手，还把这些溃兵都收揽了下来。

在灵武驻扎下来后，潼关溃兵及周边其他兵将陆陆续续前来归附会合，队伍逐步得到扩充，其中甚至还包括一部分被安禄山裹挟反唐的边境异族部落兵马。

仅仅依靠招募新兵、收揽潼关溃兵等并不足以形成强大军力，唐肃宗最看重的依然是各地的正规军。

灵武登基不久，唐肃宗便令河西节度副使李嗣业率兵五千前来会合，并从安西都护府抽调来了七千精兵，同时征召西域拔汗那等地的军队同来，又令郭子仪、李光弼率军从河北来会。

当初郭子仪、李光弼在嘉山之战大败史思明后，李光弼率军进围博陵并将龟缩在这里的史思明团团围住，但遭到叛军的激烈反抗而多日不下，最终因粮草不济，再加上听闻潼关失守的消息，只得退兵。

稍事修整后，郭子仪、李光弼率军回师常山，史思明则收拾散卒，聚集起数万人尾随而至，但被郭子仪派出的骑兵接连击败。

郭子仪、李光弼随后引兵重回井陉关，将常山交给太守王俌率领的团练兵把守。这个王俌不久后准备投降叛军，被愤怒的常山众将纵马踏杀。常山守军随后派人前往信都，希望领有三千朔方精兵的信都太守乌承恩能够移镇常山，只可惜乌承恩对常山之请迁延不决。没过多久，常山再度被史思明攻破并有数千人被杀，乌承恩也在信都投降了叛军。

河北其余唐军也在积极行动，其中平卢节度使刘正巨曾率兵试图袭击叛军老巢范阳但遭到史思明的半路截击，士卒阵亡达7000余人，败逃之下甚至连同在军中的妻儿也没能顾上。九门守军曾诈降并在城墙上设下伏兵，登城的史思明被逼得从城上摔下，左肋为鹿角（削尖的带枝丫树木）所伤差点小命不保，但最终九门、藁城、赵郡等仍相继失守。

总之在潼关溃败之后，唐军在河北虽经多方努力也未能扭转嘉山大捷胜利果实大部丧失的局面，并且正在紧张时刻，灵武朝廷调朔方兵南下的诏令也到了。

收到唐肃宗的诏令后，郭子仪等人很快率领5万精兵从河北回到灵武，此后灵武朝廷的军队呈现出了强盛之势，大家也感觉到了兴复有望，其代价则是河北诸郡相继陷落。

在给郭子仪、李光弼一番加官晋爵之后，唐肃宗命李光弼率领五千团练兵前往太原驻守。

太原防务本来由河东节度使、太原尹王承业负责，此人抢夺颜杲卿的军功在先，坐视常山失守不救在后，在太原城内的军政管理上也是一塌糊涂。王承业先是被朝廷派来的侍御史崔众收走了兵权，不久又被朝廷派来问罪的宦官取走了性命，终于为自己的贪婪和无能付出了代价。

崔众在收取王承业的兵权后，自我感觉很好，在李光弼奉命前来太原接管兵权时，不仅对他很是无礼，而且在兵权交接上也故意拖拖拉拉。

傲慢的崔众遇到了治军严厉的李光弼，结果可想而知。李光弼大怒之下命人将崔众当众拿下，这家伙还没来得及叽叽歪歪说几句狠话，人头已被砍下，李光弼由此在太原守军中一举树立了自己的威严形象。

多方努力之下，唐肃宗新朝廷的麾下聚集了数万大军，反攻长安的战略部署随即展开，只可惜当年十月他派去指挥反攻战役的房琯在咸阳陈涛斜遭遇惨败，好不容易聚集起来的军队损失过半、元气大伤，不幸中的万幸是郭子仪等人带回来的精锐总算还在，反攻的家底总算没有被彻底掀翻。

二、家贼难防：梦中横死安禄山

唐廷这边天翻地覆之际，叛军那边也没闲着。

天宝十五载（756）六月初九日，潼关失守，六月十二日唐玄宗就仓皇逃出了长安，出逃时间之早虽远远超出了安禄山的估计，但六月十九日叛军还是在孙孝哲的率领下毫无意外地开进了大唐西京长安城。

安禄山任命张通儒为西京留守，让原京兆尹崔光远留任，以安忠顺领兵镇守关中，以孙孝哲统率关中诸将，叛军随后干了几件事将长安城搅了个底朝天。

首先，为搜罗可用之人，安禄山下令大肆抓捕留在长安城里的朝廷百官和宦官宫女等，捕获后大批押送至洛阳。至于那些跟随唐玄宗外逃的王侯将相的家人，捕获后一律屠戮，甚至连婴幼儿也没放过。

其次，为报儿子安庆宗被杀之仇，安禄山令孙孝哲、张通儒等人在长安城以牙还牙、大开杀戒，第一时间将孀居多年的唐玄宗之妹霍国长公主以及未及逃跑的永王妃侯莫陈氏、义王妃阎氏、陈王妃韦氏、信王妃任氏、驸马杨朏等抓来，全部开膛挖心用来祭奠；对于认定为杨国忠和高力士党羽之人以及安禄山过去在长安城里厌恶的对象，合计 83 人全部虐杀。没过几天又将抓来的 20 多位皇孙、郡主、县主等宗室全部杀光。

再次，恼怒于唐玄宗出逃后很多人趁乱盗抢国库物资甚至放火烧仓，安禄山下令在全城大索三日，不但将那些从国库中流失出来的物资大部分掳掠而回，而且顺便将老百姓家里大多数值钱的物件也一扫而空。同时，又下令将搜捕的范围扩展到长安周围府、县，也都是随意株连、刮地三尺，民间骚扰程度可想而知。

最后，安禄山因为之前在长安城生活时，对《霓裳羽衣曲》的宏大场面留下了深刻印象，此时又下令搜捕演奏宫廷音乐的乐工、乐器以及用于表演宫廷舞蹈的衣服、马匹、犀牛、大象等，全部送往洛阳。

当《霓裳羽衣曲》盛大的乐舞在叛军刀剑威胁之下于洛阳凝碧池重开之时，安禄山自然喜气洋洋，那些被迫演出的梨园弟子却大多心情苦涩，有些甚至当场流泪。出生于清源郡（今福建省莆田市）的著名乐师雷海清悲愤之下更是一把将手中的琵琶砸在地上，面向长安方向跪倒痛哭。如此大拂安禄山的面子自然难以善终，雷海清最终被绑在试马殿前肢解而死。

雷海清虽受酷刑而死，但他不屈的气节令人敬仰。当时被安禄山软禁在洛阳的诗人王维听闻雷海清的事迹后，写下了“万户伤心生野烟，百官何日更朝天？秋槐叶落空宫里，凝碧池头奏管弦”的七言诗句，以示悼念。唐玄宗从蜀中返回长安后，追赠雷海清为“唐忠烈乐官”和“天下梨园都总管”，唐肃宗也追封他为“太常寺卿”。在后世雷海清又陆续获得“田公元帅”“会乐天尊”“昊天帝子”等尊号，直至今日，福建、台湾的很多地方仍将他作为“戏神”加以信仰崇拜。

对唐廷来说唯一值得庆幸的是，叛军进入长安城后，自以为志得意满，开始肆意享乐，无复进取之意，故而未及时追击出逃的唐玄宗和唐肃宗父子，最终唐玄宗得以顺利入蜀，唐肃宗也得以顺利到达朔方。

长安城里的官民本来就对叛军十分恐惧，如今叛军到来之后果然异常残暴，盼望官兵早日杀回来的心情便越来越强烈。太子李亨在马嵬驿与唐玄宗分道扬镳的消息传回长安城后，大家都盼望太子能统兵尽快杀将回来，以至于一有风吹草动便有人大喊：“太子大军到了！”瞬间人人避战关门，满城皆空。

不仅长安官民多次呼喝官军杀回，就连很多叛军也生活在太子反攻的心理压力之下，每每看见北方有烟尘泛起时都紧张得两股战战、几欲先走。

灵武朝廷成立的第十天即七月二十三日，随安禄山进驻长安的同罗、突厥部酋长阿史那从礼率领五千同罗等异族骑兵，带着另外偷来的两千军马从长安逃奔朔方。

阿史那从礼联络河曲一带多个异族部落并组织起数万兵马，欲趁朔方兵力空虚之际占据边境为王。这支军队对灵武朝廷形成了巨大威胁，幸赖郭子仪会同回纥首领葛逻支共同出击，不但大败阿史那从礼并俘获了数万兵马，而且同时俘获了大量牛羊，使得灵武朝廷在兵源和战备物资上都得到了重要补充。

此外，一些反抗力量也趁机发动，犹如星星之火般到处冒头，忙得叛军应接不暇，左支右绌，能控制的地域范围受到极大压缩，就连被安禄山留用的京兆尹崔光远也判断叛军即将撤退，甚至安排人手将孙孝哲的住处围住准备动手，在得知其异动被孙孝哲派人向安禄山报告后，干脆带着 10 余位官员一起逃出长安回归了灵武朝廷怀抱。

耀兵长安是安禄山起兵后迎来的最高光时刻，他肯定不会在乎到底有多少人在这期间化作了冢中枯骨，但他肯定没想到的是，他自己的大限也要到了。

安禄山青年时期便身材肥胖，又有着在幽州节度使张守珪帐下长期不敢吃饱饭的痛苦经历，发达后再无顾忌，放开肠胃大吃大喝导致肥胖程度不断飙升，最重时体重数据至少相当于我们当代的 397 斤之多，以至于骑马时马背上都要安装一大一小两个马鞍，大的坐人、小的放大肚子。

有着如此大的体重数据和如此臃肿的身材，安禄山不罹患高血压、糖尿病等基础性疾病几乎是不可能的。刚起兵时情况可能还好，随着时间推移他的糖尿病症状变得越来越重，一是视力越来越模糊，到了唐肃宗至德二载（757）正月时，已经完全看不见了；二是大肚皮的褶皱处不断出现溃烂，不仅无法治愈，而且越来越严重。

眼睛看不见再加身上的伤口不断折磨，令本就脾气暴虐的安禄山愈发喜怒无常，特别是在焦躁不安之际，身边服侍的人哪怕有一点点小的不如意都会遭到一顿毒打，有的甚至还在莫名其妙间丢了性命，当真是提心吊胆、人人自危。

伪燕朝廷里最受安禄山信赖的有两个人，一个是谋臣严庄，一个是宦官李猪儿。因为最受信赖，严庄和李猪儿站到安禄山面前的次数最多，因此受到的毒打也最多。

由于身体欠佳，安禄山在洛阳称帝之后外出的次数越来越少，叛军将领们见到他的机会也越来越小，大多时候只能通过严庄来回传话。

作为谋臣，严庄的意见多为安禄山采纳，但该挨骂的时候照样挨骂，该挨打的时候照样挨打，虽为宠臣却是命悬一线，一直活在一不小心就丢了性命的恐惧之中。

李猪儿是契丹人，从小被俘做了安禄山的身边近侍，因为机灵过人深得喜欢。为了留他一直在身边侍奉，安禄山亲自用刀给他做阉割，一刀下去李猪儿的下体顿时血流如注，人也立马昏死过去，安禄山倒很是淡定，只弄了一些草木灰堆在李猪儿的伤口之上，然后让他听天由命。

李猪儿也算命大，昏迷了一天之后居然血也止了，人也活了，从此就以宦官身份一直留在安禄山身边侍奉。安禄山由于身体过于肥胖，只有孙孝哲才能裁剪缝制出合乎他身材体型的衣服，只有李猪儿才能让他顺利把衣服穿上身。特别是在穿裙裤的时候，每次都要先找两个人把大肚皮往上抬起来，李猪儿再把自己的脑袋沿着肚皮伸进去使劲往上顶住，然后大家才能一起动手把裙裤给安禄山穿上并用腰带系好。

虽然是世界上唯一一个每天都要把脑袋钻进安禄山大肥肚皮下的人物，但李猪儿同样无法逃脱随时挨骂、动辄挨打的境遇，同样是个过了今天不敢保证还有明天的主儿。

在严庄和李猪儿之外，还有一个安禄山的亲近人物也处于朝不保夕、天天提心吊胆的状态，此人便是安禄山的第二个儿子安庆绪。

安禄山的长子安庆宗已在长安被杀，安庆绪是第二个儿子，又是安禄山的原配妻子所生，根据嫡长子继承制的传统，是安禄山伪燕皇位的第一继承人，但安禄山称帝后并未册立太子，其宠妃段氏更是一直在做各种动作，试图让安禄山册立自己生下的儿子安庆恩为太子。

安庆绪深知一旦安庆恩上位成功，自己必死无疑，但他的个人能力实在有限，之前也曾得到过领兵攻打潼关的机会，但很快被哥舒翰击退。在战场上寸功未立，在朝堂上自然难有地位，正在忧惧难安、不知计之所出之际，严庄主动找过来并对他说了句：“殿下听说过大义灭亲吗？自古以来，很多事情是不得已而为之的，机不可失、时不再来啊！”

安庆绪本是个性情柔弱之人，但求生本能与当皇帝的诱惑加上还有人愿意主动出面策划，也不容他优柔寡断了，遂回了严庄一句："兄长想做什么就做吧，我都听你的。"

搞定安庆绪后，严庄又找到李猪儿并对他说："你前前后后挨了多少次毒打能数得清吗？如果不干一票大的，恐怕你的死期也不远了吧！"

李猪儿受安禄山亲手阉割在前，屡挨毒打在后，如今报仇、求生、脱离苦海的机会一起袭来，还有啥话可说，立马应允下来。

安禄山的结局就这样被身边最为亲近的三个人给安排了。

唐肃宗至德二载（757）正月初一，是新年的第一天，是安禄山在洛阳称帝的一周年，也是他虚岁 55 岁的生日，三喜临门的他坐在大殿之上接受群臣朝贺，但本该喜气洋洋的庆典却因为身上溃烂伤口的疼痛加剧而匆匆结束，回到后宫后重演痛骂痛打那一套流程自不在话下。

好不容易熬到当天（一说是正月初五）夜里安禄山睡下去，严庄、安庆绪、李猪儿再也等不下去了。先由严庄和安庆绪操拿兵器守住帷帐之外不让人进出，然后由李猪儿持利刃冲进帷帐之内直接动手。

李猪儿抡起大刀对着正在熟睡的安禄山的大肚子就是一刀，顿时血溅五步、肚破肠流，留在帷帐内伺候的太监宫女们吓得面容失色，哪里敢动半分。

沉睡的安禄山被剧痛惊醒，立知有变，伸手便抄放在枕边防身的佩刀，但眼盲外加剧痛，一把抄下却什么也没抓到，其实就算抄到佩刀也改变不了结局，临死之前他倒是清醒，扶着帷帐的柱子大叫了一声："这一定是家贼！"

终结大唐盛世的一代枭雄安禄山，就这么身中利刃，肠流数斗，死在了"龙床"之上。

结果掉安禄山性命后，严庄等人一起动手，就在"龙床"之下挖了个深坑，然后用毡毯把安禄山的尸身裹起来推了进去。掩埋完毕后，第一件事是喝令寝宫中所有人不得将情况外泄，这自然不难做到。

到了第二天天亮，严庄利用自己一直负责内外传话的身份便利，对外宣称安禄山病重，并假传安禄山"圣旨"立安庆绪为太子。很快，又传所谓安禄山"圣旨"安排安庆绪即位为帝，尊安禄山为"太上皇"。

大权交接的事情都办妥后，严庄等人正式对外发丧，说法自然是安禄山病重驾崩。

安庆绪虽然成功登上伪燕皇帝之位，但他性情柔弱、资质平庸，有时连说话都有些颠三倒四，实在不是一国之君、一军之帅的合适人选。严庄也深知他不能服众，干脆让他深居内宫少见外人，安庆绪也正好落得清闲，加封严庄为御史大夫、冯翊王，以兄长之礼事之并将外事交给其全权处置，自己则整日窝在内宫之中饮酒作乐。

三、两城攻防：太原大胜南阳血

安禄山被杀之前曾下达围攻唐廷龙兴之地太原的命令。几乎在至德二载（757）正月初，安禄山遇刺的同时，史思明自博陵、蔡希德自太行、高秀严自大同、牛廷玠自范阳，四路叛军共10万人如约而至太原城外，著名的唐王朝太原保卫战就此拉开序幕。

此战，唐王朝负责太原防务的是河东节度使李光弼，叛军主将则是老冤家史思明。

天宝十五载（756）正月到五月，史思明和李光弼从常山打到嘉山，多次接战输多胜少，嘉山一战更是损失4万余人，自己也差点折在战场上，输得极为彻底。但在太原保卫战开打之时，手握10万大军的史思明境遇却比李光弼好得太多。

此时李光弼虽有着多次战胜史思明的心理优势，但他原来指挥在常山、嘉山连战连捷的精兵都被郭子仪带去了朔方，此时太原城里的队伍主要是他数月前接管太原防务时带过来的几乎算是乌合之众的五千团练兵，连同城内原有的驻军加在一起还不到1万人。

一方面是久经战阵的精兵对阵战力低下的团练兵，一方面是10万攻城军对阵不足1万的守城兵，史思明由此十分自信地把太原视为掌中之物，此时他思考的重点根本就不是如何攻取太原，而是在拿下太原后如何指挥大军长驱直入朔方、河西和陇右等地，将唐廷残余力量清扫干净。

史思明的信心有多爆棚，太原城内的气氛就有多紧张。眼见10万叛军压境而来，太原城内的将官大多心怀恐惧，赶紧聚在一起商讨对策，大多数人都认为应该立即在城内征发大批人手加固城墙，提高防御能力。

李光弼对于加固城墙的意见不以为然，指出："太原城方圆达40里之长，叛军顷刻即来，在这个时候大肆征发徭役，根本就是敌人没到先把自己置于疲敝之境。"

否定加固城墙的意见当然不是无所作为，李光弼随后采取的是更加立竿见影的办法，他率领守城将士和城内百姓出城，在城墙脚下开挖了大量壕沟，同时下令把挖起来的泥土制成土坯块运回城内，搞得大家都想不明白，为什么主帅说不能敌人没到先把自己置于疲敝之境，而又在运送土坯块这件事上耗费大量人力。

等到史思明大军到达、战斗开打后，大家才真正见识了李光弼的先见之明。叛军先是被城外新挖的壕沟所阻，攻城难度变得极大；随后在攻城过程中损坏了多处城墙，此时从城外运进来的土坯正好可以用作修补之用，随坏随补，很好地保障了太原城墙的防御能力。

发现攻城难度大大出乎意料后，史思明从太行山以东紧急调取大批攻城器械，并传令让三千胡兵一路护送向太原而来。此消息很快被李光弼获知，他立即传令在乐平（今山西省晋中市昔阳县）的别将慕容溢、张奉璋率军截击，二人领兵在广阳将三千胡兵尽数歼灭，为保卫太原安全立下了汗马功劳。

连续攻城一个多月不下后，史思明采取了声东击西的策略，他选派了一批精骑兵充作机动部队，嘱咐他们："我攻城北你们就悄悄赶往城南，我攻城东你们就悄悄赶往城西，一旦发现守军在某个地方有所懈怠就发动突然袭击，寻求突破。"这些机动部队领命之后不断游走寻找可乘之机，结果发现李光弼军令严整，全城守军无论何处、无论是否有人来攻，都保持着高度的战备状态，根本无机可乘。

李光弼在太原城不仅料敌于先、军令严整，而且人尽其才、奇招迭出。他在军中广泛募集和重用各类人才，有一技之长者都能得到发挥才能的空间和舞台。

直接攻城之外，叛军还经常跑到城下大声辱骂，希望刺激守军出城接战。李光弼在守城将士中发现了三个擅长挖地道的人才，让他们带人悄悄挖掘通往城外的地道。当一些叛军正抬着头趾高气扬痛骂之时，地下会突然间伸出几只手抓住其脚脖子使劲一拽，骂人者瞬间不见踪影，再度出现时已是五花大绑被推在城楼之上了，随后便被斩首示众。这种事情发生了几次之后，叛军被弄得人心惶惶，走路无不眼盯地面、小心翼翼，骂战的效果自然也大打折扣。

叛军又制作带轮子的大型攻城云梯，并在城墙下堆积高大的土堆，试图相互配合打开缺口，李光弼继续使用地道战术，在城墙根之外开挖地道。地下被挖空后，沉重的攻城云梯被车轮载着虽然滚滚向前，但还没等靠近城墙便随着地面的崩塌而陷落，土堆也是刚被堆积得稍具规模，便将下部已经被挖空的地面压塌，攻城的效率自然大打了折扣。

李光弼还命人制作了可发射巨石的石炮机，在敌人大举攻城之时从城上发巨石还击，一石飞出往往能击杀20多人，攻城叛军死于飞石者达十之二三。

久攻不下士气受挫，城上飞出的巨石伤人外加地下时不时伸出个手来抓人，叛军无奈之下只得把军营往后作了适度收缩，但同时把包围圈织得更加严密，誓要困死太原。

僵持之下，李光弼派人给叛军送去“乞降信”，表示守城力不从心之下决定投降，并很快与叛军商定了出城投降时间。叛军满心以为一个多月的猛攻加上不断织密的铁桶阵终于收到了回报，精气神顿时就松懈下来，在防范部署的注意力上立刻变得不集中起来。

“乞降信”送出去后，李光弼加派人手继续挖掘地道，这次所挖的地道绕着叛军的军营走了一个圈，挖好后用木桩牢牢撑住，为时机成熟时拉倒木桩制造地面塌陷做好了准备。

到了约定的投降日期，李光弼站在城上整顿好队伍，命令副将率领数千人如约开门做出赴约投降的样子。叛军虽然严阵以待，但顾得了眼前正向自己走来的数千守军，却顾不了脚下已被挖空的地道机关。

列队的叛军正高度紧张紧盯前方的时候，脚下突然发生了大面积塌陷，大批人马瞬间落入陷坑，上千人甚至没搞明白到底发生了什么情况就已经命丧黄泉，整个队伍也随之大乱。

叛军阵形大乱之际，已经出城的数千守军立即发起冲锋，城上李光弼指挥的军队也紧随其后杀将出来，取得了俘斩万计的丰硕战果。

此战虽令叛军损失惨重，但离彻底打破叛军包围仍有距离。幸运的是，正当史思明整顿军队准备卷土重来之际，安禄山死亡的消息从洛阳方向传来，安庆绪以新皇帝的名义命令史思明归守范阳，围攻太原则交由蔡希德指挥。

蔡希德也是安禄山的心腹部将，长期在军中谋生，指挥能力并不算弱，但一则跟史思明比起来还是要差一大截，二则他面临的对手乃是一代战神李光弼，李光弼在军事能力上对他的降维打击几乎从他接手叛军指挥权之始就决定了太原保卫战的结局。

史思明走后，李光弼与蔡希德继续对垒，其间城内将士士气在李光弼的不断激发之下日渐高涨，城外叛军却因为攻城无果而士气逐渐低落。

二月十九日，察觉到突袭机遇已经成熟的李光弼亲率敢死队突然从城内杀出，与叛军展开殊死决战，放松懈怠的叛军在措手不及之下先是阵形大乱，继而兵败如山倒，太原之围一举告破。

至德二载（757）正月之初，蔡希德等四路人马共10万叛军围攻太原，攻城过程中已经死亡甚众，李光弼诈降时消灭了上万，史思明返回范阳时应该又带走了一批，留给蔡希德继续指挥的叛军总数最多不过 8 万人，其中 7 万余人都于二月十九日这天被李光弼率军歼灭。蔡希德虽得以逃出生天，却几乎变成了孤家寡人。

历时近 50 天的太原保卫战以唐军全面大胜、叛军几乎全军覆没落下帷幕。这期间李光弼在城池东南角搭了个小帐篷，吃住在内，确保了一有军情便能及时应对。一直到太原围解的 3 天之后，李光弼才返回府邸，其能以不到 1 万的乌合之众战胜多达 10 万的攻城精兵，实非“偶然”“幸运”等词所能概括。

至德二载（757）正月，太原保卫战在黄河以北开打时，黄河以南的南阳也在上演一场城池攻防大战。南阳保卫战爆发的时间比太原保卫战要早了半年，结束的时间却比太原保卫战还要晚上 3 个月。

南阳地处伏牛山以南、汉水以北，是扼守江汉平原的冲要之地。唐王朝指挥南阳保卫战的主将鲁炅是幽州人，以荫补入仕，曾被哥舒翰选调至陇右方镇担任管军务的别奏一职，颜真卿出使陇右时曾与哥舒翰论及才俊，哥舒翰手指鲁炅道：“此人将来可做节度使。”

安史之乱爆发后，鲁炅于天宝十五载（756）正月被朝廷任命为上洛太守，因临行之前在唐玄宗面前分析研判攻防形势颇有条理，被临时改任为邓州刺史、南阳太守等职，不久又兼任御史大夫并充任南阳节度使，负责统领从岭南、黔中、山南东道等处调来的5万兵马，驻扎在叶县西北防备叛军。

天宝十五载（756）三月，鲁炅在流经叶县的滍水以南修筑营寨，并在四面深挖壕沟加强防御。不久，安禄山派遣武令珣、毕思琛领兵来攻。这两人中，武令珣是安禄山的心腹部将，毕思琛原本是唐玄宗派往洛阳持节征募军队防御叛军的唐将，在洛阳沦陷后变节投降，如今竟摇身一变成了来攻叛军的主将之一。

接战伊始，鲁炅似乎想稳扎稳打，虽然众将士请命出战，但他坚决按兵不动，由此痛失战机，在当年五月被叛军抓住有利天气在营寨外围顺风放火，营寨内的将士们被浓烟熏蒸得头顶木板纷纷外逃，阵形大乱之际遭到叛军乱箭齐射，鲁炅和宦官薛道等侥幸逃脱，5万兵马全部溃散，大部分都战死在了沙场之上。

鲁炅麾下的5万兵马中，来自岭南、黔中等地的将士一定程度上还保留着府兵自备兵器、盔甲、粮食的传统，此战随身携带了大批用以购买军需的钱财，如今连同数万军械一起尽数成了叛军的战利品，让叛军在消灭唐军有生力量的同时还发了一笔横财。

叶县溃败之后，鲁炅收拢散兵退至南阳，叛军尾随而至将南阳包围，长达一年的南阳保卫战由此拉开序幕。

退保南阳不久，鲁炅在陇右方镇任职时的老上级哥舒翰兵败潼关，被押至洛阳后为祈活命替安禄山修书一封至南阳劝鲁炅投降，被鲁炅回信严词斥责。

劝降不成，安禄山命令武令珣等大举攻城，数月后因久攻不下又以另一心腹部将田承嗣代替武令珣指挥叛军继续攻城。

南阳被围期间，颍川太守来瑱、襄阳太守魏仲犀曾联合派兵来援，可惜负责指挥联军的魏仲犀之弟魏孟驯刚走到明府桥，远远望见围城叛军就已被气势所夺，竟吓得掉转马头就跑，活脱脱将大军救援的壮举变成了一出逃跑大败的滑稽戏。

长时间被围而又援军不至的情况下，南阳的粮食逐渐耗尽，城内1斗米卖到了5万文钱之多且有价无米，一只老鼠也卖到了400文钱，连弓箭上的牛皮筋角都被拆下来作了食物，却仍有大批人饿死。

危急之时，唐肃宗派遣前来宣旨慰问的中军宦官曹日升到达了南阳城外。同为宦官，曹日升很不同于前文提到的牛仙童、边令诚等人的贪财鼓舌，反而表现出了异常勇猛的品性。

在叛军围困不能入城的情况下，宣旨宦官曹日升准备单骑闯关冲进城去，负有安保之责的襄阳太守魏仲犀大惊失色之下赶紧阻拦，坚决不同意其孤身犯险。

恰在此时颜真卿从河北来到南阳，听说曹日升的计划后对魏仲犀表示：“使者准备冒死进城宣达天子圣命，就算陷于叛军之手，也不过就是丢了一位使者。如果真的能够闯进城去，城内数万军民守城的意志必然更加坚定。”跟随曹日升前来的另外一位宦官也表示：“将军一定要冒险入城，请让我带领两名骑兵协助您一起杀敌！”

颜真卿的劝说加上曹日升去意已决，魏仲犀只好同意，思量一番后挑选了10员精骑兵跟随曹日升一起闯关。有意思的是这10余人的骑兵队乘隙向南阳城猛冲过去的时候，叛军竟被其气势所慑没敢阻拦，让曹日升一行很顺利地进了城。

进城之后，曹日升宣读了唐肃宗加鲁炅为特进、太仆卿的圣旨，传达了大唐皇帝对守城将士们的褒奖之意，本已绝望的守城将士果然受到了极大鼓舞。

宣读完圣旨之后，曹日升再次带领10员精骑兵冲出城外，赶往襄阳寻求解决城内缺粮的办法，这次叛军虽然派人在后追赶，却一直不敢靠得太近，眼睁睁看着这支10余人的骑兵队伍进了襄阳城。

很快，曹日升从襄阳城率领一支千人组成的运粮队，通过一条叫作音声道的隐秘小路，居然顺利地把粮食运进了南阳城，让城内守军的缺粮问题得以缓解并继续坚守了3个多月时间。

智勇双全的宦官曹日升为南阳城带去了继续坚守的动力和得以果腹的粮食，但遭遇明府桥之溃的颍川、襄阳军队到底没能组织起新的救援行动，3个月之后南阳城内的粮食再次耗尽，甚至出现了人吃人的情况。

至德二载（757）五月，在南阳城守无可守的情况下，鲁炅率众弃城向襄阳突围，与田承嗣率领的紧追不舍的叛军进行了两天的殊死搏斗后，终于将敌击退并撤入襄阳城，历时一年的南阳保卫战结束。

南阳虽然最终被叛军占领，但长达一年时间的南阳保卫战为大唐朝廷赢得了战略转机的宝贵时间。叛军虽然于至德二载（757）五月占领了南阳，但此时已无力继续南攻襄阳，更不用说进一步南下了。

南阳保卫战虽然失败，但很好保护了江汉平原的安全，进而对于保卫南方地区免受战乱荼毒作出了重要贡献。

因为保卫南阳和江汉有功，鲁炅被唐廷加封御史大夫，襄、邓等十州节度使，策勋岐国公，乾元元年（758）又加封淮西节度使、襄阳节度使等职，同年十月受命统领淮西、襄阳两镇的1万步兵和三百骑兵，与郭子仪、李光弼等9位节度使一起围攻相州的安庆绪。

乾元二年（759）三月六日，唐军与自魏州来救相州的史思明叛军在安阳展开大战，结果遭遇大败，鲁炅身中流矢被迫后撤，其他诸节度使所领军队也因突遭狂风袭击一起溃散。

溃散下来的唐军转而变成了掳掠的土匪，所过之处剽夺无度，其中鲁炅所部尤为残暴，激起了极大民怨。

兵败之耻加上掳掠之罪，唐廷下诏以颍川太守来瑱为淮西节度使，降鲁炅为郑、陈、亳州节度使。5天后鲁炅走到新郑，听说郭子仪所部已经稳住阵脚驻扎下来，李光弼也已经整顿军队返回太原，再看看自己所部溃不成军的样子，羞愧无据之下仰药而亡，时年57岁。

虽然哥舒翰很早就评价鲁炅有节度使之才，但从叶县之战、安阳之战的实际情况看，鲁炅的军事才能恐怕有些名不副实，但其率众坚守南阳长达一年时间，对于唐廷乃至历史所作的贡献都不容忽视，史书评价其“料敌虽非良将，事君不失为忠臣”，可谓中肯之论。

四、睢阳死守：张巡许远保江淮

天宝十四载（755）十二月，安禄山统领叛军渡过黄河后，率主力向洛阳和长安方向趋进，又命部将张通晤、杨超宗等率领千余骑兵向东进军，抢占地盘。

张通晤、杨超宗一路向东，沿途郡县因官员或降或逃大多沦陷，只有东平郡太守李祗、济南郡太守李随奋起抵抗，成为河南义军的重要旗帜。

因为东平郡太守李祗是吴王李祎的弟弟，黄河以南的反抗力量多打出吴王李祎的旗帜以壮声势，朝廷也顺势任命吴王李祎为灵昌（治所在今河南省滑县）太守、河南都知兵马使。

单父（今山东省单县）县尉贾贲率领义军在睢阳（今河南省商丘辖区）将张通晤击杀，安禄山部下另一员正准备继续东进略地的部将李庭望听闻消息后为之气夺，暂时放弃了东进念头。

张通晤被击杀后，李遂率军占领睢阳，团结在其周围的部众达数万之多，朝廷随即任命李遂为河南节度使，任命前高要县尉许远为睢阳太守兼防御使。

客居濮阳的尚衡也举起义旗，连同郡人王栖曜一起攻占济阴

（治所在今山东省曹县）并击杀了叛军将领邢超然。

击杀张通晤的贾贲则进军雍丘（今河南省杞县），兵力发展到 2000 人。在雍丘城外，贾贲遇到了率兵千人前来会合的张巡。

张巡是开元末年进士，自小博览群书、通晓战阵兵法，为人志向远大，所交也多为名高望重之人。安史之乱爆发时，张巡任职真源（今河南省周口市鹿邑县）县令，投降叛军的谯郡（今安徽省亳州市）太守杨万石任命他为郡长史，逼迫他带人从郡治出发往西接应叛军。

张巡被逼西出，但回到真源地界后率领县里的官员和百姓前往玄元皇帝庙（即老子庙）哭祭，随后宣布起兵讨逆，吏民响应者达数千人，张巡从中选出 1000 精兵前往雍丘与贾贲会合，共竖义旗。

在抵抗安史叛军的过程中，河北义旗以颜杲卿、颜真卿为俊彦，河南义旗则以张巡、许远为翘楚。从常山到平原的保卫战可谓忠烈耀千古，从雍丘到睢阳的保卫战同样光芒照后人！

张巡血战叛军的事迹首先从雍丘开始。

安史之乱前，唐廷任命的雍丘县令名叫令狐潮，此人在安禄山率军渡过黄河后不久即折节投降，随后受叛军指派领兵进击襄邑（今河南省睢县）。

在襄邑，令狐潮击败了从淮阳来援的官军并俘虏了上百人，他将俘虏的官兵押回雍丘加以囚禁，自己先出城去拜见叛军将领李庭望。待他出城后，被俘的官军得以挣脱枷锁并发起反攻，此时在城外的张巡、贾贲等也趁机攻城，最终里应外合将雍丘拿下。

令狐潮得知老巢丢失后，赶紧带着叛军精锐回攻雍丘，贾贲领兵出战时不幸阵亡，张巡率军力战并做好城内防御，最终将令狐潮击退。

击退叛军后，张巡将贾贲的队伍与自己的队伍整合起来统一指挥并自号吴王李祎的先锋使，开始了对雍丘的坚守。

天宝十五载（756）三月，令狐潮会同叛军将领李怀仙、杨朝宗、谢元同等，纠集了4万余兵马再攻雍丘。此时雍丘兵力只有2000多人，城内恐惧而无斗志，张巡激励大家道："贼兵精锐，不把我们放在眼里。如果我们出其不意突然袭击，他们必然受惊溃散。只要能把叛军的气势给压下去，雍丘城就能守住。"

在张巡的指挥下，雍丘守军分成两部分，一部分登上城楼负责防守，另一部分由张巡亲自带领，分成数个小队寻机突然从城内杀出，向着叛军队伍快速冲杀，逼得叛军队伍在措手不及之下只得暂时向后撤退。

第二天叛军携带上百门石炮再度来攻，环绕全城用石炮发巨石攻击，将城楼上的防御城垛破坏殆尽，张巡组织人马在城上竖起木栅进行防御，令石炮攻击的威力大减。大量叛军随后又架起云梯向城上爬来，张巡令人将蒲草捆成束，浇灌油脂，点燃后往下投掷，再次将叛军击退。

攻守双方形成僵持后，张巡采取了扰敌和以消灭敌人有生力量为主的游击之术，白天发现叛军情绪有所懈怠时立即派军出城快速冲杀，晚上一旦瞅准时机便用绳索令勇士从城墙上悄悄滑下并进入敌营砍杀，以兵不卸甲、轻伤不下火线的气概坚守雍丘城60余日，历经大小3000余战，始终没给叛军获胜的机会。

叛军久攻不下撤兵之时，张巡又抓住其首尾不协、阵形混乱的机会率军出击，一举俘虏了2000余名异族部落兵，雍丘城声势更振。

没过几天，不死心的令狐潮再度率兵来攻，并亲自到雍丘城下与过去曾有过交情的张巡对话。令狐潮试图以“识时务者为俊杰”说服张巡，问他：“大唐如今大势已去，足下坚守危城，是为了谁呢？”张巡反唇相讥：“足下生平以忠义自诩，今日之行为忠义又在哪呢？”无言以对的令狐潮灰溜溜地退了回去，但他对雍丘的包围并未放松，这一围又是40余日。

转眼来到八月，唐玄宗逃入蜀中的消息已传遍天下，令狐潮投书将此事告知城内并再次劝降张巡。此时雍丘城内官至开府、特进的6员大将动了投降心思，结队前往张巡处劝说：“现在敌众我寡，皇上是死是活尚未可知，不如投降了吧！”

面对6人动摇军心的举动，张巡假装同意投降，随后召集城中将士聚集，在大堂之上悬挂唐玄宗画像并率领大家朝拜，几拜之间已是人人落泪。朝拜完毕后，张巡将劝降的6人召集到堂前，先以大义斥责，随后命人将其拿下并当众斩首，自此城中军民抗敌之心更加激昂。

在随后的攻防中，张巡不断出奇招、行险棋，取得了突出战果。

当城内粮食短缺之时，恰逢叛军的运粮船沿河而来，张巡派人趁夜发动突然袭击，抢回盐米千斛，其余全部焚毁。

当雍丘城内箭矢耗尽的时候，张巡命人用藁扎了1000多个草人并外穿黑衣，深夜用绳索绑住沿城墙缒下，叛军以为有军来袭而乱箭齐射，等明白所射只是草人时，已白白给城内送去了箭矢10余万支，除了后悔莫及也只能大眼瞪小眼了。

没过几天，又有500个绳索牵引的人形之物在深夜沿城墙缒下，被张巡用草人借箭之计耍过一次的叛军虽然发现却不肯再上当了，只是指指点点、嘻嘻哈哈，根本没当回事，不料这次缒下的竟是城内募集的500名真人敢死队员。这500名敢死队员趁敌不备突然冲进敌营，叛军在其死命冲杀之下阵营大乱，不得不焚营而逃，一直被追出10余里地才稳住阵脚。

这一败让令狐潮颜面大失，恼怒之下进一步增兵将雍丘城围得更加严实。他同时再度亲临雍丘城下，与城上的巡使郎将雷万春远远对话，刚说了没几句，叛军埋伏的弓箭手突发冷箭向城上射去，躲闪不及的雷万春瞬间面中6箭，但他竟然纹丝不动。

令狐潮对城楼上面中6箭却一动不动的雷万春很是奇怪，怀疑只是一个假人木偶，等确认竟是真人之后大惊失色，远远对着张巡喊道："遇到雷将军，我才知道足下确实军令如山，但大势已去之下做这些于天道又有何益呢！"

张巡回了令狐潮一句："人伦你都不懂，又怎能妄谈天道！"不久之后张巡率军出战，俘获叛军将领10余人并斩首百余人，逼得叛军不得不趁着夜色退入陈留，再不敢轻易出战。

过了几天，久攻不下雍丘、正在烦躁之际的令狐潮突然收到张巡派人送来的信件。信中表示："我打算从雍丘撤退，如果你愿意退军60里，我就率众撤走。"令狐潮信以为真，下令围城部队后撤60里，张巡乘机率众出城将方圆30里内的房屋拆除，所获木头全部搬进城内以作战备，等令狐潮得到消息率军赶回来时，守军早已撤入城内，雍丘的防卫也更加坚固了。

没过多久张巡又给令狐潮送来口信："你如果想拿下雍丘，就送我30匹战马，得到马后我就远走高飞了。"令狐潮也不知道被啥迷了心窍，居然再次选择了相信。但马匹送进雍丘城后根本看不到张巡出城奔逃的身影，气得令狐潮第二天在城下大骂张巡不守信用，张巡在城上徐徐回应道："我也想走，可将士们不让啊，你说咋办？"

张巡的话让令狐潮愈加愤怒，暴跳如雷之下立即调动部众强行攻城，正当军队混乱尚未规整之际，雍丘城门突然打开，昨天送进城的30匹马倒是奔了出来，但马上将士见人就砍，一转眼已有上百人成了刀下之鬼。还没等令狐潮做出反应，叛军的14员军将及一批兵器和牛马已成了俘虏和战利品，被裹挟着如旋风般回城去了。

张巡的奇谋还在继续，没过几天他又派军趁夜奔袭白沙涡

（今河南省宁陵县西北），将驻扎在那里的7000多名叛军杀得大败，回军走至桃陵（今河南省杞县东南）时又尽俘前来增援的400名叛军，将其中被裹挟的部分荥阳、陈留兵遣散回乡，其余则全部斩杀。荥阳、陈留一带的老百姓从遣散回乡的人员口中了解到相关情况后，纷纷从叛军地盘逃入雍丘，旬日之间竟达万余户之多。

张巡还曾率领3000名劲卒出城30里，将率领2万余蕃汉兵马试图袭击宁陵、襄邑的李庭望杀得大败。多番拉锯之下，雍丘城虽然不能彻底打破令狐潮、李庭望的围困，但在张巡带领之下多次出击并取得大捷，有效牵制了大量叛军。

进入十二月后，久攻雍丘不下的令狐潮会同李庭望开始在雍丘以北筑城堡扼绝守军粮道，同时另一位叛军将领杨朝宗也率领2万人马准备袭击宁陵以断绝雍丘后路。

在粮道被断、腹背即将受敌之际，张巡果断率领马匹三百、将士三千从雍丘移师宁陵，静待杨朝宗的到来。在宁陵，张巡遇到了带兵来援的睢阳太守许远，双方由此携手开启了宁陵和睢阳保卫战的序幕。

许远是武则天时期著名奸臣许敬宗的曾孙，但其品德与气节远非其祖许敬宗可比。年轻时期，许远曾在河西从军，开元时期考中进士后授益州从事之职，剑南节度使章仇兼琼欣赏他的才华，征召他代理剑南府太守之职并打算将自己的女儿许配于他，但许远对此坚决推辞，由此惹恼了章仇兼琼并被找借口贬为高要县尉，至安史之乱爆发后被朝廷任命为睢阳太守。

张巡移师宁陵的当天，杨朝宗的兵马就进击到了宁陵城西北，张巡、许远指挥守军出击，与叛军在一昼夜间血战了数十回合，终于取得了斩首万余人的大胜，汴水河中顺流而下的叛军尸首几乎将河水堵塞，杨朝宗也被迫趁夜收兵撤走。

雍丘保卫战仅是前奏，宁陵保卫战也只是插曲，睢阳才是张巡、许远血战叛军的主战场。

唐朝经济的最发达地区虽仍在北方，但南方江淮地区的经济也发展到了很高水平，是国家重要的经济区和赋税来源地。安史之乱爆发后，北方地区罹遭战乱、江山残破，江淮地区对于大唐朝廷稳住阵脚、平定叛乱的经济支撑作用更加突出。

睢阳地处隋唐大运河汴河河段中部，是北方连通江淮地区的交通要道和重要门户。一旦睢阳沦陷，安史之乱的历史走向恐怕会呈现出完全不同的另外一幅景象。

于叛军而言，欲南下江淮就必须拿下睢阳。于唐廷而言，虽知道睢阳的重要性却无力组织大队官军来守，以张巡和许远为代表的军民就是在这样的背景之下担负起了保卫睢阳的历史重任。

唐肃宗至德二载（757）正月，杀安禄山并登上伪燕皇位的安庆绪以尹子奇为汴州刺史、河南节度使。正月二十五日，尹子奇率领包括同罗、契丹、奚等异族在内的13万兵马扑向睢阳，睢阳太守许远立即向宁陵的张巡告急，请他派兵相助。

接到许远求助后，张巡亲自带着宁陵城内的三千将士奔赴睢阳，与许远麾下将士会合组建了一支6800人的守城队伍，随后与尹子奇率领的13万大军展开了9个半月的攻防对决。

尹子奇率军到达睢阳后，立即尽遣主力攻城，张巡在城上亲自督导并激励将士，历经16个昼夜苦战，多时一天接战达20次之多，取得了俘敌将60余人、杀敌兵2万余人的辉煌战果，令睢阳城内军民士气高涨。

许远对张巡的身先士卒和指挥有方极为敬佩，深知其军事才干远在自己之上，便主动把睢阳的军事指挥大权全部交给张巡负责，自己则全力负责军粮调集和战具修理等后勤保障工作，两人一主外、一主内，同心同德共守睢阳。

到了三月，尹子奇再率大军进攻睢阳，张巡亲率守军出战。虽然出战的几乎是睢阳城内的所有兵马，但与叛军相比实在众寡悬殊，叛军对此也是不屑一顾，哪知道接战之后，竟被斗志旺盛、亲执帅旗的张巡领兵冲杀，顿时阵脚大乱，丢下了30余员将领和3000余名士兵的性命并败退了数十里之远。

第二天叛军卷土重来，张巡再次率军出战，虽然无力彻底打破叛军的包围圈，但昼夜之间历经大小数十战，依然取得了显著战果并有效打击了叛军士气。

四月，尹子奇再次增兵围攻睢阳，张巡采取疑兵之计与敌周旋，夜晚让人在城中大力击鼓做出集合队伍准备出击的声势，叛军不得不通宵戒备不敢休息；天亮之后张巡下令偃旗息鼓并让士兵隐藏起来，一整夜没合眼的叛军在城外利用飞楼车窥探城内情况时发现空无一人，认为城内兵将也和他们一样倦意来袭回营睡觉了，便也解下盔甲沉沉睡去。

眼见叛军松懈，张巡和将军南霁云、郎将雷万春等各率一支队伍，突然打开城门杀向叛军军营，一路斩将 50 余人、杀兵 5000 余人，并且很快冲到了尹子奇的中军帐前。

因为不认识尹子奇到底长啥样，张巡要了个小计谋，他命令将士们用蒿草茎作为箭矢射敌，叛军被这些蒿草茎射中后几乎没怎么受伤，以为张巡等人的箭矢已经用完，大喜之下赶紧跑去向尹子奇报告，尹子奇本尊由此被锁定。

锁定本尊后，南霁云张弓便射，一箭正中尹子奇的左眼，他紧接着冲向前去便欲活捉，瞎了一只眼的尹子奇虽得以侥幸逃脱，但不得不鸣金收兵。

到了七月，养好箭伤的独目将军尹子奇又一次征兵数万来攻睢阳。许远很早之前就已着手进行了守城准备，特别是极有远见地在城中储积了 6 万石粮食，本可以支撑很长时间，但被虢王李巨把其中的一半调拨给了濮阳和济阴，可气的是济阴前脚刚拿到粮食，后脚就开城向叛军投降了。

因为长期被围，到七月尹子奇再度攻城时，睢阳城中一则粮草基本耗完，10 名将士合计起来每天只能分到 1 升粮食，不得不掺杂茶纸、树皮等勉强果腹；二则将士在大批阵亡后仅剩下 1600 人，并且大多孱弱不堪、战斗力锐减，以致城池外的包围圈越缩越小。

形势危难之际，张巡依然信念坚定，带领军民积极整修守城的工事与器械，加强防御。

叛军造出了攻城的长云梯，预先安排200名劲卒爬到云梯之上，然后其他人把爬满人的云梯直接推到城墙前面，试图让云梯上的人快速跳入城中占据先机。

针对云梯攻城，张巡预先安排人在城墙上悄悄凿了三排洞穴，等叛军的云梯即将靠近尚未架上城墙的时候三洞齐发，从其中的一个洞穴中伸出木头将云梯顶住让其无法前进，从第二个洞穴中伸出带铁钩的木头将云梯钩住让其无法后退，从第三个洞穴中伸出带有铁笼的木头并在铁笼中安放火源对云梯进行焚烧。如此一来，云梯进不能进、退不能退，爬在梯上的大量叛军上不能上、下不能下，只能眼睁睁看着云梯被烧，有的被蹿上来的火焰烧死，有的随着被烧断的上半截云梯一起狠狠摔落在地，死伤甚重。

云梯攻城不成，叛军接着采用钩车战术，将钩车上的铁钩甩出，钩住城楼上的防御建筑进行拉扯，钩坏了大批城楼防御建筑。张巡命人搬来大木头用铁索连住，用在铁索上安装的大铁环套住钩车的铁钩头，再用体重较大的革车将钩车向城内拉扯，待拉扯到一定程度后将铁钩截断，叛军城外的钩车虽然还在，但失去铁钩之后也就变成了废物一辆。

叛军再用木驴车攻城，张巡命人把熔化后的铁汁从城上往下浇灌，将大部分木驴车烧毁。

眼见各种攻城器械都难以奏效，叛军又在城池西北角选取有利地形，用土沙包、木柴等一层层堆积台阶，试图靠此爬上城墙。因为堆积台阶非一日可成，张巡在白天只监视进度并不出战，到了晚上则派人把松明、干蒿等引燃物悄悄投入其中，叛军的台阶虽然越造越高，但混入其中的引燃物也越积越多。如此10余日后，张巡领军出城，名为与敌交战，实则顺风纵火，叛军辛辛苦苦堆积起来的台阶很快陷入烟火之中。因为木柴、松明、干蒿等被土沙包一层层压得严实，大火点起来快，烧起来却慢，一烧便是20余日，叛军既无法将火扑灭，又无法在烧得炽热的台阶上攀爬，攻城的计划随即泡汤。

各种攻城手段都被张巡见招拆招所化解，无以为计的叛军只好暂时放弃攻城，转而在城外深挖了3道壕沟并竖起木栅，彻底断绝城内与城外的联系。张巡也命人在城内深挖壕沟以防叛军偷袭。攻防双方进入了对峙局面。

经过多回合血战，睢阳城内的守军人数已锐减至600人，张巡、许远一守东北、一守西南，与士卒一起吃茶纸等充饥，一起日夜镇守不下城墙。不仅如此，张巡还凭着满身正气和家国大义不断说服叛军反正，前后来投者达200余人，有效补充了防守力量。

睢阳死战之际，附近的谯郡、彭城、临淮皆有大唐驻军，但慑于叛军人数众多都不敢来救。张巡在危如累卵之际曾派遣一箭射瞎尹子奇左眼的猛将南霁云出城搬求救兵，南霁云率领30名骑兵拼死杀出，先赶赴谯郡向在那里的灵昌太守许叔冀求救，但嫉妒张巡、许远声名，且与河南节度使贺兰进明不和、惧遭所图的许叔冀只给了几千布匹，根本不肯派兵相救，气得南霁云骑马操兵直驱许叔冀的帐前大喝：“狗官，敢出来与我决斗吗？”自知理亏的许叔冀完全不敢回应。

无奈之下，南霁云又赶赴临淮向河南节度使贺兰进明求救，贺兰进明表示：“如今睢阳城恐怕已经被攻破了吧，派兵去救还有什么意义呢？”又表示非常欣赏南霁云的勇猛，强行将他留下并好酒好菜招待，希望其能为己所用。

南霁云看着满桌酒菜，离席回避并慷慨激昂道：“我出城之时，睢阳将士已缺粮月余，我若在此大吃大喝，怎能咽得下肚？贺兰大夫坐拥强兵，旁观睢阳陷落贼手却无半点救援之意，岂是忠诚义士所为！”悲愤之际一口咬断自己的一根手指，朗声高喝：“我没能完成睢阳主将交代的任务，现留下手指一根作为我已到达临淮的证据，就此回报睢阳！”

临走之际，南霁云经过佛寺看见佛像之时愈加悲愤，对着佛像便是一箭，大喝道：“等我破贼之后，必灭贺兰进明，以此箭为证！”

谯郡、临淮都不肯发兵来救，南霁云只好赶赴张巡原来任县令的真源县求救，在这里虽未求到救兵，但好歹获得了上百匹战马。最后赶到宁陵，在城使廉坦的配合下才组织起三千步骑，趁着夜色大雾从叛军军营中杀出一条血路回到了睢阳城，但进城之后三千步骑所剩仅有一千了。

南霁云等虽然在杀回睢阳城的过程中找到机会将叛军军营中的数百头牛一起带入，但杯水车薪并不能解决城内的缺粮问题。同时随着南霁云的回城，不管是睢阳城内的军民还是睢阳城外的叛军都明白不会再有援军到来了，城内军民禁不住痛哭流涕，城外叛军则进一步收缩了包围圈。

再次坚守了两个月之后，睢阳城中连最后一粒粮食也吃完了。在此情况下，军民开始讨论是否要弃城东走。张巡、许远经过认真商议后又一次达成共识："睢阳是江淮地区的屏障，一旦被放弃，叛军便可长驱直入江淮。同时城中军民皆饥饿羸弱，就算走也走不远。战国时期各诸侯之间尚且知道唇亡齿寒的道理经常互相救援，当今周边城池的各位主将岂能不明白这个道理？"两人最后得出结论："最好的办法依然是坚守待援！"

主将的共识迅速转化为将士们继续坚守城池的行动，大家粮食吃完了就吃茶纸，茶纸吃完了就吃战马，战马吃完了就捉飞鸟、掘地鼠。

终于所有能想到并能弄到的食物都吃完了，绝境之下张巡把自己的小妾、许远把自己的家奴都杀了用作食物，随后城中从妇女到老弱男子被依次抓来作了填腹之物，可叹惨烈的睢阳保卫战在最后关头进入了人吃人的"死守"境地。难得的是城中之人虽知必死，却无一人叛降。

唐肃宗至德二载（757）十月初九，叛军终于大举攀上了睢阳城墙，此时仅剩的四百守城将士大多虚弱病倒，连站起来接战的力气都没了。张巡西向跪倒，向长安方向拜下，声嘶力竭地喊道：“臣已力竭，无力再保全睢阳城了。臣活着的时候未能报答陛下鸿恩，死后当作厉鬼以杀叛贼！”

坚守了 9 个半月的睢阳城陷落！

攻陷睢阳城后，尹子奇让人将张巡押到面前并问他：“听说你每次督战都是眼角开裂以至流血、咬牙切齿甚至碎裂，何至于此呢？”张巡回道：“我欲气吞逆贼，只恨有心无力！”尹子奇命人用刀撬开张巡的嘴巴查看，满嘴钢牙果然只剩了三四颗。

即便是叛军将领尹子奇也对张巡的刚烈不屈敬佩不已，试图劝他投降，张巡破口大骂：“我为君父而死，你却依附叛贼，猪狗不如的东西如何能够长久！”叛军诸将也告诫尹子奇：“此为坚守节义之人，不可能为我所用。而且他很得人心，留下必成后患。”

尹子奇劝降张巡不成后，转头又开始劝降曾射瞎自己左眼的南霁云。南霁云尚未接话，张巡已高声呼喊其小名：“南八，男子汉大丈夫死则死耳，万不可为不义苟活！”南霁云大笑：“我正准备说两句以表心意呢，您已下令，我怎敢不死！”

英勇不屈之下，张巡、南霁云、雷万春等 36 人一起遇害。同日被俘的许远被尹子奇下令押往洛阳，后在偃师遇害。

张巡、许远以仅仅 1 万左右的兵马面对尹子奇统领的十几万叛军，坚守睢阳城达 9 个半月之久，前后大小 400 余战，杀伤叛军达 12 万余人，虽然最终城破身死，但一则将大批叛军长时间吸引在睢阳附近，有效减轻了长安方向的军事压力，为唐廷蓄积力量准备反攻创造了积极条件；二则将大批叛军阻断并消灭在睢阳城下，城破之时唐军反攻两京的战役已经开打并且已经拿下长安正向洛阳进军，叛军已无力再下江淮，这使得江淮地区总体未遭战乱破坏，经济继续发展，成为唐廷平定安史之乱乃至战后重建家国和维持政治秩序运转最重要的经济支撑区域。

值得一提的是只过了一个多月，尹子奇就在陈留被郡人所杀，睢阳将士算是大仇得报，但可恨的是睢阳被围的 9 个半月时间里，附近谯郡、彭城、临淮的官军皆不敢来救，反倒是被唐肃宗任命为兼河南节度使、持节都统淮南等道诸军事的中书侍郎同平章事张镐听闻消息后，从凤翔快马加鞭赶来相救。

张镐一边亲自领兵赶往睢阳，一边命人传檄浙东、浙西、淮南、北海等地的节度使和濠州刺史闾丘晓共同派兵救援。这中间以闾丘晓麾下兵马距离睢阳最近，但素来傲慢的他根本不把张镐放在眼里，再加上畏惧睢阳城外的叛军声势，一直按兵不动，等到张镐赶到睢阳城外已经是城池陷落的三天之后了。大怒之下，张镐下令将闾丘晓乱杖击杀，但此举不过是让张镐对自己、对朝廷有了个交代而已，对于死守睢阳城的将士们还有什么意义呢！

520 余年之后的南宋王朝末年，抵抗元朝失败的宰相文天祥在大都的监狱之中写下了千古名篇《正气歌》，文中接连引用 10 多个历史典故阐述浩然正气的磅礴力量，其中“为张睢阳齿，为颜常山舌”所指便是张巡守睢阳和颜杲卿守常山之事。

睢阳保卫战英勇不屈、惊天动地，但对于城内发生的人吃人惨剧，无论在安史之乱结束之后的唐朝还是在后世都有争论，有的认为张巡率众坚守睢阳已近10个月，弹尽粮绝之下无论是集体自杀还是开城投降都属正常，为了守住城池而去吃人既突破了做人的道德底线，也违背了保国安民的初衷；也有的认为张巡率领睢阳军民在9个半月内杀敌达12万之众，弹尽粮绝之际守城官兵不管是开城投降还是集体自杀，屠城都是叛军进城之后的必然动作，老百姓都是死路一条，更重要的还是要看到睢阳血战保卫江淮免遭战火、更多百姓免遭涂炭的现实功绩和历史贡献。

人吃人确实是睢阳保卫战不容忽视的黑暗一面，对张巡而言，是否应该因为保障江淮有功给其贴上一个“功大于过”的标签？对睢阳城而言，万余守军血战9个半月后减员至千余人，外出求救而众兵不发，能否再以常理度之？对唐王朝而言，谯郡、彭城、临淮守军近在咫尺，在长达9个半月的时间里皆畏缩不进，算不算帮凶？对后人而言，如果身处张巡之境，能不能做得比他更好？这些问题恐怕很难达成完全一致的意见，或许后人更应该思考和回答的是：“如何做，才能不让战乱悲剧再度降临人间？”

第六章

两京收复到邺城会战

一、反攻谋划：急功近利唐肃宗

天宝十五载（756）七月十三日，太子李亨在灵武称帝并改年号为“至德”，新朝廷虽面临着极为艰险的形势，但在李泌、郭子仪等人的辅佐下逐步走上了正轨。

秩序稍安之后，唐肃宗与重要谋臣李泌有过一次谈话，话题的中心是生前曾多次危及他太子之位的李林甫。唐肃宗表示要诏令诸将在收复长安之后掘开李林甫的坟墓，将其焚骨扬灰，以泄心头之恨。

李泌对于皇帝的小心眼很是担心，赶紧劝道："陛下要做的是平定天下的大业，何必去仇恨一个死人？李林甫都已经化作了冢中枯骨，还能知道些啥，这么干反而会给人以陛下胸襟不够宽大的印象。那些跟随安禄山犯上作乱者才是陛下应该仔细思量如何处置的人，一旦他们听说李林甫被焚骨扬灰了，只怕是再不会生起改过自新的念头了。"

唐肃宗对李泌的话很不高兴，咬牙切齿道："此贼以前用各种手段谋害朕，那时候朕简直是朝不保夕，之所以能够万全，完全是上天在保佑！他也很恨你，只不过早死没来得及害你罢了，你干吗还要怜悯他？！"

李泌叹了一口气，徐徐回答："我岂能不知道这些？之所以劝陛下不要再记恨李林甫，是因为太上皇享有天下的近50年时间里一直是太平盛世，但一朝失意便不得不远遁巴蜀。南方气候浊恶，太上皇年事已高，一旦听闻陛下有此诏命，必定认为陛下是因为当初受李林甫所迫而休掉太子妃韦妃所起，内心只怕也会惭愧不已。万一因此感愤染疾，陛下恐怕就要背上纵有天下之大却不能安定君父的恶名了。"

直到搬出了潼关兵溃、长安失守的痛点，再加上以所谓孝道加持，唐肃宗才算被点醒，从龙椅上弹起来跑下台阶并扑通跪倒，朝着上天连拜，口中叫道："朕完全没想到这些，这是上天借先生之口来点化我啊！"回过头一把搂住李泌泪流满面、啜泣不已。

虽然唐肃宗的一场戾气被李泌有效化解，但从中却能反映出他的目光实在不够远大、胸襟实在不够宽广，虽在因缘际会之下承担起了兴复家国的重任，但和历史上那些雄才大略的君王比起来实在有着太大差距，这一点在其后他对反攻总策略的选择上体现得更为明显。

在李泌的建议下，唐肃宗于至德元载（756）九月，将临时行在由灵武迁往顺化，十月进一步迁往彭原。当年年底，唐肃宗和李泌在彭原又展开了一场关于反攻路线图的讨论。

唐肃宗问李泌："现在叛军如此强悍，叛乱何时才能平定？"

李泌回答："臣看叛贼将获得的男女金帛全都送去了范阳，这哪里有一点雄踞四海的抱负？现在叛军所用之将主要是一些胡人，中原人只有高尚等少数几个甘为驱使，其余都是被迫从之。依臣所料，两年以内天下可定。"

唐肃宗很受鼓舞，接着问："理由何在？"

李泌回答："叛军骁将只有史思明、安守忠、田乾真、张忠志、阿史那承庆等少数几人。当前我们只要令李光弼率军自太原进军井陉关，郭子仪率军自冯翊进军河东郡，史思明、张忠志就不敢离开范阳、常山，安守忠、田乾真就不敢离开长安，相当于我们用两支军队就焊死了叛军的四员骁将。叛军能够调动的骁将就只剩下阿史那承庆一个人了。请陛下诏令郭子仪暂时不必攻取华阴，也就是暂时不切断叛军在东京洛阳和西京长安之间的道路连通，然后陛下于扶风屯集兵马并与郭子仪、李光弼交相出击，叛军救首则击其尾、救尾则击其首，调动其在往来数千里间疲于奔命，我军以逸待劳，叛军来则避其锋芒、退则乘乱攻击，暂不急于分兵攻打城池和阻断道路。到来年开春后，命建宁王李倓为范阳节度大使，率军从边塞处北上，与李光弼以犄角之势会攻范阳，剿灭叛军老巢。到那时候叛军想退走却无处可去，留在两京则不得安宁，然后我大军四面合击，必能擒敌灭贼。”

李泌谋划的平叛路线图不局限于一城一池的争夺，也不着急于一时半会儿的输赢，颇有着眼全局、大开大合之风，是一个放眼长远、彻底解决问题的方案，唐肃宗很是认可，其后一段时间的形势发展总体上也与李泌设想的方向一致。

首先是至德二载（757）正月初，李光弼指挥太原守军与史思明、蔡希德等指挥的10万叛军展开了城池攻防的殊死较量，最终在二月十九日大败叛军并歼灭7万余人，取得太原保卫战胜利的同时也为兵发井陉关奠定了基础。

其次是至德二载（757）正月，郭子仪派人潜入叛将崔乾祐镇守的河东郡，与部分被迫在叛军手下任职的原朝廷命官取得联系并将他们发展为内应。二月，郭子仪亲率麾下主力从鄜州郡治洛交（今陕西省富县）出发进兵河东，同时分派了一支军队进兵冯翊。

官军开到河东城外后，河东司户韩旻等作为内应翻出城外迎接，同时在城内发难并击杀了叛军近千人。曾经率军攻占潼关、终结大唐盛世的崔乾祐狼狈跳墙逃至城北，随即组织驻扎在城北的叛军向河东城反扑，结果大败于郭子仪之手不得不再次败逃，一路上被郭子仪紧追不舍，4000 人被击杀、5000 人弃械投降。

崔乾祐带着残部逃至安邑（今山西省夏县），安邑守军打开城门放叛军入城，待其进了一半之后突然关门，已进城的叛军被瓮中捉鳖、全部击杀。出于谨慎没有抢先入城的崔乾祐赶紧后退，最终翻过白径岭才得以逃遁而去。李泌反攻计划中的重要战略支点河东郡由此回到唐廷手中。

最后是在至德二载（757）二月，郭子仪兵发河东的同时唐肃宗也将临时行在由彭原进一步迁移到了凤翔。在凤翔，来自陇右、河西、安西、西域等地的将士在 10 余天内就完成了集结，江淮等地的第一批庸调租税在第五琦等人的奋力经营下也运到了附近的洋川、汉中。

按照李泌规划的反攻路线图，在至德二载（757）二月底三月初的时候，李光弼自太原进军井陉关的条件已具备，河东郡已被郭子仪成功收复，大军在凤翔集结的任务已完成，开春之时也已到来，接下来便应该是以建宁王李倓为范阳节度大使率军北上与李光弼会攻范阳了。

李泌当然不会错失时机，他立即请求唐肃宗诏令自安西、西域等地前来集结的精兵向边塞处进发，随后按照原先规划出塞外向东北，再绕道南下，会同李光弼夹攻范阳。

然而，眼见麾下展现出一副万众归心、兵强马壮、粮草充足的态势，唐肃宗反攻两京的信心日益充足、心情日益迫切，他已经不愿意再按部就班继续推行李泌先前规划的平叛反攻路线图了！

唐肃宗表示："现在我大军已经集结，庸调租税也已到达，应该趁着士气旺盛之际直捣叛军腹心，你却还在让我派兵往东北走上数千里先攻范阳，太迂腐了吧？"

李泌回道："以我们现有的大军直接进攻东西两京，确实都能将城池拿下。但这样做，要不了多久叛军就会东山再起，朝廷就会再度陷入被动，并不是长久安定之策！"

唐肃宗对此无法理解，只好再问："为什么？"

李泌答道："现在我军主力主要是来自西北边塞的将士和边境各少数民族士兵，习性上可以很好地适应寒冬却难以适应酷暑，如果趁大军刚刚集结的高涨士气攻伐已经士气低落的安禄山叛军，必能克敌制胜。如今东西两京已近暮春，叛军采取收缩战术、坚守不出，关东地区的气候很快就将炎热起来，我军不适应之下必然思归、无法久留，叛军定会趁此时间厉兵秣马并等我军撤退后再次南下，那样的话战事很难在短时间内结束。不如先把大军开往气候较凉爽的东北剿灭叛军老巢，彻底切断叛军退路，才能达到釜底抽薪的效果。"

李泌虽然分析得头头是道、精准有力，无奈唐肃宗根本没有那样的胸怀和魄力，他表示："朕急切要将太上皇迎接回来，等不了你说的这么长时间了！"

唐肃宗搬出了一个"孝"字来堵李泌之口，理由冠冕堂皇，其实并没那么简单。

一方面，至德元载（756）八月十六日和十八日，唐玄宗虽然在蜀中连续颁发《命皇太子即皇帝位诏》和《命群臣辅嗣皇帝诏》，承认了灵武即位的合法性，但诏书里却藏了一个小心思，即军国大事虽由新君全权处置，过后仍要向他汇报，一直等到长安光复之后自己才彻底不问政事。

也就是说，灵武即位之后，平叛战争虽然由唐肃宗全权领导，但唐玄宗的政治影响力或者说政治威慑力仍在，唐肃宗的皇位虽然获得合法承认，但并未完全巩固，上年九月其在顺化收到韦见素、房琯从蜀中送来的传国玺和玉册却只敢置于别殿早晚朝拜便是这种情况的反映。只有赶紧将唐玄宗接回来并置于掌控之中，才能彻底解决“太上皇”对自己皇权的威胁。

另一方面，唐肃宗的灵武即位虽然获得唐玄宗承认，但不代表大唐皇室子弟都能心平气和地接受，爆发于至德元载（756）十二月并于第二年二月（也即李泌要求唐肃宗按原计划绕道夹攻范阳前后）被压平的“永王之乱”便是其中著名的例子。

永王名李璘，是唐玄宗第 16 个儿子，因母亲郭顺仪早逝，李璘由异母皇兄李亨（即唐肃宗）养大，李亨在抚养过程中对李璘很是疼爱，常常把李璘抱在怀里同睡，二人的感情颇为深厚。

李璘容貌丑陋，还有点颈歪眼斜，但聪明好学，成年封永王后遥领荆州大都督一职。至德元载（756）七月十九日（6 天前唐肃宗已在灵武称帝而唐玄宗尚不知晓），唐玄宗在出逃蜀中的路上，于普安郡发了一道诏令：以太子李亨充天下兵马元帅，以永王李璘充山南东道、岭南、黔中、江南西道节度都使，此外盛王李琦、丰王李珙也分别充任相应官职。诏令还允许诸王在各镇自行选拔和任命相应官员，事后只要向朝廷报备就行。

上述诏令中的李亨暂且不说，永王李璘、盛王李琦、丰王李珙都跟在唐玄宗身边，其中李琦、李珙虽获官职只是遥领，只有李璘真正赴镇就任，成为实际领兵的一方大员。

李璘自小由唐肃宗抚养长大，感情颇深，常理上其赴镇领兵之后应该成为灵武朝廷重要的军事支撑才是，不承想兄弟亲情在权力争夺面前竟完全不值一提。

李璘赴镇之后，以江陵大都督的身份驻扎于江陵郡（今湖北省荆州市），此地为江淮庸调租税输往北方的中转站，钱粮充足。李璘在江陵很快募兵数万人，同时大肆补缺官员，实力迅速增长。

李璘在江陵郡的动作引起唐肃宗警觉。至德元载（756）十一月，唐肃宗以皇帝身份诏令李璘返回蜀中唐玄宗身边，被李璘拒绝，兄弟阋墙之事由此不可避免。

十二月二十五日，李璘擅自率领舰队自江陵郡沿江东下，同时以甲士五千进军广陵，虽未宣布起兵谋叛，但攻取江左、割据一方的意图不言自明。

李璘大军甫动，吴郡采访使李希言察觉到了异常，他立即以平级的身份给李璘发去文牒，质问他意图何在。李璘以此为由头正式起兵，他宣称："我是太上皇的儿子、皇上的弟弟，地位尊崇，现在李希言竟然以平级的身份给我发来文牒并落笔签字，无礼之甚！"随后对吴郡采访使李希言和广陵采访使李成式同时发起攻击。

面对李璘的进攻，李希言屯兵丹阳，派部将元景曜、丹徒太守阎敬之等率军出战，李成式也派部将李承庆等率军迎击，结果双双败北，元景曜、李承庆纳兵投降，阎敬之被俘遇害，一时之间江淮震动。

至德元载（756）十一月，唐肃宗诏令李璘返回蜀中唐玄宗身边被拒之后，已于十二月初以高适为淮南节度使，以来瑱为淮南西道节度使，与江东节度使韦陟一起应对李璘威胁。至德二载（757）初，唐肃宗又派宦官啖庭瑶等南下，与李成式等谋划招抚李璘之策。

啖庭瑶等南下之时，河北招讨使判官李铣正率领麾下千余兵马驻扎于广陵（今江苏省扬州市）境内，啖庭瑶遂邀李铣屯兵于广陵扬子津，李成式则派遣裴戎率领三千广陵兵屯守伊娄埭；高适、来瑱、韦陟等又会于安陆，合兵讨伐李璘。

裴戎等在伊娄埭张旗帜、阅士兵，营造出浩大声势，李璘率人远远望见后气为之夺，军心立时不稳起来，麾下大将浑惟明逃奔江宁、冯季康逃奔白沙，季广琛率军六千逃奔广陵归顺唐廷。

当天晚上，李铣命令军队在长江北岸列阵，人手两支火把，加上江水倒映，展现出一幅大军列阵、人多势众的景象。李璘在南岸虽也令人点起火把，不明情况之下却以为官军已经渡江，吓得带着儿女和近侍匆忙逃窜，直到天亮之后才搞清楚原来是乌龙一场，这才折返回来重新整修舟船、部署军队。

李璘命其子襄城王李偒负责指挥军队退往晋陵（今江苏省常州市），李成式得到“永王已逃跑”的情报后立即率众进击，先锋部队追至新丰时与李偒、高仙琦率领的叛军接战，李成式指挥大军赶到后分兵从左右两侧加入战斗，李偒肩部中箭大败，高仙琦只好簇拥着李璘逃奔鄱阳（今江西省鄱阳县）。

李璘逃至鄱阳时因守城司马闭门不纳，气急败坏之下率军焚毁城门强行进城，将城内蓄积的兵粮器械席卷一空后向南而出，进入余干地界时又大肆抢掠一番后继续向岭南逃窜，走至大庾岭时被江西采访使皇甫侁率军追及，李璘中箭被擒后为皇甫侁所杀，李偒死于乱军之中，高仙琦遁逃而走，历时两个月的永王之乱落下帷幕。

从永王之乱的过程看，李璘并无雄主之才，麾下也无善战之将，仅仅靠着江陵郡囤积的江淮租税和临时招募的数万军卒就想着要趁乱起兵、割据一方，既没有政治眼光，更没有家国大义，兵败身死实不足惜。倒是唐肃宗因从小将李璘抚养长大，并没打算要将李璘之罪宣布于天下，并且对于皇甫侁将李璘先杀后奏大为震怒，对其不复再用，但此举在对于李璘保留一丝人情味的同时，对江东的平叛力量却是一种打击。

值得一提的是，李璘自江陵郡顺江东下行至浔阳郡（治所在今江西省九江市）时，将富有天下大名、因政治失意和避战等原因暂居庐山的大诗人李白引入帐下辟为僚佐。可怜一生放荡不羁却又自信“天生我材必有用”的李白以为终于遇见明主，意气风发之下以极其豪迈的文字接连写下了11首《永王东巡歌》，借以赞颂永王功绩，抒发自身抱负，其中第5首写道：

二帝巡游俱未回，五陵松柏使人哀。
诸侯不救河南地，更喜贤王远道来。

第11首写道：

试借君王玉马鞭，指挥戎虏坐琼筵。
南风一扫胡尘静，西入长安到日边。

李白把永王李璘视为挽狂澜于既倒、扶大厦于将倾的盖世豪杰，梦想着跟随李璘一起北上横扫安禄山叛军，立下不朽功勋。却不料一腔豪情终究错付，不仅未能建功立业，反而受到永王之乱的牵连先在浔阳下狱，后被流放夜郎，虽然不久后遇朝廷大赦并写下了“朝辞白帝彩云间，千里江陵一日还。两岸猿声啼不住，轻舟已过万重山”这样传诵千古的名句，但直至唐代宗宝应元年（762）十一月病逝为止，其人生的最后几年总体都是在失意和漂泊中度过。

对于唐肃宗而言，亲生父亲唐玄宗在蜀中依然自成一派，对自己的皇权稳定构成重要威胁；而原本情同父子的异母弟永王李璘举兵谋叛，对自己的皇权稳定构成直接威胁。因此，他急于收复两京、急于将唐玄宗由蜀中接回，虽不能断定其中完全没有一点“孝”的因素，最根本的原因却在于要抓紧结束二元政治局面，彻底巩固自己的皇帝大位。

唐肃宗“孝”字出口，李泌纵然争论再三也是于事无补，放弃原定攻灭范阳、釜底抽薪的路线，首先收复长安和洛阳的方针就此定下！

二、两京收复：父子銮驾俱回还

唐廷反攻两京的方针已定，接下来便是具体实施了，但过程并不那么容易，实际上凤翔尚未兵发长安，自己已先历经了一番惊魂。

至德二载（757）二月，叛将安守忠率军进攻武功，当时率唐军驻扎在武功的是关内节度使王思礼，另有兵马使郭英乂、王难德分别率军驻扎于两翼的东原和西原。安守忠来攻后郭英乂首先在东原与之接战，结果被叛军一箭射穿面颊，只得逃走。西原的王难德不仅不敢来救，居然也率军遁逃。紧接着王思礼也无力守住武功，只得率军退至扶风。叛军的先锋部队一度进击到仅距凤翔 50 里的大和关，搞得在凤翔的唐肃宗朝廷大骇，不得不启动戒严的高战备状态。

凤翔安全受到安守忠威胁之前，上年十二月即遭叛军围攻的颍川（郡治在今河南省禹州市）已被阿史那承庆攻破，力战拒守的太守薛愿、长史庞坚皆被俘送洛阳，然后被捆绑在洛水的寒冰之上活活冻死。

凤翔安全形势日渐严峻之际，唐军在潼关方向也遭遇惨败。郭子仪派遣其子郭旰、兵马使李韶光、大将军王祚等统兵渡河进击潼关，虽一度占据上风，但随即被叛军疯狂反扑，李韶光、王祚战死沙场，随军作战的“九姓铁勒”仆固部首领仆固怀恩抱着马头渡过渭河才勉强逃得性命，郭旰等丢下上万人尸首后狼狈退守河东。

好在郭子仪、李光弼等很快在各自负责的战场上发力，李光弼在太原歼灭蔡希德指挥的 7 万余人并取得太原保卫战胜利；郭子仪在河东将安守忠率领来攻的 2 万铁骑斩首 8000 人、俘虏 5000 人，再加上张巡、许远等人在睢阳，鲁炅等人在南阳拖住了大量叛军的有生力量，凤翔的安全形势才算没有进一步恶化。

至德二载（757）四月，唐肃宗以郭子仪为司空、天下兵马副元帅（天下兵马元帅为皇长子广平王李俶），令其统兵从河东出发向凤翔集结，郭子仪正式成为唐廷反攻两京最核心的将领。

郭子仪统兵向凤翔进发，行至三原之北时与叛将李归仁率领的五千铁骑相遇，郭子仪令仆固怀恩等在白渠留运桥设下伏兵，一战而屈人之兵，五千叛军铁骑被杀得几近全军覆没，败军之将跳水游走才保得性命，只不过这次游水逃命的由仆固怀恩变成了李归仁。

郭子仪大军到达凤翔后，与关内节度使王思礼率领的军队在西渭桥会合，随后向长安迫近并在潏水西岸驻扎，与驻扎在长安城西边清渠的安守忠、李归仁军形成对峙。

安守忠虽曾在河东郡大败于郭子仪之手，但此人实实在在是个杰出的军事指挥官，眼看郭子仪大军在潏水西岸连续驻扎数日谨慎不进，他决定诱敌出战。

一番周密布置之后，安守忠于五月初率军假装遁逃，郭子仪军见地大上其当，倾师追击。叛军以 9000 名铁骑摆出长蛇阵，将战线拉得很长，官军力量被吸引深入后出现两翼空虚的情况，安守忠看准时机将长蛇阵从首尾向中间收拢，从两翼薄弱处对官军进行突然夹击，一举将官军击溃。

清渠之战是郭子仪军事生涯中遭遇的为数不多的重大滑铁卢之一，兵溃之后他被迫率残部退守武功并在不久后前往唐肃宗处请罪自贬，军内的判官韩液、监军孙知古等成了安守忠俘虏，军资器械大都成了叛军战利品，凤翔随即再度启动了戒严的高战备状态。

这之后，官军和叛军在多处作战，总体呈现互有胜负、战事胶着的状态，重要的战事有：

五月，鲁炅率军坚守南阳长达一年后撤退，南阳沦陷；张巡率军在睢阳城外射瞎叛将尹子奇左眼，暂时击退围城叛军。

六月，叛将田乾真率军围攻之前差点击杀叛将崔乾祐的安邑，不久后因驻扎于附近陕郡的叛将杨务钦翻城归顺，压力之下解围而去。

七月，河南节度使贺兰进明攻克高密、琅琊，击杀叛军2万余人；张巡与尹子奇继续在睢阳拉锯；叛将安武臣进攻陕郡，杨务钦战死，陕郡遭叛军屠城。

八月，灵昌太守许叔冀遭遇叛军围攻，率众逃奔彭城；张巡求援兵不得，睢阳形势日益危殆。

虽然在战场上互有胜负，但形势总体向唐廷倾斜，反攻两京的时机日渐成熟。

八月二十三日，唐肃宗犒劳诸将，发出反攻长安的总动员令，他语重心长地交代郭子仪："成功与否，在此一举！"郭子仪则信心满满地回复："如若不胜，我提头来见！"

总动员令发出的第四天，御史大夫崔光远在骆谷（今陕西省周至县西南）击破叛军，其麾下行军司马王伯伦、判官李椿率军攻克中渭桥并前突至长安以北的苑门，随后与从武功回援的叛军在苑北接战，结果王伯伦阵亡、李椿被俘。叛军虽然在苑北取得胜利，却也无力继续在武功地界驻军，凤翔的安全形势有了显著好转。

之前叛军曾多次围攻战略要地上党，都被河东节度副使、潞州大都督府长史程千里击败。八月末叛将蔡希德再次引兵围攻上党并多次派遣轻骑兵至城下挑战。

九月初二，程千里见城下挑战的叛军人少，自恃勇猛之下亲率百余骑开城门突出，正准备捉活口的时候突然发现大股叛军来援，只好拨马回城，岂料天有不测风云，所骑之马踏上护城河桥后桥板突然断裂，程千里连人带马摔入河内，十分憋屈地成了蔡希德的俘虏。

程千里身高七尺，身材魁梧，素以勇武有力闻名，早年在西域从军并屡建战功，担任过安西副都护、御史中丞、北庭都护等要职。安史之乱爆发后，尚在华清池的唐玄宗第一时间将他派往河东持节征募军队进行布防，他也不辱使命多次破敌，但做梦都想不到的是竟以如此一种令人抓狂的方式被俘。

被俘之际程千里继续展现了英雄本色，他对着部下大喊："我不幸沦落至此，实乃天意。你们回去转告守城将士们要坚决守住上党，宁可失帅，不可失城！"

在程千里气节的感染下，失去统帅的上党守军并未慌乱，在随后的城池攻防战中再一次将蔡希德指挥的攻城叛军击退。

蔡希德俘虏程千里后，将其押至洛阳，安庆绪以其为特进并将其囚禁在客省，同年十月安庆绪兵败逃出洛阳之前，将其与哥舒翰等 30 余人一并杀害。让人意颇难平的是，唐肃宗收复长安后下诏褒奖追赠殉难官员，程千里因为是先被俘后遇害，竟未被纳入褒奖追赠之列。

为了增强反攻力量，唐肃宗采纳郭子仪的建议，决定向漠北的回纥汗国借兵。

唐玄宗天宝三载（744），唐朝联合回纥、葛逻禄等异族部落，趁后突厥汗国内乱之机一举将其灭亡，这期间突厥国土大部分被回纥占据，回纥药罗葛部首领骨力裴罗遂在漠北建立了回纥汗国。

回纥汗国建立后，骨力裴罗主动派使臣向唐廷报告，被唐廷册封为怀仁可汗，其后两国保持着比较友好的关系。

回纥汗国建国后扩张很快，不仅占有了突厥故地，而且在此基础上东极室韦（今额尔古纳河一带），西至金山（今阿尔泰山），南控大漠，尽得了古匈奴之地。能迅速将疆土扩张得如此之广，其军队的战斗力可想而知。

唐肃宗派遣敦煌郡王李承寀与郭子仪部下大将仆固怀恩共同出使回纥，商谈借兵平叛之事。

敦煌郡王李承寀系皇族宗室，派他出使回纥代表着唐廷的诚意。仆固怀恩作为“九姓铁勒”仆固部的首领，安史之乱爆发之初任朔方军左武锋使，骁勇善战，跟随郭子仪在平叛战役中立下过多次战功，唐肃宗即位后跟随郭子仪一起受诏回到灵武，派他出使回纥，一则负责领兵护卫李承寀，二则其与回纥同属于“九姓铁勒”便于沟通。

李承寀和仆固怀恩出使回纥时，骨力裴罗已死，即位为汗者是其子磨延啜，号葛勒可汗，也是一位剽悍善于用兵之人。

对于唐廷借兵之事，磨延啜满口答应，但同时提出了“和亲”要求，一是由回纥宗室女与唐宗室联姻，最终磨延啜将可敦

（相当于皇后）的妹妹收为女儿并嫁给了李承寀，该女入唐后唐肃宗先封其为毗伽公主，不久又提任李承寀为掌皇族外戚属籍的宗正卿，并将毗伽公主册封为王妃。不仅如此，乾元元年（758）唐肃宗又将自己最小的女儿宁国公主嫁给了磨延啜，“和亲”之事不断巩固；二是要求将仆固怀恩之女嫁入回纥，最终仆固怀恩将自己的两个女儿嫁了过去，为借兵成功作出了重要的牺牲和贡献。

“和亲”作为一种政治行为，对于具体联姻的男女个人可能是一场悲剧，对决策者来说却异常简单。磨延啜的两个要求没怎么费力就得到了很好的满足，李承寀、仆固怀恩出使回纥借兵平叛的任务完成得十分顺利，磨延啜派太子叶护与将军帝德等率领4000余精兵抵达凤翔。

回纥派来4000余人并不算多，但一则这4000余人都是久经战阵的精锐，战力强大；二则回纥军队威名在外，来助唐军对叛军形成了一种强大的心理威慑，故而在其后收复两京的战役中确实起到了重要作用。

然而回纥参战的条件可不仅仅是“和亲”这么简单。叶护等人到达凤翔后，在接受唐肃宗盛情劳师的同时还提出了一个惊人要求：“收复两京之后，土地和官员士绅都是大唐的，但金帛和老百姓都归回纥所有！”那意思，相助破城之后，回纥人将在城内大肆抢掠搜刮一番，甚至要将大批百姓抓往回纥为奴，唐军不得干涉。

回纥人的要求是其游牧民族一贯文化风俗的体现，虽然野蛮却不足怪。令人切齿的是，堂堂大唐国君唐肃宗为了实现尽快收复两京的目标，竟然置万千子民于不顾，“惟其所欲”毫无底线地答应下来，单此一点便足可当“薄情寡义”之名，成为其永生永世不能洗脱的重大污点。

至德二载（757）九月十二日，身任天下兵马元帅的广平王李俶在凤翔整顿了来自朔方、西域和回纥的15万大军，对外号称20万，正式向长安进发。

单纯从打仗上讲，回纥确实给力。叶护等率领的4000余回纥兵到达扶风后，郭子仪准备留他们暂住并表示要大宴三日，叶护却回答：“今国家有急，我们远道赶来相助，哪里还能这么吃吃喝喝！”小作停留之后即挥兵出发。

九月二十七日，反攻大军抵达长安城西，在香积寺以北、沣水以东扎下军营，对决大战随即上演。

面对官军来攻，10万叛军出城并在官军北面列阵相迎。在清渠之战中击溃郭子仪部的叛将李归仁再次率军挑战，士气高涨的官军先头部队立即扑将过去，很快就压到了叛军阵前，没想到早有准备的叛军看准时机突然发动，一举将来攻的官军先头部队击溃。

先头部队遭遇挫折后，官军阵营大乱，很快丢下大批军械辎重并向后退却。危急之时，河西节度副使李嗣业大呼：“今日若不拼死前冲，就要全军覆没了！”喊完之后，精赤上身、手执长刀冲入敌阵，趁着叛军正在抢夺军械辎重之机，以威猛不可阻挡之势接连砍翻了 10 多名叛兵，受到激励的官军这才将前军阵脚稳定下来。

阵形稍稳之后，李嗣业率领前军队伍各执长刀排成人墙继续前进，砍杀无数、所向披靡。

李嗣业奋勇杀敌的同时，曾在武功西原不战而逃的武功都知兵马使王难德竟也不遑多让，其在救援自己裨将的过程中被叛军用箭射中眼眉，眼皮耷拉下来后遮住了眼睛，王难德大呼之下一把将箭矢拔除，随后又将耷拉下来的眼皮扯掉，虽然血流满面依然奋战不止。

阵前大战之外，叛军又在官军阵后设下伏兵意图偷袭，结果被官军斥候发现，李俶命仆固怀恩率军并会同回纥精兵赶去处置。仆固怀恩率军力战外加回纥兵突然加入战场，叛军伏兵崩溃之下基本被全歼。

叛军伏兵被歼、气势被夺之际，唐军李嗣业部和回纥军很快又绕到了叛军阵后，连同阵前力战的官军对叛军形成了夹击之势，战场主动权逐步回到了官军手上。

交战双方从中午时分一直厮杀到夜幕降临，叛军逐渐不支，到了晚上酉时终于在战场上留下 6 万余尸首之后大败崩溃，逃回城内。

叛军逃归后，仆固怀恩面见统帅李俶要求乘胜追击："贼军势必弃城而逃，请让我带领两百骑兵追击，必能将安守忠、李归仁等活捉来见。”

对于仆固怀恩的请求，李俶选择了谨慎行事，他要求仆固怀恩先回营休息，养好精神后第二天再看情况。仆固怀恩大急：“李归仁、安守忠都是贼军骁将，其大败之际正是天赐我军良机之时，怎么能眼睁睁看着他们逃走呢？等他们重新聚拢军队回师向我，后悔可就晚了。兵贵神速，为什么要等到明天啊？”

仆固怀恩坚持要乘胜追击，去而复返一夜找了李俶四五次，无奈李俶就是不听。等到第二天天亮斥候来报，安守忠、李归仁、张通儒、田乾真等果然已经弃城遁逃。

虽然未能活捉安守忠、李归仁等，但随着至德二载（757）九月二十八日官军入城，沦陷了一年零三个月的大唐西京长安城终于重新回到了唐廷手中。

大军入城之时，长安城内士绅百姓夹道欢迎，重见熟悉的大唐仪仗时禁不住喜极而泣：“不承想还能再见官军！”但他们中的大多数人不知道的是，由于新皇帝唐肃宗的薄情寡义，当天的长安城差一点又要遭遇一场劫难。

刚刚入城，叶护按照之前和唐肃宗的约定，带着回纥军队欲在长安城内直接开抢，广平王李俶紧急将叶护拦下并在马前施礼：“现在刚刚收复西京，如果大肆抢掠，东京洛阳之人闻听之后必然人人助贼坚守，那样东京就没办法收复了，请您等到收复东京之后再履行约定吧！”

叶护这才暂时罢手，会同仆固怀恩一起率领回纥和西域军马在浐水东岸扎下营来，李俶此举则给长安父老留下了极美好的印象。

进城之后，李俶一方面将捷报发往凤翔，另一方面做好百姓安抚事宜，三天之后再次率领大军东出向洛阳进发，长安交由虢王李巨留守。

虽然没能及时发现安守忠、李归仁等弃城遁逃，但随后郭子仪依然及时统率大军向东追击，直扑潼关要塞。

败势之下，叛军在潼关根本组织不起像样的防守，损失5000人后放弃潼关继续向东败退至陕郡，紧接着附近的华阴、弘农二郡也被郭子仪拿下。

叛军败退至陕郡后，洛阳的安庆绪和严庄再也坐不住了。安庆绪性情懦弱并无多少统兵之能，实际操控伪燕朝政的严庄率领洛阳叛军倾巢而出，与张通儒等在陕郡会合并组织起了一支15万人的抵抗力量。

十月十五日，广平王李俶率军抵达曲沃（今河南省三门峡市西南）驻扎，回纥军沿着南山搜索并击溃了设伏的叛军后于山北扎营。

郭子仪等率军前进至新店时，叛军已经依山列阵，靠着地形优势居高临下向官军发起进攻。官军招架不住被迫后撤，叛军则从山上冲将下来，试图乘势将官军击溃。

危急时刻，驻扎在南山山北的回纥军队突然从叛军背后杀出，4000铁骑卷起漫天尘埃，强弓劲矢呼啸而出。刚刚发得十几箭，叛军便识出此乃回纥劲旅，吓得大声喊叫：“回纥人来啦！”队伍瞬间大乱。

攻守之势逆转后，郭子仪大军立即回头，与回纥军前后夹击，杀得叛军丢盔卸甲、尸横遍野。严庄、张通儒无力回天，只好放弃陕郡向东逃奔，陕郡由此回到唐廷手中。

严庄一路逃回洛阳并将情况报告安庆绪，六神无主的安庆绪只能听凭严庄安排，于十月十六日晚带领残余势力连夜逃奔河北相州并龟缩进郡治邺城之内，临行之前还不忘将俘获的哥舒翰、程千里等30余名唐将杀害。

十月十八日，李俶率军进驻洛阳，被叛军占据一年零十个月的大唐东京回到朝廷手中。几天之后，河阳（治所在今河南省孟州市）、河内（治所在今河南省沁阳市）被郭子仪派兵收复，陈留人也杀死了一个多月前攻破睢阳城的独眼叛将尹子奇并举郡归顺。

李俶入城之时，洛阳的父老百姓也像长安的父老百姓一样夹道欢迎，但他们的运气比起长安城可就差远了，因为回纥兵早已按捺不住，进城之后不仅直冲国库将财帛收敛一空，而且在城内市井村坊之间大肆剽掠了三天之久，直到城内父老凑出了万匹罗锦并请求李俶牵头主动送往叶户处，回纥人这才收手。

洛阳父老以罗锦而止剽掠也证明了另外一件事，即回纥剽掠的传统虽然野蛮但并非绝对不可避免，只要舍得国库财帛，父老百姓们完全可以免遭一场浩劫，然而在唐肃宗的脑子里根本没有这样的概念，或者说薄情寡义的他根本就没把老百姓真正当回事，根本就算不得一个合格的君王。

阻止回纥人在长安掳掠、牵头劝止回纥人在洛阳掳掠的广平王李俶给时人留下了很好印象，但他和其父唐肃宗其实并没有本质区别，在乎的也是江山而非百姓，因为数年之后当上皇帝的他为了尽快平叛，再一次向回纥发出了借兵请求，而那一次的洛阳城毫无意外再度遭遇了回纥人的烧杀抢掠。

正当郭子仪派遣大军乘胜追击并连续攻占河阳、河内之际，洛阳城门处突然来了一名女子，声称自己是永王李璘的女儿，要求面见天下兵马元帅李俶和副元帅郭子仪。

唐肃宗亲手将李璘抚养长大，虽遭李璘叛乱却仍对其保留着一丝亲情，城门守军即便不知道唐肃宗对李璘的感情，对可能的皇族也不敢有所怠慢，赶紧将其送到李俶和郭子仪面前。没想到的是，此女子不是李璘的女儿倒也罢了，其真实身份居然是伪燕朝政实际操控者严庄的妻子薛氏，此次洛阳之行竟是代表严庄前来谈判投降事宜！

安禄山掌权之时，严庄是深得信任的重要谋臣，但安禄山的另外一个宠臣孙孝哲却与他是死对头。安禄山在世时，严庄在与孙孝哲的争斗中处处落于下风；安禄山被杀后，严庄凭借实际操控伪燕朝政的便利，将孙孝哲的闲厩使之位夺走改封他人，终于扳回一城。

随着洛阳丢失、伪燕朝廷出逃，严庄的影响力急剧下降，感受到孙孝哲对自己的威胁也越来越强烈。为了保命，严庄干脆策划起了投降唐军的勾当，他的妻子薛氏也是个奇女子，居然自告奋勇单车叩关，直接就闯到了李俶和郭子仪面前。

虽然严庄是鼓动和参与安禄山叛乱的重要罪魁，但李俶和郭子仪商议后认为，接受其投降对消解叛军斗志有着重要作用，于是对薛氏转达的当众为严庄颁发免死铁券的要求一口答应。随后严庄真的就跑过来投降了，并且面见唐肃宗后又获得了一个管理农耕、仓储及宫廷百官供应的从三品司农卿之位，简直称得上是左右逢源、两头通吃。

降唐之后的严庄继续蹦跶了一段时间，至唐代宗时终因案件牵连被京兆尹刘晏下狱，虽然死罪得到皇帝赦免，但被贬为南江（今四川省南江县）县尉，其后不知所终。

虽然下场并不算是最惨，但在辅佐安禄山起兵不久，严庄生活在老家沧州景城的父亲、弟弟及全族300多人，不分老幼全部被景城长史李玮诛杀，落了个宗族尽灭的下场。

至德二载（757）十月二十三日，大唐天子的銮驾正式返回长安，令人唏嘘的是一年零四个月前銮驾离京时皇帝还是唐玄宗，如今返回时却已变成了唐肃宗。

其实在九月二十八日，李俶率大军入长安的第二天，唐肃宗就在凤翔接到了西京光复的捷报，虽然喜极而泣，但他并没有急着第一时间返京，而是派了左仆射裴冕先行进京做准备，同时派遣曾参与平定永王之乱的宦官啖庭瑶奉表入蜀向唐玄宗告捷并接唐玄宗回京。

两队人马出发后，唐肃宗又安排快马将随大军行动的李泌从长安召回凤翔，与他详细讨论銮驾返京和迎接太上皇回还之事。

唐肃宗告诉李泌：“朕已经奉表迎接太上皇东归，我准备回归东宫，重新做回太子。”李泌则回答：“这样太上皇就不会回来了。就算是人臣到了70岁也要让位了，太上皇哪里还会再为天下事操劳呢？”

唐肃宗问李泌挽救之计，李泌表示：“应该让群臣来写奉表，详述圣上在马嵬坡被父老强行留下，在灵武被群臣劝进大位以及现在成功收复京城的过程，并以圣上日夜思念父皇为由，请太上皇速速回京，好让圣上尽孝养之道，这样太上皇才会回来。”随后，李泌亲自执笔，以群臣名义奉表恭请唐玄宗自蜀中回京。

果然，唐玄宗收到唐肃宗的奉表之后根本不肯动身，只回了一句：“给我剑南道自奉即可，我不回去了。”随后表现出一副忧虑无计、寝食难安的模样。直到李泌起草的群臣奉表到达，才转忧为喜、胃口大开，立即开始准备回京事宜。

两道奉表连奏及唐玄宗情绪的前后变化实际说明了一个问题，那就是收复京城之后，大唐在形式上和形势上都已经完成了最高统治权的转移，此时的唐肃宗到底是不够自信还是故作姿态并不重要，重要的是唐玄宗在蜀中的小朝廷心如明镜之下已不可能再做螳臂当车之事，至于李泌起草群臣奉表，只不过是将隔在父子中间的那层窗户纸给捅破了而已。

唐肃宗銮驾进京的十月二十三日也是唐玄宗自蜀中启程返京的日子，但唐肃宗进京之后并未将大唐正宫大明宫虚位以待太上皇归来，而是自己首先住了进去，证明他此前所谓准备回归东宫重做太子之言并不真诚。

十一月二十二日，唐玄宗返京的队伍抵达凤翔，唐肃宗派去的三千精骑兵早已等候在此。此 3000 人的主要任务当然是迎接和保护太上皇回京，但顺便也有一个小任务，就是告诉一直跟在唐玄宗身边的 600 多名禁卫军，他们的使命已经完成，该放下兵器另行改编了。

唐玄宗也很识时务，命令跟随而来的 600 多名禁卫军将盔甲卸下并将刀枪入库，自己随后在三千精骑的簇拥下继续进发。保护唐玄宗的队伍规模增长到原先的 5 倍，唐肃宗对太上皇控制力度的增长可远不止原先的 5 倍。

十二月初三，唐玄宗抵达咸阳，唐肃宗已提前等候在望贤宫，父子重逢后伤感、喜悦等各种复杂情绪涌上心头自不必说。唐肃宗以脱黄袍、着紫袍而拜的方式向太上皇表示谦让之意，唐玄宗则亲自将象征皇权的黄袍给唐肃宗披上，算是给了一个皇位交接的当面认证。

十二月初四，唐玄宗在众人的陪伴下正式回到阔别一年半的长安。一路上唐肃宗不管是否出于真心，至少表现得很是谦恭。唐玄宗也不知道是否真的发自肺腑，反正说了一句：“我做了 50 年天子，算不得尊贵；如今身为天子之父，这才感觉到什么是真正的尊贵。”

将唐玄宗在兴庆宫安顿好后，唐肃宗又多次向父皇奏表请求还位东宫并将大位交还，唐玄宗自然是拒绝外加赞颂，来来往往之间又给唐肃宗增添了不少贤德的形象。

十二月二十一日，唐玄宗取出唐肃宗之前一直供奉在别殿并早晚朝拜的传国玺，在宣政殿正式举办了传国玺授予仪式，唐肃宗归还大位、求还东宫的表演这才落下帷幕。

走完授受传国玺的流程后，以天下兵马元帅之职统兵收复两京的皇长子广平王李俶也得以加位晋爵，当年十二月晋封为楚王，第二年即乾元元年（758）三月，徙封为成王，四月正式立为太子。册立太子的同时，唐肃宗想起来李俶出生的那年豫州曾进献“嘉禾”，讨此“祥瑞”之口彩，将李俶之名改成了李豫。

两京收复之后，之前陷于叛军的那些官员也迎来了清算时刻。包括伪燕宰相陈希烈在内的300余人被从洛阳押至长安下狱；大批在府县衙门中为叛军办事的低级别官吏和差役也遭到追捕。唐肃宗还下诏要求那些曾被叛军掳走过、在叛乱期间与叛军密切交往过的士庶人等都要赴官府自首，交代清楚后才能免罪。对于称病坚决不受安禄山父子官职的汲郡人甄济、国子司业苏源明等则授官加爵，予以褒扬。

一番盘点之后，唐肃宗准备将曾在伪燕朝廷里供过职的重要官吏全部处死，礼部尚书李岘进谏道：“叛贼攻陷两京，天子尚且流亡南走，大家也只能各自逃生。这些人或为陛下亲戚、或为勋旧子孙，现在全部按叛乱之法处死，恐怕有违仁恕之道。况且河北尚未平定，群臣中陷没于叛贼的还有很多，如果对现在的这些人宽大处理，可以给河北那些人的改过自新做出示范，如果把这些人都给杀了，只怕河北的那些人再也不会想着回归朝廷了。”

在李岘的力争之下，唐廷将这些大节有亏之人分成 6 类分别定罪，第一类如原河南尹达奚珣等 18 人被当众斩首于城西南独柳树下，第二类如陈希烈等 7 人赐自尽于大理寺，第三类重杖 100，另三类罪责较轻的分别予以流放或贬斥。

也有一些例外，像王维、郑虔、张均等，因在伪燕朝廷任过职，一开始被关押在杨国忠旧府中待罪，但因为受宰相崔圆所召为其画了很多精美壁画，最终得到崔圆相助，张均更因为其父张说于唐肃宗有旧恩，或被宽大处理或被贬官到了相对富庶之地，日子并不难过。

虽然李岘已经为达奚珣、陈希烈等人找出了类似“皇帝尚且逃跑，凭啥要求我们忠烈”的理由，但作为变节之人，他们的死实在没啥可说的，值得一说的倒是唐肃宗在不久之后竟然真的后悔了。

达奚珣、陈希烈等人死后不久，有从叛军中来降之人说起了跟随安庆绪龟缩在邺城之中的原唐廷官员情况，这些人听说唐军初入洛阳赦免陈希烈等 300 余人的消息时都有自愧之意，但在陈希烈等人于长安被诛杀的消息传到后，顿时就抛弃了回归的心思。

唐肃宗听闻来降者传回的消息后很是后悔，此后他对变节官员的态度逐步发生了变化，再加上两京之中陷于叛军并在伪燕朝廷中任过职务的官员实在太多，御史大夫、中书、门下这三司纵然夜以继日也推核审理不完，到了乾元元年（758）六月，他便下了一道诏令：对于在两京陷于叛军的官员，三司还没审理完的全部释放不再追究，已经审理完毕并给予贬斥降职等处分的继续执行！

审理完毕并受到处分的官员谈不上倒霉，未及审理免遭处分的官员其实也谈不上有多幸运，但唐肃宗的这种处理办法实在令人叹息。

三、降而复叛：枭雄再起范阳城

至德二载（757）正月初，安禄山于睡梦之中遇弑横死，挑起惊天大乱的一代枭雄就此人生落幕。其后篡夺伪燕大位的安庆绪在严庄等的操控下很快对叛军部署作了重新调配，其中一个重要动作是将正率军围攻太原的史思明调回范阳任节度使并兼领恒阳军事，封妫川王。

范阳本就是史思明最重要的发家地，天宝十四载（755），安禄山起兵后其又一度担任了范阳留守，如今受命回归，着实是鱼归大海、虎归山林。

安禄山起兵后将掳掠而来的大批财富运回范阳进行贮存，此举被李泌讥为缺乏雄踞四海的抱负，但对于回归范阳的史思明来说却无异于坐享其成，成为其实力迅速扩张的重要支撑。

史思明虽然在与李光弼的多次交手中很少占到便宜，但其军事能力并不差，麾下兵将又多为平卢精锐，战力颇为强悍。

至德二载（757）十月，安庆绪的伪燕朝廷放弃洛阳逃向河北邺城后，叛军大将李归仁及精兵曳落河、同罗兵、六州胡兵等数万人逃向范阳。曳落河和六州胡兵都被史思明招纳归顺，不肯归顺的同罗兵则被史思明纵兵攻杀得损兵折将并丢下掳掠而来的巨额财富后逃归本国，史思明由此实力更甚。

凭借着兵强马壮和殷实资产，史思明在范阳根本不听伪燕朝廷节制，令安庆绪很是忌惮。为了消弭威胁，安庆绪派遣骁将阿史那承庆、安守忠、李立节等以征兵为名前往范阳，打探虚实并寻找可图之机。

史思明对于安庆绪动作的目的自然心知肚明，但如何既不公开撕破脸皮，又能保住麾下兵将却不是一件容易的事情，正在彷徨焦虑之际，其麾下判官耿仁智趁机进言：“大夫是被安氏的凶残威势所迫才为其效力，本来也不能算有罪，现在唐室已经中兴，天子也有仁圣之名，大夫如果诚心诚意率部归唐，必可转祸为福。”裨将乌承玼也进言道：“现在唐室已经再兴，安庆绪却像是草叶上的露水，大夫为什么要与他一起灭亡呢！只要归顺朝廷，之前的那些小错洗刷起来还不是易如反掌吗？”

耿仁智和乌承玼已经将史思明说得颇为心动，阿史那承庆、安守忠、李立节等又带着五千劲骑前来，令史思明强烈感受到了伪燕朝廷对他的极度不信任，他也不再遮掩，带着麾下的数万精兵悉数出城，与阿史那承庆、安守忠、李立节等带来的部队相隔1里列阵，完全是两军对垒的架势。

架势摆足后，史思明派人前往对面大营，表示：“你们远道而来令范阳将士不胜欢欣，但没见过世面的边兵很是怯懦，被朝廷大军的威严弄得心惊胆战，请求你们暂时卸下武器以安抚大家紧张的情绪。”

阿史那承庆、安守忠、李立节等受命前来征兵，只有见到史思明才有可能完成任务，他们或许认为史思明毕竟是安氏老臣，虽然骄横总不至完全翻脸，也或许是被史思明数万大军的气势所慑，总之是乖乖地命令五千劲骑人下马、弓弛弦，随后便揣着所谓“圣旨”只身去见史思明。

史思明一方面将来人迎进内厅盛宴款待，另一方面命人将战备松懈和群龙无首的五千劲骑全部缴械，随后对5000人分门别类，想要离开的给予粮食打发其赶紧上路，愿意留下来的分别派到各部继续当差。

处置完5000人的队伍后，史思明立时翻脸。阿史那承庆被软禁，好歹暂时保住了性命；曾经率军攻占武功搅得凤翔鸡犬不宁，还曾在清渠之战中大败郭子仪的安守忠就没那么好运了，被史思明连同李立节一起砍了脑袋。

李光弼听闻史思明与伪燕朝廷公开翻脸的消息后，立即派人联络史思明劝其归顺。史思明也不再犹豫，派遣部将窦子昂奉表赴长安，带着所辖13郡8万军兵的籍册清单向唐廷投降，随后受到影响的伪燕河东节度使高秀严也率部归降。

叛军悍将主动纳降，唐肃宗自然大喜过望，立即派遣宦官李思敬与史思明的旧部乌承恩一起前往范阳宣旨慰劳，册封史思明为归义王、范阳节度使，对其7个儿子也各封以显赫官职，同时册封高秀严为云中太守，并命史思明率所部讨伐安庆绪。

虽然范阳军队仍在史思明的控制之下，但其奉表纳降产生了积极作用。首先是河北诸郡除相州外基本都向唐廷投降了，其次安庆绪所封北海节度使能元皓也在不久之后率部来降，平叛形势看上去一片大好。

史思明投降之后，河北诸郡未降的仅剩下相州一地，此地正是安庆绪渡河北逃后的落脚处。

从洛阳逃奔邺城时，安庆绪一度面临身边只剩下骑兵不过300名、步卒不过千人的窘境，直到蔡希德自上党、田承嗣自颍川、武令珣自南阳各自率兵来归，加上在河北又招募了一些新兵，这才重新集聚起6万兵马并暂时稳住阵脚。

但在河北诸郡纷纷向唐廷投降之际，安庆绪在相州的日子依然不好过，虽然他调派大将蔡希德、安太清率兵攻占了平原、清河两城，把向唐廷投降的平原太守王陈、清河太守宇文宽擒至相州郡治邺城剐杀，同时以连坐诛族等残酷手段对付那些继续谋划向唐廷投降之人，并组织群臣在邺城之南办了一场歃血为盟的仪式，但人心离散的局面并未得到有效扭转。

为扭转不利局面，乾元元年（758）四月，安庆绪命蔡希德、崔乾祐等率步骑2万，渡过沁水攻击由大唐河西节度副使李嗣业镇守的河内郡，结果无功而返。

困顿之际，伪燕朝廷内部也是纷争不止，此时原本负责筹谋的严庄已向唐廷投降，安庆绪继续耽于享乐，高尚、蔡希德、张通儒等实权大臣互相争斗，不久蔡希德受张通儒谮言被杀，麾下数千人逃散，被任命为天下兵马使的崔乾祐性格刚愎、残酷好杀，诸将怨怒、士卒离心的趋势愈演愈烈。

乾元元年（758）九月，唐廷调遣朔方节度使郭子仪、淮西节度使鲁炅、兴平节度使李奂、滑濮节度使许叔冀、镇西北庭节度使李嗣业、郑蔡节度使李广琛、河南节度使崔光远及平卢兵马使董秦，合计20万大军进讨安庆绪，又命河东节度使李光弼、关内及泽潞节度使王思礼率军助战。

九大节度使外加一个兵马使，几十万大军同时集结，又值安庆绪困顿之际，胜负形势在开战之前已很明了，唐廷也期望能够借此一战定乾坤，彻底解决叛乱问题。

然而唐肃宗的一个神操作却让人大跌眼镜！

几十万联军分属十路，从不同方向进围相州，设立指挥中枢并进行统一调配是第一要紧的事情，并且九大节度使外加一个兵马使中也有特别的能人，那就是郭子仪和李光弼。

叛乱爆发后，协同作战方面，郭子仪、李光弼共同取得过嘉山大捷；独当一面上，李光弼率军取得了太原保卫战的大胜，郭子仪统兵先后收复西京长安和东京洛阳，被唐肃宗亲执双手赞曰“吾之家国，由卿再造”。不管是将进击相州的统一指挥权交给郭子仪还是李光弼都是合适的选择。

但唐肃宗偏偏就在选择郭子仪还是选择李光弼上有了嘀咕犯了难！

郭子仪、李光弼都在平叛中立下了赫赫战功，唐肃宗却得出了二人皆为元勋、难相统属的结论，既不肯选择郭子仪也不愿选择李光弼，竟然不给联军设立元帅。更让人大跌眼镜的是，他竟然任命开府仪同三司宦官鱼朝恩为观军容、宣慰、处置使，承担起了居中协调的职责。

唐肃宗的这一系列操作，或许可以解释为他被安禄山凭借强大武力发动的叛乱给吓怕了，生怕毕其功于一役的相州之战再造出一个类似于安禄山的强大军人，所以干脆自己亲自指挥，但皇帝直接上前线又不现实，于是派了个亲信宦官作为提线木偶替自己前去。

先不说鱼朝恩能否忠实履行提线木偶的角色，即便能够履行，他一个久居内宫的宦官有能力在前线把十方诸侯给协调好吗？

乾元元年（758）十月，郭子仪率军从杏园渡过黄河进击获嘉，在此地大败安太清，取得斩首4000人、俘虏500人的战绩。安太清战败之后退保卫州（治所在今河南省卫辉市），郭子仪乘胜追击进围卫州。随后，淮西节度使鲁炅率军从阳武，郑蔡节度使李广琛、河南节度使崔光远率军从酸枣分别渡过黄河，与郭子仪会师并共击卫州。

卫州被围后，安庆绪急忙调派邺城的7万兵马倾力救援。他将援军兵分三路，上军由崔乾祐统率，下军由田承嗣统率，中军由自己亲自坐镇，同时向卫州扑来。

对于安庆绪的来援，郭子仪设下伏兵之计。他选派了3000名精锐弓箭手埋伏于矮墙工事之中，部署道："接战之后我会假装后退，叛军必然追赶上来，进入伏击圈后你们就跃上墙头，擂鼓呐喊、万箭齐发。"

接战之后，叛军果然中计，追逐佯败的郭子仪至伏击圈后，在唐军的乱箭之下死伤惨重、被迫后撤。郭子仪回头追击，将安庆绪杀得大败而逃，不但一举攻克卫州，而且成功擒杀了安庆绪的弟弟安庆和。

从卫州败退后，安庆绪被郭子仪的大军一路追至邺城地界，此时滑濮节度使许叔冀、平卢兵马使董秦、关内及泽潞节度使王思礼、河东兵马使薛兼训也率军抵达。

安庆绪收拾残部在愁思岗进行抵抗，试图稳住阵脚，但被唐军再次击败，在付出3万人被歼灭、上千人投降的代价后只得龟缩进邺城固守。

邺城被郭子仪、许叔冀、董秦、王思礼、薛兼训等人围住不久，李光弼也率领大军赶了过来，安庆绪走投无路之下只好以让出伪燕皇位为条件，派部将薛嵩前往范阳向史思明求救。

史思明年轻时曾干过一段“捉生将”的营生，当时隶属于后来做到平卢军使的特进乌知义，因为能言善辩且骁勇善斗，得到乌知义的赏识和善待，因此史思明对乌知义也留存了一份感激之情。

安史之乱爆发后，时任信都太守的乌知义之子乌承恩向史思明投降，史思明虽将其押送至安禄山处，但因故人之谊，在乌承恩得到安禄山的赦免后将其引为亲信。劝说史思明向唐廷投降的裨将乌承玼则是乌承恩的族弟。

至德二载（757）年底，史思明向唐廷纳降后，本人并未离开范阳，麾下军队依然在其掌握之中，而且其和叛军的暗中联系并未中断，在范阳募兵的步伐也未停下。

李光弼虽曾联络和劝降史思明，但他也清楚史思明的纳降不过是权宜之计，因此一直在寻找除掉史思明的快捷办法。最终，他选择了乌承恩。

史思明向唐廷纳降之前，乌承恩已先反正。史思明纳降之后，李光弼乘机说服唐肃宗安排乌承恩陪同宦官李思敬一起前往范阳宣旨慰劳。临行之前，唐肃宗暗中提任乌承恩为范阳节度副使，又让其携带赐给阿史那承庆的免死铁券，令其到范阳后联络阿史那承庆共图史思明。

唐廷的谋划不失为一条路径，问题在于乌承恩似乎并不怎么心思缜密，抵达范阳后，他一方面广散私财招揽部曲，另一方面多次趁夜色穿上妇人衣服，大概打扮成歌舞伎一类的形象混入史思明麾下诸将的营垒进行游说，这些举动几乎是半公开地进行，焉能不泄露出去，很快便传到了史思明耳朵里。

史思明对乌承恩图谋自己之事半信半疑，决定派人详查。过了一段时间，宦官李思敬在河北的任务告一段落，乌承恩与其回长安奏报完毕后再度回到范阳，史思明佯装客气地将乌承恩留宿于自己的府邸之中，并且还给了他一个惊喜，把他在范阳任职的小儿子也接过来同住。

乌承恩父子久未见面，如今重逢甚是高兴，二人在客房中叙谈至半夜仍未休息。大概是感觉到夜深人静了，乌承恩压低声音告诉儿子："我受朝廷之命要除掉史思明这个逆贼，事成之后节度使就是我的了！"

乌承恩自以为这话说得神不知鬼不觉，却不知史思明早已安排了两个人躲在床下偷听。床底下的两人蜷缩了大半夜，现在终于听到了关键信息，突然从床底下钻了出来，大声叫喊着冲出房去。乌承恩父子还没怎么做出反应，已然成了史思明的阶下之囚。

史思明将人拿住后，仔细搜查了乌承恩的行囊，从中翻出唐廷赐给阿史那承庆的免死铁券以及李光弼发给乌承恩、上写"阿史那承庆事成之后才能将铁券给他，不成则不能给他"的文书。同时，还翻出了一本数百页的记录册，上面写的都是史思明麾下大将的名字。

人证物证俱全，乌承恩辩无可辩，对于史思明“我有什么对不起你的，你竟然如此对我”的责问，只能如实招供：“我罪该万死，这些都是李光弼的主意。”

史思明随后将范阳众将官召集起来，西向跪倒并大哭：“臣率13州之众投降朝廷，哪方面对不起陛下了，陛下竟然要杀臣！”随后乌承恩父子被棒杀，连坐而死者达200余人，仅有乌承恩的族弟、之前曾劝说史思明向朝廷投降的裨将乌承玼成功逃脱至太原，其后在李光弼的举荐下被唐廷任命为昌化郡王充石岭军使，算是给了乌氏一个交代。

杀完乌承恩等人后，史思明又将宣旨宦官李思敬囚禁起来，并上书唐廷细数乌承恩、李光弼等人的图谋，要求唐廷给个说法。接到上书的唐肃宗再次表现出了薄情寡义的一面，他派往范阳的中使宦官将事情一股脑都推到了乌承恩身上，安抚史思明道：“这些并非朝廷和李光弼的意思，都是乌承恩自筹自划为之，你将他杀掉这事干得很好。”

唐肃宗希望能将这事糊弄过去，史思明可不傻，他赶紧将麾下将领聚集起来，向大家分析“咱们这些跟从安禄山造反的人在朝廷那里断无活理”；又根据众人意见再次上表，要求唐廷将指使乌承恩谋害自己的李光弼处死。

史思明将起草奏表的任务交由之前劝他投降的判官耿仁智及其幕僚张不矜负责，两人很快按要求起草完毕并由张不矜呈给史思明审核，其中一句写着“陛下如果不替臣诛杀李光弼，臣就自带大军亲自去太原诛之”，这无异于公开宣布要再次造反了。

史思明对这句话很是满意，令将草表交由誊写人员按格式要求誊写完毕后送往唐廷，但之前曾劝说史思明投降唐廷的耿仁智要了个小心眼，在交表之前将前述文字都给删掉了，不料被誊写人员向史思明告发，耿仁智连同张不矜由此招来了杀身之祸。

耿仁智长期跟随史思明，颇受看重，史思明有心放他一马，临刑之前令人将他押至面前问了一句：“我用你快 30 年了，今日杀你不算有负于你吧？”

耿仁智高声大喊：“人总有一死，我尽忠义而死，死得其所。跟着你造反，不过是苟延残喘年岁罢了，还不如现在就死来得痛快！”随即被暴怒的史思明下令以棍棒乱捶，脑浆迸裂而死。

耿仁智删除奏表中要求诛杀李光弼的文字虽为忠义之举，其实大可不必。史思明之前奉表纳降本就是权宜之计，纳降之后与唐廷之间也无信任可言，乌承恩被抓之际他再次造反的决心已定，要求诛杀李光弼的上表与其说是向唐廷要说法，还不如说是对麾下将领的动员令，甚至可以说是向唐廷宣布再次造反的布告书，至于里面具体写些什么内容反而不是第一位的。

因此，耿仁智和张不矜死后，史思明有没有重写奏表并把被删掉的文字再次添加进去就不那么重要了，他当然知道唐肃宗不可能为他杀掉李光弼，接到上表的唐廷也知道从此之后史思明不可能再听号令了。

以上表求诛李光弼为宣言，史思明降而复叛已成定局，他要等待的只是个合适的出兵时机而已。几个月后，被围邺城的安庆绪以让出伪燕皇位为条件派薛嵩来范阳求救，史思明等待的出兵时机就此到来。

四、邺城会战：叛乱进入下半篇

乾元元年（758）十月，史思明在范阳整顿了 13 万兵马准备救援邺城。出于谨慎考虑，他派遣骁将李归仁率领 1 万人马先期进驻距离邺城约 60 里的滏阳（故治在今河北省磁县），隔漳水与邺城形成遥相呼应之势，也为接下来进一步的军事部署打前站。

十一月，唐河南节度使崔光远攻克相州以东的战略要地魏州（故治在今河北省大名县东北），史思明在邺城更加孤立之际决定倾师出击。他将麾下军队分为三路，一路出邢州和洺州，一路出冀州和贝州，中路由自己亲自指挥经洹水扑向魏州。

史思明大军抵达魏州地界后趁着崔光远立足未稳之际发起进攻，崔光远派遣麾下骁将李处崟率军迎击，结果连战不利之下被迫退回城内，叛军紧追不舍直达魏州城下后冲着城上大喊："是李处崟把我们叫来的，我们来了之后他怎么又不出来了？"

崔光远也不知道哪根筋搭错了，居然听信叛军叫喊把李处崟当作内奸给腰斩了。其麾下像李处崟这样善战的骁将本就不多，如今又蒙冤惨死，顿时便泄了守城将士们的斗志。

十二月二十九日，崔光远在交战不利的局面下弃城逃回汴州。

攻陷魏州后，史思明干了两件大事，一是大开杀戒以示报复，令城内3万军民成为乱世亡魂；二是于两天之后即乾元二年正月初一，在城北筑坛称王，号“大圣燕王”。随后，他在魏州盘踞下来，并不急于采取进一步行动。

对于史思明在魏州的静止不动，李光弼敏锐地向唐肃宗指派的联军观军容、宣慰、处置使鱼朝恩进言：“史思明攻占魏州后按兵不动，意在等待我军懈怠并趁我不备之时发动突然袭击。请让我的河东军与朔方军联合进逼魏州，其有鉴于之前嘉山大败的教训，必然不敢轻易出战，这样可将其长时间稳在魏州不出，得不到援助邺城和安庆绪便能顺利拿下。”

李光弼眼光独到、谋划得当，只可惜唐肃宗派来担任联军实际总指挥的宦官鱼朝恩既非将才，更非帅才，他此时认定的首要任务是赶紧攻下邺城并擒获贼首安庆绪，对史思明根本不感兴趣，因此他坚决不同意分出围攻邺城的精锐去进逼魏州，可叹李光弼空有一身谋略却毫无办法施展。

按照鱼朝恩的指挥，联军继续围攻邺城，一时之间收效不大倒也罢了，在收复长安之战中于军队阵脚不稳之际奋勇反击、立下大功的镇西北庭节度使李嗣业还被流矢射中，救回营中休养数天后突然听见金鼓之声传来，知道阵前又在开战的他情不自禁大喊助阵，结果尚未痊愈的伤口突然迸裂，血流数升而卒，麾下兵马只得临时交由兵马使荔非元礼指挥。

转眼到了二月，郭子仪等联军在邺城外筑起三道垒墙、挖出三道壕沟，随后引漳河之水灌城，将邺城变成一片泽国。城内很多人虽然被逼得在木架上搭棚而居，但联军也无力在短时间内攻破城池，并且灌城之水还意外带来了一个副作用，即城内一些准备投降的人被大水所阻，想跑也没办法跑出来。

从乾元元年（758）十月到乾元二年（759）三月，安庆绪率军在邺城坚守等待史思明来援达 5 个月之久，粮食耗尽之后抓老鼠卖钱四千，将糊墙的麦秸秆泥铲掉找寻可食用的麦壳，淘洗马粪收取未消化完的残渣，状况惨不忍睹，斗志日渐衰竭。

唐廷组织的围城联军号称有 60 万之众（实际 20 余万人），眼见邺城之内日益窘促，都以为破城指日可待，却不料因为朝廷不设统帅导致大军调度无方、进退失序，战斗力大打折扣，久攻不克之下士气竟然也和城内守军一样走向了衰竭。

攻守双方皆士气不振，在魏州作壁上观的史思明开始坐收渔翁之利。他率领魏州兵马向邺城进发，但并不急于进攻，而是令诸将在距离邺城 50 里处扎营，每处军营安排 300 面军鼓同时敲响，既壮己方声势，又坚邺城守军之心。

随后，史思明对唐军开启了骚扰模式。他令每座军营选出精骑 500 人，有如土匪一般在邺城附近出没，见什么抢什么，唐军每天被抢走和毁坏大批人马牛车，连砍伐做饭的柴火都变得日渐艰难。愤恨之下，唐军也曾派人拦截打击，无奈叛军骑兵皆为精锐，唐军出则叛军走，唐军退则叛军出，白天守卫森严则叛军晚上来，晚上守卫森严则叛军白天来，被搅得苦不堪言。

除在邺城附近骚扰之外，史思明还把精力放在了破坏唐军的粮食补给上。他派出大批青壮年军士乔装打扮成唐军模样，混入来自江、淮和并、汾的运粮队中，冒充唐军对运粮之人苛责相待，以其动作太慢为由动辄打骂甚至随意杀人，弄得运粮队伍怨声载道、又恨又怕，粮食转运效率受到的影响可想而知。

除了折磨运粮队伍之外，冒牌唐军在运粮车船集中的驿站、码头等地一旦觅得机会便秘密纵火，将大批军粮烧毁，这些人有着自己的接头暗号，可以忽聚忽散，唐军对其却难以辨认，完全无可奈何。

多方骚扰打击之下，唐军军粮的供应日益短缺，军心日益离散。史思明终于等来了他要等的战机，亲率主力直趋邺城城下，与攻城唐军展开生死决战。

乾元二年（759）三月初六，号称60万的20余万唐军在安阳河北岸列阵，史思明亲率精兵5万与唐军对垒，因为其人数比唐军少了太多，各路唐军远远望见叛军开过来时都以为只是小股游军，根本没当回事，直到这所谓的“游军”发起进攻时，大家才知道根本就不是自以为的那回事。

史思明率军奋勇向前，首先遇到的是河东节度使李光弼、关内及泽潞节度使王思礼、滑濮节度使许叔冀、淮西节度使鲁炅的军队，双方全力拼杀之下皆付出了伤亡过半的代价，但淮西节度使鲁炅被流矢所伤，故相对而言唐军损失更大。

李光弼等四路节度使迎战史思明之际，郭子仪率军紧随其后准备加入战场，没想到的是朔方军尚未完成布阵，一场大风突如其来，直吹得战场上飞沙走石、树木倒伏，以至于天昏地暗、咫尺之间难相辨认。

狂暴天气的突袭之下，交战双方皆受惊溃散，官军向南溃退、叛军向北溃退，两军的盔甲器械和战车辎重均丢了一路。

由 10 支军队组成的围攻邺城联军中，仅有河东节度使李光弼、关内及泽潞节度使王思礼及时整顿部众得以顺利撤退，即便是郭子仪军也付出了战马万匹仅剩三千、甲仗 10 万丢失殆尽的沉重代价，其余七军皆在损失惨重之下向本镇溃退。溃军一路上掳掠剽窃达 10 余日之久，曾在南阳保卫战中血战守城的淮西节度使鲁炅更因为所部残暴尤甚遭到朝廷降职处分，羞愧无据之下仰药自杀。

为保障东京洛阳的安全，郭子仪在后撤途中下令拆断河阳桥以阻叛军，即便如此洛阳也是举城惊惧，士民纷纷逃进山谷藏匿，东京留守崔圆、河南尹苏震等官员更是弃城逃奔襄阳和邓州。

混乱之下，郭子仪经河阳一路退到缺门（在今河南省洛阳市新安县以西）才暂时稳住阵脚。他虽在此地很快收拢起了溃散下来的数万人马，但大多已成惊弓之鸟，讨论进一步的行军路线时很多人都主张放弃东京退保蒲、陕，幸而都虞候张用济站出来据理力争，郭子仪才决定回师并守住了河阳。

史思明的军队也被狂风惊散，但他很快就将军队重新收拢并回师邺城以南驻扎下来。此时邺城之围已解，但史思明继续按兵不动，既不与邺城的安庆绪联系，也不去追击溃散的唐军，只每日在军营中犒劳将士，实际对安庆绪形成了强大的军事威慑。

邺城叛军在唐军溃退之后从其军营里抢回了六七万石粮食，缺粮问题迎刃而解。面对史思明的按兵不动，手中有粮的安庆绪底气也增强了不少，他召集孙孝哲、崔乾祐等商议对策，打算推翻之前让出伪燕皇位换取史思明来救的承诺，意图闭城不出与史思明形成对峙。

令安庆绪没想到的是，他闭城不出以拒史思明的意见遭到了大多数将领的反对，大家纷纷表示："难道我们还有能力悖逆史王吗？"张通儒、高尚更是直言："史王远道而来，臣等都应该迎接并向他谢恩。"

至此，安庆绪知道自己大势已去，无可奈何地说了句："你们想去就去吧。"

张通儒、高尚赶紧跑去史思明军营拜谢外加归附，史思明倒是客客气气地招待他们，并以厚礼打发他们回城，想以此给邺城里尚在观望的安庆绪打个样，没想到一连等了三天都没见到安庆绪的人影，坐不住的史思明终于出手了，他秘密联络安庆绪手下的大将安太清，让其进言诱导安庆绪向自己服软。

在安太清的一番劝导之下，绝望的安庆绪只能听从摆布，让安太清带着降表去见史思明，表示愿意向史思明称臣并请史思明入城接受作为伪燕皇位信物的玺绶。

安庆绪的上表正是史思明需要的，他虽然嘴上说“何至如此”，但转手就向麾下兵将们作了展示，随后又亲笔给安庆绪回了一封信，表示双方可以成为兄弟之国，今后应该互相支援，称臣一事实在不敢接受，同时将安庆绪的上表封装好后原样还了回去。

安庆绪本来以为自己的皇位保不住了，没想到史思明不但不接受“禅让”，还愿意以兄弟之国平等待他，这实在令他大喜过望，赶紧又派人去史思明那里，表示打铁趁热，我们现在就歃血为盟结为兄弟之国如何？史思明对此满口答应。

安庆绪高高兴兴地带着自己的兄弟亲信和三百骑兵很快就到了史思明军营，准备行歃血为盟之礼，不承想进入军营后看到的竟是刀剑出鞘、箭上弓弦的全副武装，哪里有半点准备结盟的样子？

安庆绪头脑再简单，此时也明白着了史思明的道，但已经羊入虎口、逃无可逃了，只能赶紧向史思明再拜稽首道：“臣不堪大任，弃失东西两京且久陷重围，没想到大王会看在太上皇的分上远道来救，让臣得以死而复生。对于大王的不辞劳苦、不顾身体，臣实在无以为报。”

史思明看着眼前的这个可怜虫，突然暴跳而起，大声斥责：“丢失东西两京有什么可说的，你身为人子却杀父并夺取其位，这才是天地所不容的事情。我是在为太上皇讨伐奸贼，岂能受你的谄媚蒙蔽！”

言罢，史思明令左右将安庆绪拿下，连同其4个弟弟以及鼓动安禄山起兵叛乱的重要谋臣高尚，曾在潼关之战中大破哥舒翰并导致盛唐局面终结的悍将崔乾祐，曾经深受安禄山宠信并在长安对李唐宗室大开杀戒的孙孝哲等人一并诛杀，只放过了张通儒、李庭望等少数几人并继续授官留用。

随后，史思明率军进入邺城，将安庆绪麾下的地盘和兵马全部收归帐下，令安太清率兵五千攻取并留守怀州，令其子史朝义把守相州，自己则率主力返回大本营范阳，进一步巩固统治根基。

唐肃宗当初拒绝李泌的周密谋划，急功近利弃范阳而不攻，导致史思明继安禄山之后再凭此地坐大，并进而导致叛乱延续了更长时间。

史思明不费一兵一卒将安庆绪拿下，叛军首领由安氏正式变更为史氏，安史之乱也正式进入了下半个篇章。

第七章

河阳鏖兵到变乱落幕

一、河阳鏖兵：光弼思明再斗法

乾元二年（759）四月，解决掉安庆绪并返回大本营没几天的史思明在范阳正式称帝。当初安禄山在洛阳称帝时所定国号为“燕”，自号“雄武皇帝”，史思明则自称“大燕皇帝”，同时改年号为“顺天”、改范阳为燕京，其余麾下将领加官晋爵，当初不嫌其丑且号称“嫁人就嫁这个人”的正妻辛氏被立为皇后、儿子史朝义被立为怀王等事不必细说。

史思明在范阳称帝及封赏后不过 3 个月，唐廷也发生了重要的人事变动，郭子仪的兵权被褫夺了。

邺城会战以失败告终，组成联军的10支唐军都有责任，但最主要的原因还是唐肃宗不设统帅并派了一个宦官鱼朝恩前去做总协调。这个鱼朝恩一方面在邺城会战的过程中拒绝采纳李光弼的意见，不同意抽兵围困魏州以令史思明难救邺城，对最终的邺城溃败负有重要责任；另一方面他又特别嫉妒郭子仪，在邺城战败后跑到唐肃宗面前添油加醋诋毁郭子仪，终于说得唐肃宗采取了行动。

乾元二年（759）七月，唐肃宗将郭子仪从前线召回长安并免去重要军职，以第二子赵王李系为天下兵马元帅，以李光弼代郭子仪为朔方节度使、天下兵马副元帅。八月，又以李光弼为幽州长史、河北节度使等职。

代替郭子仪为朔方节度使后，李光弼立即率领五百精骑马不停蹄赶往洛阳并连夜驰入朔方军营，声称叛军正在窥伺洛阳，自己将率军东出扼守武牢关，令朔方兵马使张用济立即整顿军队，做好出发准备。

邺城大败后曾力劝郭子仪守河阳、保洛阳的张用济对由治军严厉的李光弼来领导朔方军很是不喜，私底下撺掇众将领故意逗留不进，有意给李光弼使绊子。李光弼毫不含糊，在张用济过了规定时间单骑入见时，一把将其拿下并斩首示众，随后又传令朔方军悍将仆固怀恩来见。有了前车之鉴，仆固怀恩动作迅捷，早早地就站到了李光弼面前。长期由郭子仪治理的朔方军由此被一举收服，并且在李光弼的治理下军纪更加严明。

李光弼和史思明这对老冤家随后开启了又一次的正面对决。

乾元二年（759）九月，史思明大举调兵遣将，以少子史朝清留守范阳，命治下诸郡太守各率兵三千跟随自己向黄河以南进军。其大军分成四路，一路由令狐彰率领从黎阳渡河攻打滑州，另外三路分别由史思明亲自率领从濮阳、其长子史朝义率领从白皋、其部将周挚率领从胡良渡河并会于汴州。

正在巡视驻军营地的李光弼听到史思明大举南下的消息后，快马加鞭返回汴州并告诉汴滑节度使许叔冀："大夫如果能在汴州坚守 15 日，我就会率兵来救。"

得到许叔冀的拍胸脯保证后，李光弼放心地回赴东京洛阳。令他万万没想到的是，许叔冀在汴州与史思明仅仅一战不胜之后，就带着平卢兵马使董秦及其将领梁浦、刘从谏、田神功等人举了白旗。

史思明对许叔冀等人的投降很是高兴，让许叔冀与自己的部将李详一起继续把守汴州，厚待董秦但将其妻儿送到长芦作为人质，又让自己的部将南德信会同梁浦、刘从谏、田神功等人赴江淮一带拓展地盘。

没过多久，被史思明封为平卢兵马使但不甘委身叛军的田神功抓住机会袭杀南德信，又攻击并赶跑了刘从谏，尽收二人兵马后归顺了唐廷。

田神功是冀州南宫县人，出身贫寒，早年做过县吏，后来从军并累积军功成为董秦帐下的重要将领。袭杀南德信、赶跑刘从谏并归顺唐廷后，唐肃宗封其为平卢都知兵马使并让其驻扎于任城。

上元元年（760）末至上元二年（761）初，田神功发兵平定了宋州刺史刘展在江淮一带的叛乱，为确保唐廷来自江淮的赋税供应作出了重要贡献。不过在平定刘展之乱的过程中，田神功也曾在广陵、楚州等地纵兵劫掠财货、大肆盗掘坟墓并杀害胡商数千人，使得两地遭遇了重大浩劫。

因为平定刘展之乱有功，田神功晋封为淄青节度使，不久移镇兖郓，其后在唐廷平定安史之乱的过程中多次立功，得以晋封信都郡王，出任河南节度使、汴宋等八州观察使，一定程度上可谓承继了张巡、许远血战睢阳，保卫江淮的功德大业。

除田神功反正外，董秦也在不久之后的河阳攻防战中找到机会，率领五百兵将趁夜从叛军营地突将出来，投降了李光弼。

攻陷汴州后，史思明又乘胜西进攻下了郑州。回到洛阳的李光弼问东京留守韦陟："叛军乘胜而来，我军难以与其正面争锋，只能用计退敌，但当前的洛阳粮食匮乏，难以守住，你有什么好的计谋？"

韦陟回答："应该增加在陕郡的兵力部署，您可亲率主力退守潼关，凭借潼关天险挫敌锐气，是为长久之计。"

李光弼不以为然："两军交战，尺寸之势必争，我们主动放弃 500 里地域退至潼关，岂不令叛军的气势更加高涨？为今之计，应该将大军移往河阳，此地北连泽、潞，胜可进攻、败可退守，叛军在我形成的内外呼应之势下必然不敢西侵，此之谓能攻能守、可进可退的猿臂之势。”

兵马判官韦损则质疑：“东京乃是帝王之宅，怎么能放弃呢？”

李光弼反问：“要防守东京，就必须分兵把守汜水、崿岭、龙门等多个地方，你是兵马判官，问问自己能守得住吗？”

韦陟、韦损皆哑口无言，战略性放弃洛阳、移师河阳的决策就此定下。随后李光弼令韦陟带领洛阳的大小官员主动撤往长安，令河南尹李若幽带着洛阳城里的吏民主动撤往城外避难，又令将士将洛阳城里的油、铁等战备物资转运至河阳加强守备，自己则亲率500人负责断后。

转运尚在进行中，流动作战的小股叛军就已抵达洛阳东北的石桥镇，众将在敌军迫近之际请示李光弼：“现在这种情况，我们是绕道从北面出城避敌，还是继续向石桥前进？”

紧急时刻李光弼毫不犹豫、意志坚定地下令：“继续向石桥前进！”

在李光弼气定神闲的指挥和压阵之下，唐军继续按照原定计划将各种战备物资向河阳转运，即便夜色到来之后李光弼也依然镇定自若，令人点起火把继续稳步前行。叛军先锋部队人少外加心中没底，虽然一直尾随在李光弼的后面，却不敢迫近半步。最终唐军有条不紊地进了河阳城，只将一座洛阳空城留给了史思明。

回首4年前的天宝十四载（755）十二月，封常清在洛阳不守的情况下退至陕郡，与率领5万“天武军”的高仙芝合计后全军退入潼关，这才有了后来潼关破防、玄宗出逃之事，与李光弼所说的主动弃地500里令叛军气势更加高涨的情形完全相符。4年后面临同样的形势，韦陟的主张与封常清、高仙芝如出一辙，但李光弼却选择移师河阳与叛军对决，避免了将大唐安危再度系于潼关一险之上。

实际上李光弼移师河阳之时的情况并不比4年前封常清、高仙芝面临的形势乐观多少。虽然当初封常清、高仙芝所率均为临时招募的乌合之众，现在李光弼所部却是朔方军精锐，但移师河阳之初李光弼可用的守城之兵才仅2万人，军粮更是只够10天之用，然而在其巡视阅兵和严加部署之下，河阳城很快就变得城坚兵利。

两相比较，李光弼无论在战略眼光还是在统兵部署上都要远超同为名将的封、高二人，史书称其在平定安史之乱的过程中“行军治戎，沉毅有筹略，将帅中第一”，实非虚言。

河阳城又称河阳三城，实际由横跨黄河、以浮桥连接的3座城堡组成，其中建在河北岸的城堡称为北中城，建在河中沙洲上的称为中潬城，建在河南岸的称为南城，是洛阳的重要门户和攻防要塞。

李光弼移师河阳后，史思明很快率军进入洛阳，但在一座空城面前几乎没什么好处可捞，身居河阳要塞的李光弼又让他如芒在背，只能舍弃皇宫不住转而退到洛阳东北郊、白马寺以南的地方驻扎下来，然后在河阳城以南修筑月城与李光弼形成对峙之势。

十月，史思明调军进攻河阳，首先派骁将刘龙仙到城下挑战。刘龙仙自恃勇猛，骑马跑到城外河对岸，把右脚从马镫里抽出来架在马脖子的长毛上，摆出一副悠闲傲慢的姿势，然后对河阳守军主将李光弼进行谩骂羞辱。

李光弼站在城楼上盯着刘龙仙看了半晌后回头问众将："谁能将此人拿下？"悍将仆固怀恩第一个站了出来，李光弼却摆手让他退下："这种事不应该由大将去做，换个人。"

在众人的推举下，裨将白孝德也摩拳擦掌准备出城捉人，并且在李光弼问他需要带多少随从时回答："我一个就够了！"李光弼很是赞许，拍背鼓励后遣其出城拿人，同时选派了五十精骑跟在后面作接应，并令大军在城上做好助威准备。

白孝德腋下夹着两支长矛，策马涉水而进，才走到河中间时仆固怀恩已在城上向李光弼道贺，理由是："看其揽辔绳的姿势十分放松，可知他必定功成。"

河对岸的刘龙仙眼见白孝德一骑独进，完全是来送死的架势，心下轻蔑不已，张弓搭箭正准备射出时，却见白孝德向他摇手示意，似乎并非要来交战的意思，情况不明之下，刘龙仙反而不敢轻举妄动，便暂时将弓弦松开并静观其变。

白孝德进到刘龙仙面前10步时终于开口说话，刘龙仙这才搞清楚白孝德之前的摇手并不是要给自己带来特别惊喜，便再次开口骂人。

白孝德勒缰立马盯着刘龙仙看了良久，突然瞠目喝问："叛贼认识我否？"刘龙仙回问："你是何人？"白孝德道："白孝德是也！"刘龙仙骂道："是什么猪狗东西。"白孝德不再废话，手舞长矛大喝前冲，河阳城上众军士一起擂鼓呐喊，负责接应的五十精骑也从后面冲了上来。

因为和白孝德离得太近，刘龙仙在短兵相接上来不及招架，弓箭也来不及拉弦，又见唐军跟进的五十精骑伴随河阳城上的阵阵助威之声转眼就要杀到，肝胆俱寒之际回马欲从河堤上逃跑，慌不择路之下被白孝德从后赶上一刀斩下头颅并带了回去，刘龙仙不仅为自己的傲慢和轻敌付出了生命代价，甚至连全尸都未能留得。

第一次对话损失骁将刘龙仙后，史思明和李光弼继太原攻防战之后又在河阳开始了各种斗法。

史思明军中有良马千余匹，他让人把这些战马分成数队，每天轮流驱赶到黄河南边的水湾里洗刷，意图给北岸唐军制造一种洗浴循环不止、战马数量庞大的错觉。

李光弼命人把军中的母马集中起来，先把这些母马的马驹在城内系好，等史思明的战马再次来到河湾洗刷时再把母马全部牵到城外，看不见马驹的母马顿时齐声嘶鸣，河对岸正在洗刷的史思明战马被河阳母马的叫声所吸引，一起渡河游了过来，很快便被唐军驱赶进了河阳城。

被李光弼以“美马计”忽悠走大批战马的史思明暴跳如雷，下令调集数百艘舰船顺流而下发起进攻，并在舰队的最前面安排了火船队，试图以火船烧毁河上浮桥，再以战舰后继进攻，切断河阳三城之间的联系后再逐个攻破。

提前预判的李光弼早已在浮桥上安装了数百支长竿，竿的前端用防火毡布裹住并绑着铁叉，后端用巨木作为支撑。史思明的火船尚未碰到浮桥便被伸出的长竿所阻，进不能进、退不能退之下很快被自身的大火反噬，全部烧毁。后面跟进的舰船同样也被铁叉所阻，唐军又从浮桥上发射石炮进行还击，被叉住无法动弹的舰船犹如固定靶子一般被动挨打，很多都被石炮砸毁沉没，大败而归。

史思明又屯兵于河清，意图断绝唐军粮道。李光弼亲率大军前往野水渡驻扎防备。到了晚上，李光弼悄悄回还河阳，只留了1000人继续留在野水渡，临行前吩咐留守将领雍希颢：“贼将高庭晖、李日越、喻文景皆有万人不挡之勇，史思明必然会安排其中的一人率军前来对我进行劫杀。我先回河阳，你在此等待，贼军来后不必迎战，如果投降可带着他们同回河阳。”

雍希颢等人根本不相信叛军来后会有投降之事发生，又不敢当面反驳，只能暗暗偷笑统帅迂腐。哪承想李光弼料敌如神，史思明果然派遣李日越率军赶赴野水渡并在临行前下了死命令：“李光弼善于守城，跑到野外却无异于束手就擒，你率铁骑于凌晨渡河将其拿下，若不成功，自己提头来见。”

李日越带着五百精骑于凌晨渡河，突然出现在唐军的营栅之外，本以为可以杀唐军一个措手不及，却不料隔着壕沟的唐军神情轻松，对着自己吟啸不已。

李日越莫名其妙之下忍不住喝问：“李司空何在？”答曰：“昨夜已走。”又问：“尔等现有多少兵马？”答曰：“1000人。”再问：“将领何人？”答曰：“雍希颢。”

李日越沉默思索良久之后，转头对部下说道：“我们要捉的李光弼已经溜了，今天就算能把雍希颢给捉回去，也免不了一死，不如投降了吧。”

李日越就这样向唐军投降了。不仅如此，史思明的另一员悍将高庭晖听说李日越投降后受到李光弼厚待并被委以心腹之任，也在不久之后觅得机会主动向李光弼投降！

众人对李光弼以退为进，不费一兵一卒就降服了李日越和高庭晖这两员悍将佩服得五体投地，有人忍不住请教原因，李光弼的回答是：“此乃人之常情，史思明最抓狂的便是没机会与我进行野战，听说我到了城外后必定认为可以将我一举擒获。李日越擒不到我，必然不敢回去。高庭晖智勇皆在李日越之上，听说李日越都能得到我的厚待和信任，必然认为自己来降后可以得到更多。”

高庭晖的心思早已被李光弼洞悉，李光弼倒也没让他失望，在史思明帐下只做到正六品五台府、果毅的他很快便得到李光弼的奏请，被唐廷封为正三品的右武卫大将军。

损失两员悍将后，史思明再次对河阳发起猛攻。

李光弼问负责镇守南城的郑陈节度使李抱玉："将军能为我坚守南城两天时间吗？"李抱玉问："两天之后呢？"李光弼答："过了两天救兵如果还没到，你想弃守就可以弃守了。"

李抱玉点头允诺并立即投身防守南城的战斗。叛军果然来势汹汹，南城很快陷入即将被攻破的险境。危急时刻李抱玉向叛军喊话："城中粮尽，明天我们就投降。"

叛军大喜之下收军回营，静待第二日李抱玉开城投降，却不料李抱玉在城内连夜组织人手修缮城墙、加固城防，天亮之后不但未开城投降，反而在城上大声挑战。气急败坏的叛军对南城发动了更为猛烈的进攻，但李抱玉已趁着昨夜对手懈怠之际部署妥当，关键时刻突出奇兵内外夹击给叛军以重创，确保了南城屹立不倒。

围攻南城无果后，叛将周挚转而率军大举进攻由李光弼亲自镇守的中潬城。李光弼之前已经在中潬城外安置了防守栅栏，又在栅栏外开挖了宽、深各二丈的壕沟，此时又令邺城之战中曾在镇西北庭节度使李嗣业阵亡后临时指挥其军队作战的荔非元礼率劲卒出击至羊马城，自己则登上中潬城东北角的高地瞭望敌情。

这一望简直吓了一跳，一方面叛军仗着人多，携带攻城器械滚滚而来，很快便将唐军开挖的壕沟填出了八道可以通过的土坝，随后又在防守栅栏上打开缺口，距离城墙越来越近。另一方面本该出兵阻止的荔非元礼对叛军之举竟然无动于衷。

李光弼立即派人去训问荔非元礼意欲何为，荔非元礼反问："司空大人是打算防守呢，还是打算迎战呢？"李光弼答："当然是迎战。"荔非元礼回话："既然准备迎战，叛军正好帮我们填平壕沟，我干吗还要去阻止？"李光弼对此很是赞赏，回道："壮哉，这一点我比不上你，你放手干吧！"

荔非元礼等到防守栅栏被完全打开后，带着敢死队冲出营地狠命冲击，很快便将叛军击退了数百步之远。考虑到叛军阵营坚固，荔非元礼小胜之后即引兵后退，准备等待叛军懈怠之时再度出击。

站在城上的李光弼望见荔非元礼莫名后退时勃然大怒，立即派人召其还城，要将其斩首示众。荔非元礼听见召令之后很不高兴，喊道："战况如此紧急，召我回去干吗？"带领敢死队继续退回栅栏但并未去见李光弼，等待一段时间后再次呐喊杀出，终于将来攻之敌击破。

叛将周挚倒也百折不挠，攻南城、中潬城先后无果后，转而又带兵去攻北中城。

李光弼率众进入北中城布置防守，他登上城墙眺望叛军部署，说道："贼兵虽然人多，但乱哄哄的不足为惧，日中之前我们就能将其击破。"随后令诸将率军出战，不料战事进展并不顺利，到了日中时分根本没有取胜的迹象。

李光弼将诸将召还并问：“贼军阵营中何处最难打？”众人回答：“西北角。”李光弼命大将郝廷玉率军去攻，郝廷玉请求拨给骑兵五百却只得到三百。李光弼又问还有哪里难打，众人回答：“东南角。”李光弼命大将论惟贞率军去攻，论惟贞请求拨给骑兵三百却只得到二百。郝、论两人无奈之下只得发一声喊，带人朝着各自的目标杀了过去。

李光弼随后命令诸将：“尔等看我的旗帜为号，如我的战旗挥动轻缓，你们于己怎么有利就怎么冲杀；如我的战旗连续三次从上往下急挥，则万众齐进、拼死前冲，敢退半步者斩。”

李光弼将一把短刀插入自己的战靴之中，激励众将道：“打仗乃危险之事，我是国之三公，不能直接死于贼军之手。万一战事不利，你们若阵前战死，我就在这里自刎以陪，绝不让诸君独死！”

诸将领命再度出战，谁知道没过多久带兵攻打西北角的郝廷玉先往回奔了过来。李光弼大惊：“郝廷玉后退，我军危险！”立即命刀斧手上前取其首级，意欲遏阻溃势。郝廷玉冲着刀斧手大喊：“我的马中箭了，不是要败退！”换上李光弼送来的新马后转头再度杀入敌阵。

另一边，仆固怀恩带着儿子仆固玚真的因为战事不利被迫后撤，可还没退两步便远远望见李光弼指派的刀斧手提着砍头刀飞奔而来，只好一咬牙又转头杀了回去。

稳住阵脚后，李光弼战旗连挥发出总攻号令，众将率军一齐前冲、拼死杀敌，一时间呼声震天、杀声动地，血战之下终于将叛军杀得大败溃散，阵前斩首千余人，俘获包括叛军大将徐璜玉、李秦授在内的500余人，另有上千人慌不择路之下跳入黄河溺亡。将河阳三城攻了个遍的周挚仅以数骑脱逃，伪河南节度使安太清也被迫退守怀州。

北中城大败之际，史思明正在调派军队进攻南城，李光弼下令将俘虏的五百叛军带到黄河岸边进行展示，史思明这才知道周挚、安太清等已然战败，只得率军退去。

二、邙山溃败：潼关旧事险重演

乾元二年（759）十月，史思明虽然攻打河阳失败，但损失未及根本，洛阳仍在其掌握之中，与唐军之间的杀伐也在继续。

十一月，唐廷发安西、北庭兵马屯于陕郡，强化了对史思明的防御。

十二月，叛将李归仁率铁骑五千进攻陕州，被唐神策兵马使卫伯玉以数百骑击退，仅战马就损失了600匹。其后李归仁又与被唐廷赐姓名为李忠臣的董秦在永宁、莎栅间多次缠斗，皆未能讨得便宜。

唐肃宗上元元年（760）正月，加授李光弼为太尉、中书令。二月，李光弼率军攻伐怀州，与史思明派来的救兵战于沁水之上，取得斩首3000余级的胜果。随后于三月在怀州城下击败安太清，四月在河阳西渚击败叛军并斩首1500余级。

六月，平卢兵马使田神功破史思明军于郑州。十一月，李光弼再攻怀州，经过百余日苦战，终于将怀州拿下并生擒了叛将安太清。

史思明虽然在陕州、郑州、怀州一带与唐军的缠斗中胜少负多，但仍有余力派田承嗣将兵五千至淮西、王同芝将兵三千至陈州、许敬江将兵两千至兖郓、薛鄂将兵五千至曹州扫荡外加扩展地盘。其中派往兖郓的人马于十二月被唐兖郓节度使能元皓击破。

大致上，经过邺城和河阳两场大战后，史思明控制了东京洛阳并不断对唐军发起进攻，历史似乎又回到了几年前安禄山攻占洛阳进而威胁长安的情形。对唐廷来说形势稍微好那么一丁点的是，当初封常清、高仙芝在洛阳失守后主动放弃陕郡退守至潼关，如今李光弼则移师河阳，将防线继续留在了洛阳附近。

但此时期长安城里的君臣们似乎已经忘记了当初唐玄宗急于收复洛阳，逼迫哥舒翰出战而致潼关惨败，进而皇帝仓皇出逃、家国几近倾覆的教训，又开始蠢蠢欲动了。

上元二年（761）正月，身在洛阳的史思明将自己的年号改为“应天”，此消息估计对唐廷造成了不小的心理冲击，长安城内的君臣将相们又开始了折腾之路。

为了引诱官军出战，史思明故意使人散布消息说：“洛阳叛军将士都是北方燕人，因为久居洛阳念家思归，当前已经上下离心，唐廷若立即调发大军攻伐，定可破敌。”

听的人多了，信的人也就多了，深受皇帝信任的陕州观军容使宦官鱼朝恩不但信了，而且凭借自己深受皇帝信任的便利，屡次向唐肃宗进言，鼓动出兵。

唐肃宗也信了，于是李光弼就变成了第二个哥舒翰，很快便接到了唐肃宗命他率军攻取东京的敕令。

李光弼赶紧上奏，指出："贼军兵锋依然锐利，绝不可轻敌冒进。"

当初哥舒翰在潼关遇到了杨国忠在长安以各种办法施压，如今李光弼在河阳也遇到了鱼朝恩在长安以各种办法施压。不仅如此，他在朔方军中的部下、此时已接替他任朔方节度使的仆固怀恩也站出来附和鱼朝恩。

仆固怀恩一则作为“九姓铁勒”仆固部首领，本就有些桀骜不驯；二则麾下所领皆为蕃汉劲卒，因战绩显赫又颇有些自恃功高。之前朔方军的统领郭子仪治军之风偏向宽厚，在一些小节上能宽容就宽容，令仆固怀恩过得很是顺心。李光弼的治军风格却十分严厉，稍有违规即遭严处，其代替郭子仪出任朔方节度使后，仆固怀恩一下子就变得不适应起来，对李光弼又怕又恨但只能忍气吞声，如今看到鱼朝恩倡议攻伐洛阳而李光弼反对，立功心切的他也上书支持鱼朝恩，力证东都可取之势。

朝中受宠信的大太监外加军中知名的大将军都表示东都可取，唐肃宗那颗躁动的心再也按捺不住，数年前传旨太监曾一批接着一批奔赴潼关催促哥舒翰领兵出击，如今传旨太监又一批接着一批奔赴河阳催促李光弼领兵出击，目标都是指向洛阳，历史似乎又回到了原点。

多道圣旨连下，李光弼终于扛不住了，他被迫命郑陈节度使李抱玉留守河阳，自己与仆固怀恩率河阳的朔方军主力，会同鱼朝恩及神策节度使卫伯玉所率驻扎在陕郡的军队一起攻伐洛阳。

唐军到达洛阳城北的邙山后开始列阵扎营，李光弼命令依险列阵，仆固怀恩却凭着自己朔方节度使的身份直接传令在平原处列阵。李光弼发现问题后，立即正告仆固怀恩："依险列阵，进可攻退可守，若在平原列阵，一旦失利则大势去矣，万不能小看了史思明。"

李光弼虽是唐军总指挥兼仆固怀恩的上司，但其朔方节度使之职已被仆固怀恩接替，此时对于朔方军的调配只能通过仆固怀恩去具体执行，但军权在握的仆固怀恩对李光弼依险列阵的命令根本不愿执行，依然磨磨蹭蹭地把军队留在了平原处。

唐军因何处列阵争论不定、阵形未稳之际，史思明大军已然扑了过来。叛军调度有方，唐军仓促应战，结果唐军遭遇大败，数千将士命丧沙场，军资、器械丢弃殆尽。

军败之后，李光弼、仆固怀恩率领朔方军残部渡过黄河退保闻喜，鱼朝恩、卫伯玉率神策军退回陕郡，留守在河阳的李抱玉也没能挡住史思明的反攻，很快弃城而走，李光弼苦心经营的河阳和耗费百余日方才攻克的怀州全部落入史思明之手。

消息传来，长安举朝震惊，赶紧将大批援军调往陕郡加强防守，不停祈祷潼关旧事可千万别再重演了。其实他们更应该庆幸才是，若非先前李光弼坚决否定退守潼关的意见并采取了移师河阳的举措，哥舒翰兵败、皇帝出逃的戏码说不定真的又要上演一遍了。

再次占据洛阳期间，史思明下令将之前被安庆绪草草安葬的安禄山改葬，削去其“太上皇”名头并改以王礼，同时给了安禄山一个“燕剌王”的恶谥，说明这次改葬并非念及故交之情，而是要为自己的“大燕皇帝”正名。

三、家贼再现：先囚后杀史思明

河阳和怀州失陷后，唐廷面临的形势虽然并没走到当初哥舒翰丢失潼关后的危险地步，但依然面临史思明大军继续西进的强大压力。

史思明将所部兵分两路，先锋部队由长子史朝义率领从北道攻击陕城，自己率领的主力从南道西进，试图再次拿下陕郡并攻占潼关。

史朝义是史思明长子，位晋怀王，长期跟随父亲在前线作战，此次又被委以重任统领先锋部队，道理上应该很受倚重才对，但他偏偏不入史思明的法眼，这位“父皇”更喜欢的是留守在范阳的小儿子史朝清。

因为喜欢的是小儿子，史思明一直想找个合适机会杀了史朝义并立史朝清为太子，这种想法在脑子里不断回旋的结果便是多次有意无意从口中的言语中吐露出来。

史思明在行军打仗的能力上可能比安禄山还要强一些，但在性格上其猜忌好杀跟安禄山却没啥本质区别，身边近臣往往稍不如意即遭族诛。史朝清的残酷好杀甚至比史思明更甚，反倒是史朝义颇为谦虚谨慎、体恤士卒，更受大多数叛军将士的认可。

因为惧怕史思明和史朝清的残暴而认可史朝义的谦谨，史思明杀长立少的言语多次悄然传进了史朝义的耳中，搅得史朝义一直惶惶不可终日，更泄气的是他在战场上也没能拿出亮眼的战果为自己保驾护航。

上元二年（761）三月，史朝义率领的前锋部队在陕城东南的礓子岭被神策节度使卫伯玉的军队杀得大败，其后多次反扑也都被驻陕的唐军击败，致使史思明挟攻陷河阳、怀州之威西进关中的势头被强势挡了回来。

前锋军受挫之后，叛军不得不在永宁（故治在今河南省洛阳市洛宁县境内）暂时驻扎下来，史思明由此对史朝义更为不满，恨恨地骂了一句："到底是个不能成事的东西。"甚至喝令要将史朝义及其麾下诸将论军法开刀问斩，虽然中途收回成命，但父子间的关系已经跌到了冰点。

没过两天，史思明命令史朝义率人在永宁修筑一座贮存军粮的三边形城堡，要求一日之内便要完工。可怜的史朝义带人从早干到晚，一刻不歇之下勉强将城堡建起来，还未来得及将墙面用泥糊完时史思明已经带着人前来验收，发现最后一道工序还未完成但修筑之人竟都瘫坐在地上休息时，对着史朝义劈头盖脸便是一顿臭骂。

史朝义小心翼翼地解释："大家太累了，所以让他们歇一歇。"史思明恨然道："你很是爱惜部下吗？竟爱惜到敢违抗我军令的地步！"回过头命令跟着自己的10余人亲自上阵泥墙，像是给史朝义打样一般很快便将活给干完了。

临走之时，史思明颇似恨铁不成钢地自言自语了一句："我若早晨攻下陕城，晚上就将这个混蛋给宰了。"

"父皇"咬牙切齿之状令史朝义如坠冰窟却又茫然失措，满心恐惧却又只能继续跟着"父皇"的步伐行动。

当晚史思明在鹿桥驿安顿，歇息前令心腹曹将军率兵在周围做好宿卫。史朝义也在附近安顿，正准备休息时，麾下部将骆悦、蔡文景等悄悄凑了过来，游说史朝义道："我们和怀王一样，死期就要到了。自古以来皇位都是有废有立，请您将曹将军召来共谋大事。"

满心忧惧的史朝义低头不语，内心正在激烈挣扎时骆悦等人又语带威胁道："怀王如果不同意我们的方案，我们就去投降李唐，临走之前你的安全恐怕就不能保证了。"

本就站在生死的悬崖边上，又遇到骆悦等人的鼓动外加威胁，史朝义也顾不了那么多了，眼泪汪汪地抬起头说了一句：“你们小心去做，不要惊吓了圣人。”

有了史朝义的撑腰，骆悦等人立即找到了之前在汴州投降的唐汴滑节度使许叔冀的儿子许季常，让许季常出面把曹将军叫了过来，然后将所图之事全盘相告，告知之时周围全副武装的情形自然不在话下。

曹将军虽为史思明心腹，但素知军中众将怨恨史思明已非一日，如今又在骆悦等人的刀剑笼罩之下，深知敢说一个“不”字就将性命不保，立即表示愿意共谋大事。

随后，骆悦、曹将军等带着全副武装的三百士兵朝着史思明居住的驿站扑将过去，驿站外的宿卫兵本就听从曹将军指挥，如今虽然曹将军令旗所指方向相反，却也不敢违抗，尽皆垂手而立，不敢乱动。

骆悦等人带着 300 人迅速冲进了驿站内史思明的房间，却发现史思明并不在房中，立即喝问房内伺候的太监宫女们人在哪里，一些太监宫女还想打打马虎眼，骆悦等人哪里会给机会，刀砍斧斫之下转眼便杀了好几人，剩下的为了活命赶紧向茅厕方向指去，原来史思明正好起夜如厕去了。

人在茅厕的史思明听见屋内喧哗，情知有变，立即翻墙跑进马厩，牵了匹马跳上去便欲逃跑，哪知没跑出两步便被骆悦的随从周子俊一箭射中臂膀，跌下马来，随后被一拥而上的众人生擒。

被摁住的史思明大叫："是谁作乱？"骆悦也不含糊："我们奉了怀王之命！"

此时的史思明后悔莫及，只得哀号："我白天说错了话，活该沦落至此。但你们现在杀我杀得太早了，为什么不等我攻克长安之后再动手呢？事已至此，大事不成矣！"

骆悦等人才不管史思明如何叫嚷，迅速将其五花大绑并押送到柳泉驿囚禁起来，随后跑到前锋军营中报告史朝义："大功告成！"同时又派许季常奔赴福昌，将情况告知率领后军驻扎在那里的周挚和许叔冀。

周挚虽然之前在河阳攻防战中接连围攻南城、中潬城和北中城无果，最后还在决战中失败并以数骑脱逃，但作为史思明死党依然深受信任，听闻鹿桥驿兵变的消息后周挚大惊失色，腿脚发软跌倒于地。在汴州兵败投降的许叔冀倒是镇定得多，听闻史朝义已经率军回还，赶紧将周挚拉起来共同前往迎接，但骆悦等人对史思明的死党并不敢放过，见面之后立即将周挚擒杀。

史朝义等人率军抵达柳泉后，既恐众心不服，又恐夜长梦多，便找了根绳子将史思明给缢杀了，随后又找了块毡毯将其尸身裹住，绑在一头骆驼身上运回了洛阳。

上元二年（761）三月，一代枭雄史思明就这么步了老哥们儿安禄山的后尘，以一种近乎窝囊的方式终结了一生。

安史之乱的两大祸首安禄山和史思明，自小同乡里长大，长大后同边陲从军，从军之初人生轨迹十分相似，叛乱之后先后登基称帝，最终又因极其相似的原因死在了亲生儿子的手上，并且死后都被毡毯裹尸葬在了洛阳，某种意义上也算是“同生共死”了。

回到洛阳的史朝义立即着手干了两件事。一是登基称帝，改元“显圣”；二是秘密派人奔赴范阳解决留守在范阳且之前对自己性命威胁巨大的史朝清。

乾元二年（759）九月，史思明发兵自范阳南下相州的时候，除了让史朝清留守范阳外，还留了部将阿史那玉、向贡、张通儒、高如震、高久仁、王东武等人辅佐。

阿史那玉、向贡接到史朝义除去史朝清的密令后，鉴于史朝清帐下豢养有三千死士，决定以调虎离山之计智取。

向贡跑到史朝清面前诓骗道：“听说皇上打算立您为太子，而且现在圣驾正在回范阳的路上，您应该前往接驾并随侍在皇上左右。”

史朝清大喜之下深以为然，命帐下死士赶紧回营整顿装备做好出发准备。趁着死士们大部分离开的当口，向贡立即通知高如震和高久仁率劲卒抢入内府牙城，将史朝清包围起来。

喧哗之声传来，史朝清还在莫名其妙，直到有人报告说军队发生哗变才如梦方醒，赶紧披坚执锐逃到城楼之上，对着向贡等人一顿痛骂。

向贡等人并不废话，调动军队迫近城楼。史朝清也不含糊，居高临下张弓搭箭接连射杀了数人，将围城军队的势头暂时压了下去。

阿史那玉将计就计，令城楼下的军队假装败退，往后散开，史朝清从城楼上跑下来妄图回到自己豢养的三千死士那里，结果刚下城楼便被擒住，连同自己的生母辛氏一起立遭屠戮。

史朝清虽死，被史思明留在范阳辅佐的另一位将领，曾为安禄山重要心腹、被安禄山任命为西京留守期间在长安城大开杀戒的张通儒却不明所以，率领麾下对阿史那玉等人发起了“平叛”进攻，连战数日之后不仅未能清扫“叛军”，连自己的性命也搭了进去。

攻杀张通儒后，向贡总摄范阳军事，但没过几天便遭阿史那玉袭杀而死。

阿史那玉杀死向贡后，自领范阳长史，随后竟又以弑杀史朝清之罪将高久仁在军中枭首示众。与高久仁一起率兵围攻史朝清的高如震对此惊惧不已，立即拥兵自保，与阿史那玉斗了起来。

阿史那玉和高如震大战了 5 天，终因不敌而败逃武清。史朝义听到消息后，命人将阿史那玉招抚到了洛阳，但阿史那玉的部下进入洛阳后，凡面相具有胡人特征的，无论老幼皆遭屠戮。

随后，史朝义任命安禄山旧将李怀仙为范阳节度使，直到李怀仙率军斩杀了高如震后，范阳这轮长达两个多月的大混战才得以终结。

四、继踵而崩：玄宗肃宗齐谢幕

叛军方面发生父子相残、兄弟相杀的大变故之时，唐玄宗和唐肃宗这对父子的关系也没好到哪里去。

至德二载（757）十二月初四，唐玄宗从蜀中重返了阔别一年半的长安城，虽然唐肃宗多次上演归还大位、求还东宫的戏码，但此时的唐玄宗早已失去政治上的实际话语权，只不过是个任由儿子摆布的傀儡罢了。

当年十二月二十一日，唐玄宗通过公开仪式将早已是唐肃宗囊中之物的传国玺正式授予儿子，其后两年多的时间一直以“太上皇”的身份居住在兴庆宫，原禁军龙武大将军陈玄礼、原第一太监高力士、亲妹妹玉真公主、一些旧时熟悉的宫女和梨园弟子等随侍左右。

兴庆宫位于长安城东市附近的繁华地段，本是唐玄宗登基前的藩邸。在兴庆宫安顿下来后，唐玄宗最常做的事主要集中在三个方面，一是和陈玄礼、高力士、王承恩、魏悦等一帮基本退出政治中心的老下属吃吃喝喝，听听戏、唱唱曲、吹吹牛、怀怀旧；二是偶尔跑到华清池去发发呆，并派宦官赴马嵬驿偷偷将杨贵妃的遗体收殓改葬，将搜集到的杨贵妃香囊等遗物随身珍藏，将找画工描绘的杨贵妃肖像图挂在别殿中早晚凝视、怀念思旧；三是登上临街的长庆楼，倚着栏杆俯瞰街道上的人流，有时候会接受那些认出他的百姓跪拜和山呼“万岁”，偶尔还会在楼上设宴招待一下上楼拜见或召过来的几个官员。虽然动静会有一些，但其实都是些无碍大局的小事。

虽然返京后在兴庆宫相对安稳地住了两年多，但唐玄宗的举动一直都在唐肃宗方面的严密监控之下，怀念杨贵妃倒也罢了，和老臣们聚会吹牛、接受老百姓的跪拜乃至部分偶遇官员的朝拜却一直触动着他们的神经。

阎王好过，小鬼难缠，对于唐玄宗的“异常”举动，宦官李辅国跳得比唐肃宗更起劲。

李辅国本就是唐肃宗的贴身太监，曾参与陈玄礼等诛杀杨国忠的密谋，在马嵬驿劝留和灵武登基劝进中均立下了汗马功劳，故而被唐肃宗委以重任，群臣因急事想见天子多数要先经李辅国禀报，皇帝的诏书一度也要经李辅国签署后才能正式生效，他甚至妄称皇帝诏令擅自处置州县民刑案件的事情也干了不止一次。

唐代的门第观念虽较门阀制度盛行的魏晋时期为弱，但对士人的出身依然高度看重。李辅国出身比较低微，虽然在唐肃宗那里蹿红速度很快，却不大被唐玄宗身边的众人看得起。李辅国也知道出身低微是自己的软肋，为了固位邀宠，他准确把握唐肃宗处处提防“太上皇”的心思，将唐玄宗变成了自己的垫脚石。

李辅国向唐肃宗进言：“太上皇居住在兴庆宫，天天和外面的人来往，陈玄礼、高力士一直在干着不利于陛下的事情。现在的禁军将士都是在灵武拥立陛下的功勋之臣，最近都在对太上皇那边的举动议论纷纷，我怎么解释他们也听不进去，只好向陛下汇报。太上皇当然不会做不利于陛下的事，但他周围的那些小人可就说不定了。陛下是天下之主，应当从社稷大计出发，将乱子扼杀在萌芽之前，岂能学着匹夫那般愚孝？兴庆宫与街闾相邻，院墙矮小，不是太上皇合适的居住地。皇城内宫守卫森严，如将太上皇移居到那里，既比兴庆宫的条件好，又可以杜绝小人以妖言扰乱太上皇的圣听。”

唐肃宗还在犹豫之时，李辅国已经按捺不住动了手，先是小试牛刀，矫诏将兴庆宫里的300匹马调走了290匹，给了唐玄宗一个大大的下马威。唐玄宗预感到接下来自己的日子会更加难过，却也只能对着高力士哀叹一句：“我儿被李辅国蛊惑，只怕不能一直尽孝了。”

果不其然，趁着唐肃宗抱病之时，李辅国又谎称皇上请太上皇巡行宫中，连哄骗带强迫将唐玄宗从兴庆宫中弄了出来。走到睿武门时，大概是事先安排的五百射生官突然间冒出来挡住了道路，扰攘之下吓得唐玄宗坐立不稳，差点从马背上跌落下地，赶紧询问到底是怎么回事。

李辅国也不再装模作样，带着数十名全副武装的骑兵从远处直冲到唐玄宗面前，也不离鞍，就坐在马上对着唐玄宗说了句：“皇上说兴庆宫低矮简陋，我们来迎接太上皇回内宫居住。”

唐玄宗的贴身太监高力士闻听此言，顿感事态严重，大声呵斥："此为50年太平天子，李辅国你想干什么？还不下马！"

李辅国没想到高力士在众人面前突然给他来了这么一出，他到底不敢把不敬太上皇的话当众从口中说出来，只好乖乖下马，又气又急之下连辔绳也失手掉落在了地上。虽然口中咒骂高力士"死老头太不懂事"，行动上却也只好诿过于人，从随从中找了个倒霉蛋出来一刀砍杀，算是堵了高力士声称不下马之罪的口。

高力士接着大喊："太上皇问各位将士，大家都安好否？"五百射生官中的绝大多数人此时才搞明白，原来自己拦截的竟是太上皇，赶紧将兵器收起来，高呼万岁并行再拜大礼。

高力士再喊："李辅国上前，替太上皇牵马！"

李辅国虽然郁闷无比，却也只能上前，和高力士一左一右拉着唐玄宗坐骑的缰绳往前行走，他唯一没有放弃的，也是高力士再怎么高喊也无力改变的，便是前进的方向仍然是预定的皇城内宫。

唐玄宗就这么被李辅国从兴庆宫弄进了太极宫，送到了甘露殿，时当上元元年（760）七月。入宫之后，惊魂未定的唐玄宗拉住高力士的手哀叹："要不是将军，朕只怕要做刀下之鬼了。"

跟随唐玄宗入住太极宫的侍卫只有几十人，并且都是些老弱残兵，更重要的是，这里墙高院深，再无外人可随意进出，唐玄宗被正式软禁了起来。

李辅国为难挤对唐玄宗的过程中，唐肃宗虽然没怎么直接发话，有时候还表现出一副痛哭流涕、于心不忍的嘴脸，实际上对李辅国的言行大多予以默认。唐玄宗被强行弄进太极宫软禁前后，唐肃宗也没闲着，先是下令让陈玄礼辞官退休，后又将高力士以“潜通逆党”的罪名流放黔州，其余王承恩被流放于博州、魏悦被流放于溱州，就连玉真公主也被出居于玉真观，虽然侍奉洒扫之人并不缺乏，但唐玄宗身边能够说得上话的老人被清理了个干净。

陈玄礼被强令辞官退休后不久即病逝，高力士被流放后也未能再回京城，只剩下唐玄宗被困在院墙之内茕茕孑立、形影相吊。

两年之后的宝应元年（762）四月初五，78 岁的唐玄宗终于走完了跌宕起伏的一生，于神龙殿中凄凉离世。据说其在离世前的那个晚上于寝宫之中放声大笑，至于到底是因为不胜凄凉而笑，还是因为将要解脱而笑，还是因为想起了自己辉煌的前半生而笑，还是因为回忆起了与杨贵妃在一起的快乐时光而笑，还是以上诸种原因兼而有之，就没办法得到确切答案了。

流放黔州的高力士途经巫州（治所在今湖南省洪江市西南黔城镇）时，看到当地多荠菜而人不食，感慨之下赋诗一首以寄情怀。诗云：

两京作斤卖，五溪无人采。

夷夏虽有殊，气味终不改。

没过多久，“气味终不改”的高力士遇大赦回还，走到朗州（今湖南省常德市）时听闻太上皇驾崩的消息后，悲痛异常、北望痛哭，最终吐血而死。至唐代宗时念及高力士的耆宿地位和护主忠心，将其陪葬于唐玄宗的泰陵。

唐玄宗到底没有沦落到彻底的众叛亲离的地步。

在唐肃宗的防备与软刀子割剥之下，唐玄宗的晚景凄凉不已，唐肃宗本人的晚年境遇其实也没好到哪里去。

唐肃宗在马嵬驿与唐玄宗分道扬镳，不久后于灵武称帝并辛苦经营，终于为风雨飘摇的大唐王朝稳住了阵脚。但就帝王才略而言，他实在算不上多么高明。

识人用人上，唐肃宗虽然得到了一大批能人异士的辅佐，但他对这些人很难说都达到了用人不疑的程度。曾在马嵬驿首倡留下以图谋兴复的建宁王李倓便没能得到好的结果。

作为唐肃宗的第三个儿子，李倓英勇果敢，颇善骑射，马嵬驿劝说父亲转向北上之后，率领数百骁骑当先开道，为父亲跳出危险地带最终得以在灵武称帝立下了汗马功劳。

灵武朝廷建立后，李倓继续统兵作战并多次击败叛军，声望日涨，唐肃宗一度想任命他为天下兵马元帅，只是在李泌的劝谏之下才改命了皇长子广平王李俶，但仍以李倓统率亲军负责卫护。

李倓为人耿直，城府不深，与唐肃宗的宠信太监李辅国和宠幸妃子张良娣之间的关系日益紧张。

张良娣的祖母窦氏是唐玄宗母亲昭成太后的妹妹，唐玄宗年幼时生母被武则天所杀，窦氏作为姨母将其接在身边抚养，故而在唐睿宗、唐玄宗父子在位期间恩渥甚隆，属于正儿八经且地位崇高的皇亲国戚。

天宝年间，张氏被选为太子李亨的良娣，因其美貌机警、巧言令色而受宠爱。马嵬驿兵变之后，身怀六甲的张良娣曾与众人一起劝说李亨北上，并且在北上朔方的过程中表现出了颇为英武的一面，每当住宿之时都要让李亨住在里面，自己住在外面以示捍卫之意，并对李亨表示："现在太子跋涉艰难，护卫之兵人少，万一发生变故妾身就在前面挡着，太子可从后而出，或许可以保证您的安全。"

到达灵武后，张良娣生产之后的第三天即起床为将士缝制战衣，并在李亨慰劳之时回复："现在不是妾身休养的时候，必须要把太子的大事放在第一位。"

唐朝自武则天女皇登基以后，向往并试图仿效的皇室女子并不在少数，唐中宗的皇后韦氏、女儿安乐公主就曾深度参与朝政，其后更为了自己能做皇帝而将中宗毒死，只是被时任临淄王的李隆基联合太平公主剿灭。唐睿宗时，太平公主也曾权倾朝野，最终被李隆基先发制人消灭党羽后赐死。

张良娣也是个颇具政治野心之人，李亨于灵武即位后，其被册封为淑妃，她开始梦想自己有朝一日也能够像武则天、韦皇后般干预朝政。自古以来母以子贵、子以母贵，张淑妃深受宠爱，又生养了兴王李佋和定王李侗两个儿子，虽然年龄都小，但试图动摇国本并将自己的儿子扶上太子之位仍成为其努力的重点。

为了实现自己的目标，张淑妃与唐肃宗最宠幸的太监李辅国勾结在一起，把重点打击对象指向了最有可能继承大统的广平王李俶。

李倓对张淑妃和李辅国的所作所为十分不满，多次在唐肃宗面前直言告发二人奸行，但其意见不仅没被父皇采纳，反而引火上身，遭到张淑妃和李辅国的联手陷害。

张淑妃和李辅国以彼之道还施彼身，跑到唐肃宗面前构陷道："李倓对未能获封总领军马的天下兵马元帅之职耿耿于怀，郁郁不乐且有谋反之意。"

唐肃宗不听李倓告发张淑妃和李辅国的话，却听信了张淑妃和李辅国告发李倓的话，大怒之下竟然于至德二载（757）将李倓赐死，造就了大唐宫廷斗争史上的著名冤案。

战略眼光上，唐肃宗最多只能算是中人之资，这在反攻总路线的选择上表现得淋漓尽致。由于他急功近利，放弃了李泌提出的先攻范阳再取两京的釜底抽薪之策，导致史思明凭据范阳再度坐大，不仅使得叛乱时间向后延长了数年，甚至也为叛乱结束之后严重的藩镇割据埋下了隐患。

李泌作为谋臣虽然被唐肃宗充分信任，但先攻范阳、再取两京策略的被否决对他打击很大，加之深受恩宠又遭到中书侍郎、同中书门下平章事崔圆和大太监李辅国的忌恨，为免灾殃，其在长安收复之后立即向唐肃宗辞行并在衡山隐居了。

唐肃宗同意李泌辞行隐居，虽然谈不上过河拆桥、鸟尽弓藏，但连李泌这样的人都被逼得远走高飞，显示出此时唐廷的政治氛围实在不能算好。

李泌这一去，终唐肃宗一朝未再返回。直到唐肃宗驾崩、唐代宗即位后才受诏重新入朝。在代宗、德宗时期，李泌仍多次受排挤而外放任职，但其在朝堂多有令名，在地方也多有良政，特别是在唐德宗建中二年（781）九月，任杭州刺史后，针对城区水泉咸苦的情况，在人口稠密的钱塘门、涌金门一带构筑了水井6口，以管道之法将西湖之水引入城内，彻底解决了百姓的饮水问题，为杭州城的人口集聚和社会发展作出了重要贡献，加上后世白居易、苏轼等人的持续疏浚与开发，终于使得杭州西湖成为名贯古今的人间天堂。

唐德宗贞元三年（787）六月，陕虢观察使李泌入朝任中书侍郎、同平章事，正式拜相，为唐廷的内政外交尽心尽力、多有建树，最终于贞元五年（789）病逝于任上，享年68岁。

亲信谋臣如李泌者在唐肃宗朝被逼辞行隐居，倚重武将如郭子仪、李光弼者在唐肃宗朝也曾遭遇重大起伏。

邺城之战中，唐肃宗集中九大节度使和一个兵马使的数十万大军围攻安庆绪，却不设统帅，仅以一个宦官鱼朝恩居中调度，理由是郭子仪、李光弼皆为元勋，难相统属，实际上反映出其对郭子仪、李光弼都没有做到彻底信任。

邺城溃败后，唐肃宗于乾元二年（759）七月将郭子仪召回长安并免去其朔方节度使、天下兵马副元帅之职，相当于剥夺了郭子仪的兵权，幸赖郭子仪忠诚仁厚，依然于国事尽心尽力、毫无怨言。

直到宝应元年（762）二月，因为朔方诸军都统李国贞、河东节度使邓景山相继被杀，唐肃宗担心两军与叛军联手并顾虑到年轻将领威望不够，这才重新起用郭子仪为朔方、河中、北庭及潞、仪、泽、沁等州节度行营，兼兴平、定国副元帅，晋封汾阳郡王，驻守绛州。

李光弼在邺城溃败后得以全军而还，代郭子仪为朔方节度使、天下兵马副元帅后，又于河阳大败史思明，但随后被唐肃宗强令出兵收复洛阳，以至于在邙山遭遇大败，险些导致潼关失守、皇帝出逃的旧事再度重演。

邙山大败后，李光弼自河中入朝，上表请辞太尉之职以担责，虽然不久之后即官复太尉兼侍中，又被任命为河南副元帅，都统河南、淮南等八道行营节度使，出镇临淮，但在唐代宗登基后对叛军发动最后的总攻时，负责在河北主战场最终剿平叛乱的任务却交给了仆固怀恩。

也就是说，在平定安史之乱的最后冲刺时刻，郭子仪、李光弼这对双子星都退居到了次要的辅助岗位上。

乾元元年（758）四月，张淑妃被册封为皇后，因为一家独宠，又与李辅国勾结在一起，颇具政治野心的她干预政事的力度进一步加大，甚至常常提出过分要求，唐肃宗虽然经常被惹得很不痛快，但发现张皇后的势力居然很大，已经很难对其进行有效遏制了。

上元元年（760）七月，唐玄宗被李辅国从兴庆宫诓入太极宫的过程中，张皇后也参与了谋划，此举虽然挺合唐肃宗加强对太上皇控制的初衷，但要说唐肃宗心中毫无愧疚也与事实不合。

上元二年（761）端午节，唐肃宗召见山人李唐，李唐觐见时看见皇上正抱着最小的公主逗乐，并回过头对他说了句："我心里总是惦记着这个小家伙，你莫见怪。"李唐回道："太上皇今天应该也在惦记陛下吧。"一句话说得唐肃宗惭愧不已、泪如雨下，他虽然想着端午佳节应该去看望一下父亲，却因为张皇后的掣肘而不敢去，惭愧懊恼之下疾病上身，很快便一天不如一天了。

皇帝尚且如此，皇子更不用说了。唐肃宗诸子之中，长子李俶和三子李倓走得比较近，至德二载（757），李倓被张淑妃、李辅国等陷害致死，李俶受到很大震动。张淑妃晋封皇后的同时，李俶也被册封为太子并改名李豫，虽然李豫为求自保对张皇后做出了一副恭敬谦逊之姿，但因为有建宁王之事在前，张皇后仍然在不断寻找机会想要尽快扳倒太子。

李豫的太子之位之所以没受到实质影响，一方面是张皇后所生二子中，年纪稍大的兴王李佋夭折，定王李侗尚幼；另一方面是李倓冤死之后，李泌多次在唐肃宗面前为其伸冤，并以武则天时期章怀太子李贤所写《黄瓜台辞》所谓“种瓜黄台下，瓜熟子离离。一摘使瓜好，再摘使瓜稀。三摘犹自可，摘绝抱蔓归”进行劝谏，令唐肃宗颇为后悔赐死李倓，才没有继续做出再摘、三摘之举。

张皇后在灵武时期与李辅国密切勾连，但随着坐上皇后之位后揽权的动作越来越大，与已升任兵部尚书并求为宰相而不得的李辅国的关系也逐步走向了破裂。

唐玄宗于宝应元年（762）四月初五驾崩，此时的唐肃宗也已病重不起，张皇后与李辅国的矛盾进一步激化。

为了扳倒李辅国，张皇后主动放下身段找到了原本是自己打击对象的太子李豫，对太子说道：“李辅国一直把持着禁军，皇上发往四方的诏令都要通过他的口中念出来，还曾矫诏逼迫太上皇迁徙居所。现在皇上已在弥留之际，李辅国心怀不轨并一直忌恨你我两人，我还听说射生内侍程元振正在四处串联宦官，意图不轨，如果不赶紧诛灭他们，大祸就要临头了。”

太子李豫虽然也想除掉李辅国和程元振，但他担心事情闹得太大不好控制，表示这两个人都是勋旧内臣，如果动静闹得太大只怕会惊扰本来就已经病重的皇上，诛杀之事还是要从长计议。

太子想从长计议，张皇后可等不及了。拉拢太子不成，她转而找到了曾于乾元二年（759）任天下兵马元帅，后由赵王改封为越王的唐肃宗第二子李系以及唐肃宗第六子兖王李僩。此时她的目标已不再限于李辅国，转而将太子李豫作为第一目标。

张皇后与宦官朱辉光、马英俊、啖庭瑶、陈仙甫等密谋，决定趁着唐肃宗弥留之际铤而走险，除掉太子李豫而拥立越王李系。

宝应元年（762）四月十六日夜，张皇后等人在宫中组织起了一支由200余名精壮宦官组成的队伍，全副武装埋伏于长生殿中，然后矫诏召太子李豫入宫侍疾。

皇帝在病势垂危之际召太子入宫侍疾，很大可能是即将驾崩要交代后事、榻前传位，不疑“诏命”有假的太子李豫哪敢怠慢，赶紧向宫中赶去，他若真的进了长生殿，只怕有10颗人头也不够被砍的了。

张皇后等人的行动虽然是密谋进行，但组织200多人队伍的过程不可能没有任何动静，飞龙厩副使宦官程元振抢先得到消息，随后报告给了李辅国。

李辅国立即会同程元振调派禁军应对，同时前往宫门处，在第二天凌晨拦住了正准备入宫的太子，将张皇后等人的图谋全盘相告并把太子转移到飞龙厩以保安全。

随即，程元振指挥禁军在宫中发动清剿行动，张皇后组织的那200多名宦官如何抗衡得了正规的皇家禁军？其结果是越王李系、兖王李僩及朱辉光、马英俊等一帮主谋太监全被捕获并处死。张皇后在匆忙之中逃入唐肃宗寝宫避难，岂知李辅国等人毫无顾忌，竟当着唐肃宗的面像拎小鸡一样将其拎了出去，幽禁在别殿之中并很快处死。

躺在寝宫中的唐肃宗本就已经重病不起，又眼睁睁看着最宠幸的太监李辅国带人当着自己的面把张皇后给拎了出去，对他这个九五之尊不要说害怕，甚至连最基本的尊重也没有，惊恐、愤怒、无助等情绪一起袭来，病情进一步恶化。

宝应元年（762）四月十七日，距离父亲唐玄宗在神龙殿中驾崩不过10余日，唐肃宗也在长生殿中驾鹤西去。

四月二十日，太子李豫即皇帝位，史称唐代宗。

五、众叛亲离：走投无路史朝义

上元二年（761）三月，史朝义弑父之后在洛阳登基称帝，成为叛军新的领袖。其虽然在伪燕中央军中颇得人心，但伪燕分封在各地的节度使大多为安禄山旧将，当初在安禄山麾下时资历并不比史思明差多少，之后听从史思明的统率和调度倒也罢了，如今连史朝义这个小孺子也来发号施令，怎肯心服？故而大多数人对于史朝义根本不予理睬，史朝义对他们除了羁縻笼络之外也没有好的办法，自然也没办法像史思明那样广泛凝聚并充分发挥叛军的战斗力。

乾元二年（759）九月，史思明自范阳兵分四路南下，其中从黎阳渡河攻打滑州的队伍由其博州刺史令狐彰率领，不久后令狐彰被史思明任命为滑郑汴节度使，率兵数千戍守滑台。在滑台驻扎没过多久，令狐彰即通过宦官杨万定秘密上表向唐廷投降，随后将驻扎地移到了杏园渡。

史思明察觉到令狐彰的异动后，立即派部将薛岌率军把令狐彰包围起来，令狐彰与薛岌作战并取得大胜，随后跟着杨万定入了长安。史思明死后不久，令狐彰被唐廷任命为滑、卫等六州节度使。

失去令狐彰这支劲旅不算，史朝义治下的叛军在与唐青密节度使向衡、兖郓节度使能元皓、平卢节度使侯希逸、神策节度使卫伯玉等的作战中也不断遭遇失败，损兵折将，士气大跌。

宝应元年（762）正月，李光弼攻拔许州，生擒伪燕颍川太守李春，随后又击破率军来救的叛将史参。平卢节度使侯希逸也在当月自青州渡黄河北上，与田神功、能元皓等会师兖州。

二月，叛将谢钦让在申州击败唐军并生擒了唐廷淮西节度使王仲昇，帮助史朝义在战场上扳回一局，但此时侯希逸、田神功、能元皓正率军围攻汴州，史朝义急召谢钦让率兵救援，致使谢钦让申州之战的胜果丧失大半。

四月，叛军在泽州被李抱玉击败，但史朝义亲率的叛军仍将宋州围了个水泄不通。宋州被围困了数月之久，城中粮食耗尽之后危在旦夕，遂城果毅刘昌在刺史李岑不知所为之际鼓劲道：“仓库中还有酿酒的麦麹数千斤，可以研碎后食用，不过二十日李太尉必定来救。城东南郊最为危险，请让我去镇守。”

在刘昌的尽力防御之下，宋州继续坚守。五月，李光弼正式抵达临淮，麾下众将认为史朝义声势很强，建议南保扬州。李光弼决然道：“朝廷将安危系在我的身上，如果我再像河阳那样撤退，朝廷还能指望谁？并且我军现在出其不意，叛贼如何能知道我军众寡！”遂亲率大军前趋徐州，命兖郓节度使田神功进击叛军，大胜而归。

河南河北多个战场反复拉锯之际，唐廷和史朝义也展开了对回纥的争夺。

当初唐肃宗接受郭子仪的建议向回纥借兵平叛，其后回纥在唐军收复两京的战役中确实发挥了重要作用，但回纥人进入东京洛阳后大掠三日，也让唐人付出了沉重代价。

宝应元年（762）九月，唐代宗派遣宦官刘清潭出使回纥，准备再次借兵助剿史朝义，却不料史朝义已经捷足先登派人游说回纥可汗道：“唐室连续遭受了玄宗与肃宗两场大丧，现中原无主，可汗可抓紧时间前来与我们共享唐廷府库里的珍宝。”

回纥此时的可汗名移地健，自号牟羽可汗，又称登里可汗，是当初助唐军收复两京的叶护的弟弟，依然秉承回纥人一贯的剽掠作风，听闻唐境有利可图，立即起兵向唐境进发，出使回纥的刘清潭刚走到半道就遇到了回纥大军，虽然他极力向牟羽可汗解释：“先帝虽然驾崩，但继承大统的乃是昔日的广平王，就是与叶护合力收复两京的那位广平王。”但牟羽可汗入唐境之后看见遍地废墟的战乱景象，对唐廷已经从心底升起来一股蔑视之意，竟将刘清潭囚禁起来并大加侮辱。

刘清潭寻机派了身边的一位随从逃回唐廷，报告了自己的遭遇并宣称：“回纥10万大兵倾巢而来了。”长安举城皆惊，乱成一团。唐代宗赶紧派了另一位太监药子昂赶往忻州慰劳回旋。牟羽可汗也愿意接受慰劳，但要求让仆固怀恩前来相见，原因在于牟羽可汗的可敦（相当于王后）正是仆固怀恩嫁往回纥的女儿。

唐代宗不敢怠慢，赶紧诏令人在汾州的仆固怀恩赶到忻州面见牟羽可汗。仆固怀恩为了避嫌拒绝前往，直到朝廷送来了免死铁券外加唐代宗的亲笔诏书才启程赴约。翁婿见面之后，仆固怀恩告诫牟羽可汗：“大唐的恩德信义可不能辜负了。”牟羽可汗这才遣使上表，表示愿意帮助唐廷讨伐史朝义。

经过药子昂的一番劝说，牟羽可汗决定从陕州大阳津渡过黄河，在太原补充粮饷后，与唐廷其他大军一起共伐洛阳。

十月，唐代宗任命长子雍王李适为天下兵马元帅，在陕州集聚各路节度使及回纥兵，大举进军洛阳讨伐史朝义。

出征之际，唐代宗原本打算让郭子仪辅佐李适同行，结果因宦官李辅国、程元振等人的阻挠而放弃，最后决定加朔方节度使仆固怀恩同平章事兼降州刺史，领诸军节度行营以为李适之副。

为了加强与回纥的用兵协调，雍王李适带着10余名护卫渡河前往牟羽可汗大帐进行商谈，却不料牟羽可汗极为倨傲，竟要求他向自己行拜舞之礼。之前代表朝廷慰劳的宦官药子昂赶紧打圆场说唐室新近继遭大丧，雍王尚在服丧期间，于礼不可起舞。但牟羽可汗不依不饶，虽以年纪尚小为由放过了李适，却将药子昂及李适的随从魏琚、韦少华、李进等人当众鞭挞一百，导致魏琚、韦少华身受重伤并于第二天不治身亡。

唐廷将回纥之辱强行咽进肚子，继续把精力用在了平叛之上。雍王李适坐镇陕州，聚集的各路节度使大军齐发，其中仆固怀恩与回纥左杀将军率军为前锋，陕西节度使郭英乂、神策观军容使鱼朝恩率军作殿后，自渑池进军；泽潞节度使李抱玉从河阳进军；河南等道副元帅李光弼自陈留进军，一起指向洛阳。

面对唐军的大举进攻，史朝义赶紧召集诸将商议应对之策。阿史那承庆认为：“唐军如果只是调遣汉兵来攻，我们就与他们展开全面决战；如果联合回纥一起来攻，其势必然难挡，我们最好先退守河阳以避其锋芒。”史朝义难以接受这一主动放弃洛阳的意见，决心要与唐军正面对决。

唐军抵达洛阳北郊，分兵攻克怀州（故治在今河南省沁阳市）后进一步推进至横水。面对构筑坚固工事严阵以待的数万叛军，仆固怀恩率领由唐兵和回纥兵组成的前锋部队在西原列阵扎营，与叛军正面对垒，同时派遣骁锐骑兵会同回纥兵沿着南山悄悄绕到敌营东北侧后方，随后发动前后夹击并大破叛军。

不甘失败的史朝义尽率10万主力来救，在昭觉寺列阵与唐军展开大战，唐军趁其立足未稳之际发动猛烈攻势并很快占据了上风。

叛军主力在唐军的猛烈攻击之下死伤甚众，但阵脚未乱。关键时刻镇西节度使马璘大喝一声："事在危急，冲啊！"单骑横戈前冲，连夺叛军两面军牌后将敌阵撕开一个口子，大军紧随其后而入，叛军阵脚终于被冲乱，大败而退。李光弼大赞马璘之勇道："我用兵30年，从没见过以少击众能像马将军这般勇猛迅捷者！"

叛军从昭觉寺退至石榴园和老君庙一带，稍稍稳住阵脚后与唐军再度接战，结果又一次遭遇大败，并且这一败后再也无法保持阵形，人马互相践踏，死者将附近的尚书谷都给填满了。

横水一战，史朝义的10万主力6万战死、2万被俘，他虽然带着数百轻骑向东逃脱，但叛军总体上大势已去。

史朝义败逃后，仆固怀恩顺利收复东京洛阳与河阳三城，随后他派自己的儿子右厢兵马使仆固玚和朔方兵马使高辅成率步骑万余人乘胜追击史朝义，对于回纥军则要求他们在河阳驻扎。

回纥虽然在河阳扎下营来，但很快就跑进了东京洛阳城，目的只有一个，那就是效仿当初叶护率兵在洛阳劫掠三日的旧事，又一次在洛阳大肆抢劫并将"战利品"运回河阳贮存，战事结束后又运回回纥。这一次在洛阳不仅是纵火劫掠，回纥人还大开杀戒，导致城内大火竟月不灭、死者数以万计，千年古都洛阳城又一次沦为人间炼狱。

回纥兵之外，唐军中的朔方军、神策军等以洛阳、郑州、汴州、汝州等地都是伪燕统治区为由，竟也大肆劫掠并持续了三个月之久，以至于刚刚收复的“敌占区”房屋尽毁，老百姓只能用纸衣裹体。

史朝义被仆固玚和高辅成一路追赶到了郑州后，带着收集的残部试图回头反咬，结果两战皆败，只得进一步向汴州败退。跑到汴州城下后，所属陈留节度使张献诚不但让他吃了闭门羹，而且随后向追击而来的唐军开城投降，他只能继续逃往濮州并在此地渡河北上。

仆固怀恩亲率大军继续追击，先是攻克滑州，随后在卫州又一次打得史朝义抱头鼠窜。

在卫州虽被仆固怀恩所败，但史朝义在这里等到了伪燕睢阳节度使田承嗣率领来援的 4 万兵马，终于有了一些回头与唐军再战的底气。

然而兵败如山倒，田承嗣的 4 万兵马虽然都是生力军，在士气正旺的唐军面前也没能讨得丝毫便宜，被仆固玚率军杀得大败。史朝义随后又集聚了一部分魏州兵马与仆固玚战于昌乐以东，依然未能改写败逃的命运。

伪燕溃败之际，那些本就不大买史朝义账的安史老人们见风使舵，纷纷开启了投降之路。其中，伪邺郡节度使薛嵩以相、卫、洺、邢四州向唐陈郑泽潞节度使李抱玉投降；伪恒阳节度使张忠志以恒、赵、深、定、易五州向唐河东节度使辛云京投降。

至此，伪燕山崩之势已无可逆转。

史朝义再逃贝州，在这里与薛忠义等人会合后再度聚集起 3 万余兵马，随后自横水回军临清，迎战追击而来的仆固玚，结果仍被设下伏兵的仆固玚击败。此时回纥兵也赶了上来，声势更盛的唐军与叛军在下博东南再度开战，叛军大败之下死尸盈河。

史朝义仓皇逃入莫州（今河北省任丘市北），唐将薛兼训、郝庭玉、田神功、辛云京、侯希逸等随后会集，将莫州团团围住。

时间转眼来到唐代宗广德元年（763）正月，困守莫州的史朝义、田承嗣多次出击都被唐军击败，此时田承嗣耍起了小心思，他建议史朝义亲自前往老巢范阳征兵回救莫州，并表示自己会在莫州坚守待援。

范阳确实是史朝义最后的指望，他接受田承嗣的建议并挑选了五千精骑兵自莫州北门拼死冲出包围圈，往范阳方向而去。

史朝义万万没想到的是，他前脚刚走，田承嗣后脚就开城向唐军投降了，史朝义留在莫州的妻儿老小也被田承嗣全数押送到唐军大营。

唐将仆固玚、侯希逸、薛兼训率军 3 万人在史朝义后面紧追不舍，史朝义虽然在归义被追上并再度吃了败仗，但到底是赶到了此行的目的地范阳，却不料此前在汴州城下吃闭门羹的旧事于老巢再度重演。

当初史朝义弑父称帝并派人秘密前往范阳诛杀曾严重威胁自己身家安全的史朝清，随后引起了范阳长达两个多月的混战，直到他任命安禄山旧将李怀仙为范阳节度使后才稳住了范阳局面。

史朝义把范阳老巢当作最后指望，哪里知道李怀仙早已经通过宦官骆奉先向唐廷纳了降表。当他赶到范阳的时候，看见范阳兵马使李抱忠站在城楼之上，但面前的范阳城门却是关闭紧锁。

史朝义并不死心，他派人对着李抱忠喊话，详述此行前来搬兵救援莫州的意图，并斥责“臣子”李抱忠闭门不纳“皇帝”的悖逆之举。

李抱忠站在城楼上不紧不慢地回道：“大燕气数已尽，大唐再度勃兴，我们已经归降大唐，再做反复之事岂有脸皮面对三军将士？大丈夫耻于用诡计骗人，你还是快快离开另谋生计吧。莫州的田承嗣想必也已投降，不然官军哪能来得这么快。”

史朝义如梦方醒、浑身冷汗，终于意识到再无回天之力了，只好哀求道：“我们今天还没吃上饭呢，给我们弄点吃的也不可以吗？”

李抱忠命人把一些食物送到东门之外，史朝义一行这才勉强得以果腹。但吃完之后，散伙的时间也就到了。

范阳是安史老巢，跟随史朝义前来范阳搬兵的人马很多都是当地籍贯，如今回到老家又逢前途无望，吃完之后纷纷离散，客气的还打个招呼，不客气的连话也没留下一句，那些不是范阳籍贯的人员也跟着一哄而散，霎时间史朝义身边便只剩下无处可去的几百名胡人骑兵了。

对于将士离散，史朝义纵然以泪洗面却也无可奈何，只能带着几百名胡骑奔广阳而去，再一次遭遇闭门羹后又转道向北，打算逃入奚和契丹境内，然而刚跑到温泉栅（今河北省唐山市丰润区东）就被已经投降唐廷的李怀仙派遣的追兵赶上，陷入了逃无可逃的绝境。

史朝义从莫州赶到范阳是为了向李怀仙征兵，如今却在温泉栅被李怀仙的范阳兵给围住了。

众叛亲离之下走投无路，身心俱疲之际万念俱灰，史朝义折入道边的一片树林中，把一条绳索甩到树上，自缢而亡。

唐代宗广德元年（763）正月三十，被李怀仙追兵砍下的史朝义首级送达长安，安史之乱落下帷幕！

尾　声

藩镇割据到宦官专权

安史之乱以唐玄宗天宝十四载（755）十一月初九日，安禄山在范阳起兵为爆发起点，到唐代宗广德元年（763）正月三十日，史朝义传首京师为结束标志，历时七年两个月、跨越了八个年头，无论对于大唐王朝还是对于整个中国古代历史，都留下了残酷记忆和深远影响。

江山残破、民不聊生是这场战乱最直接的后果。

战乱爆发前夕，大唐王朝的正规军总数不过 50 多万，其中唐廷手中的中央军不足 8 万，分散在各地的十大方镇总兵力 48 万，最强大的三镇节度使安禄山麾下兵力也只有 18 万余人。

战乱爆发之后，粗略计算几次大的战役，唐廷这边，天宝十五载（756）三月，在叶县溃败中损失兵力近5万，六月在潼关之战中损失兵力18万，十月在反攻长安的陈涛斜之战中损失兵力近4万；乾元二年（759）三月，九大节度使外加一个兵马使的20余万大军在邺城大败，其中七军皆损失惨重，战死者即便以四分之一计也不下5万。

叛军这边，在天宝十五载（756）五月的嘉山之战中，被击杀4万余人；在至德二载（757）正月结束的太原攻防战中，被击杀7万余人，九月在长安的香积寺之战中，被击杀6万余人，十月在争夺洛阳的陕州曲沃之战中，损失15万人，同样在十月结束的睢阳攻防战中，被杀伤12万余人；宝应元年（762）横水之战中，又被击杀6万余人。

其他还有颜杲卿在常山一带与叛军的作战，颜真卿在清河一带与叛军的作战，李光弼与史思明在河阳、邙山之间的战役等，都伴随着交战双方大批人员的战殁。

类似唐军在潼关之战中损失兵力18万，并不代表这18万人全部战死沙场；太原攻防战中叛军被击杀7万余人，也可能存在一定程度上的统计夸大情况，但8年间唐廷与叛军投入战场厮杀的总兵力超过百万，战死者达数十万是可以肯定的，这其中很大一部分都来自于临时招募和强制征发，并且越往后强制征发的比例越大。

强征兵役的扰攘之状读一读战乱亲历者杜甫的长诗《新安吏》中的“客行新安道，喧呼闻点兵”，《石壕吏》中的“暮投石壕村，有吏夜捉人”，《新婚别》中的“暮婚晨告别，无乃太匆忙”便可窥探一二。这还只是官军征发的情状，另一边叛军征发必然更加残暴。

再加上叛军在陈留、长安、陕郡等处大开杀戒；在河北每破一城后青壮男子皆征为徭役，妇女、财物皆大肆搜刮，老弱病残皆肆意戏杀；叛军及回纥军队对洛阳的多次洗劫；唐廷军队邺城大败溃退过程中的趁火打劫和第二次收复洛阳后在洛、郑、汴、汝等地长达三个月的劫杀掳掠等，老百姓“乱世之人不如狗”的惨象可想而知。

百姓流离失所、民不聊生的悲惨景象在安史之乱亲历者杜甫的笔下有多处呈现，例如《无家别》中有“寂寞天宝后，园庐但蒿藜。我里百余家，世乱各东西”，《垂老别》中有“四郊未宁静，垂老不得安。子孙阵亡尽，焉用身独完”，《春望》中有“国破山河在，城春草木深。感时花溅泪，恨别鸟惊心”等，茫然、绝望、凄苦，诸种情绪不一而足。

大将仆固怀恩继起而叛是唐王朝在安史之乱刚结束即面临的又一挑战。

仆固怀恩先是在郭子仪帐下效力，后又跟随李光弼作战，再往后接替李光弼任朔方节度使，并最终以河北副元帅的身份结束了历时 8 年的安史之乱，是仅次于郭子仪、李光弼的“家国再造之臣”。

平定安史之乱的过程中，仆固怀恩一门之内为国而死者达 46

人之多，“九族之亲，十不存一，纵有存者，疮痍遍身”，可谓举家赴国，死而后生。

唐代宗宝应元年（762）十月，仆固怀恩率军出征之际，唐廷为了尽快结束叛乱，敕令其把主要精力用在扫平洛阳的史朝义上，对其他叛将皆可赦免不问。其后仆固怀恩对于投降的叛将薛嵩、张忠志等皆奏请让其官复原位，这既是在执行唐廷的敕令，也多少有一些拥兵自重、养虎遗患的意图，同时他还和虽助唐廷平叛却也带来严重安全威胁的回纥牟羽可汗是翁婿关系。种种因素叠加的情况下，裂痕终于在其与朝廷之间出现并不断加大。

扫平史朝义之后，仆固怀恩送回纥人出塞。河东节度使辛云京之前已经因为仆固怀恩让薛嵩、张忠志等降将官复原位而怀疑其有异志，如今又因其与牟羽可汗有着翁婿的特殊关系，担心遭遇合谋袭击而在双方途经太原时关闭城门强化城防，且在其出塞及回还之际皆拒绝给予犒劳，引起仆固怀恩极大的不满。

唐代宗广德元年（763）七月，宦官骆奉先奉旨前往太原，辛云京厚结讨好并陈说仆固怀恩勾结回纥造反。骆奉先返京途中经过仆固怀恩之处时，仆固怀恩为了留他多住一日而将其坐骑藏了起来，之前受到辛云京说辞严重影响的骆奉先将这一好客之举误认为是欲图不轨，吓得连夜翻墙逃走。仆固怀恩知道后派人追赶并把坐骑还给了骆奉先，但骆奉先回到京城后依然奏说仆固怀恩确实在谋反。

仆固怀恩上书自陈并请诛辛云京和骆奉先，唐代宗以下诏和解的方式予以拒绝，仆固怀恩大失所望并进一步上书抗辩，因语多冒犯而致君臣之间嫌隙更深。

九月，唐代宗派宰相裴遵庆前往仆固怀恩处宣谕并察其去就。仆固怀恩抱着裴遵庆痛哭诉冤，裴遵庆劝其进京，仆固怀恩本已答应却在随后被部下劝止。广德元年（763）十月初九，吐蕃军队攻陷长安，出逃陕州的唐代宗再次诏令仆固怀恩入朝勤王，仆固怀恩又一次拒绝应诏。

半月之后吐蕃人退走，唐代宗返回长安并派郭子仪前往河东镇抚。仆固怀恩派其子仆固玚率兵讨伐太原的辛云京但被击败，曾在平定安史之乱中立下赫赫战功的仆固玚又举兵围攻榆次，结果在战事不利之下为部将所杀，首级随后被传送京师。

仆固怀恩麾下精锐皆为朔方旧人，听闻素受爱戴的老上级郭子仪到了河东后，不愿跟着仆固怀恩走上反叛道路的他们纷纷奔归河东，仆固怀恩瞬间成了孤家寡人，只能带着三百亲信骑兵渡河北逃灵州。

在灵州站稳脚跟后，仆固怀恩曾于广德二年（764）十月和永泰元年（765）八月两次联手吐蕃、回纥等攻唐，均为郭子仪所退，自己也于永泰元年（765）九月因急症而死。其死讯传至唐廷后，唐代宗虽然承认仆固怀恩不是反贼，只是被左右所误导，但皇帝仅仅把自己摆在了超脱事外的第三方位置，并未反思宦官骆奉先在这其中的妖言惑众以及朝廷在这其中的昏聩糊涂。

藩镇割据是安史之乱的局面延续。

史朝义兵败如山倒之际，伪燕的重要将领薛嵩、张忠志、田承嗣、李怀仙等纷纷投降，唐廷为了尽快平定叛乱而承认他们的节度使职位并让他们继续带兵。这其中只有薛嵩感念朝廷恩义，投降后被唐廷任命为相州刺史，充相、卫、洺、邢等州节度观察使，在随后的任上休养生息、恢复生产，留下了还算不错的历史名声。

其余三将中，张忠志赐名李宝臣，为成德节度使，统恒、赵、深、定、易、冀等州；田承嗣为魏博节度使，统魏、博、德、沧、瀛等州；李怀仙为卢龙节度使，统幽、营、平、蓟、妫、檀、莫等州。三将虽名义上归顺唐廷，实际上仍各握重兵，所在藩镇的将吏自行任命、租赋不输中央，有的甚至连节度使之位也自相承袭。并且各镇之间相互呼应，共同对抗朝廷，称为“河北三镇”或“河朔三镇”，成为事实上的割据势力。

唐德宗李适在位时，唐朝的方镇数量达到了 40 多处，地域也从边防扩展到了内地，虽然并非所有方镇都像河北三镇那般不服朝廷管辖，但藩镇割据并不时发动叛乱却是安史之乱结束后唐王朝挥之不去的噩梦。

宦官专权的不断加剧是安史之乱留下的又一恶果。

宦官在唐代的权势高涨并不因安史之乱而起，高力士很早便已权倾朝野，边令诚也早在天宝六载（747）就作为监军随高仙芝征战。但安史之乱爆发后，宦官李辅国在马嵬驿及灵武都立下了重要功劳，唐肃宗称帝后获任元帅行军司马之职，开始掌管军权；鱼朝恩在邺城大战中也被赋予凌驾于九大节度使之上的居中协调之权。和军队结合更加紧密的宦官在权势上也进一步升级。

宝应元年（762）四月十六日夜，张皇后趁着唐肃宗病危之际企图伏兵杀死太子李豫而拥立越王李系，最终唐代宗得以转危为安并顺利登上皇位，宦官李辅国居功至伟，但其嚣张跋扈之势也愈演愈烈，每次出行都要以数百全副武装的卫队跟随，宗室贵人皆不敢直呼其官名而尊称为“五郎”，宰相李揆更是卑微到在其面前执子弟之礼并以“五父”呼之。

某天，李辅国竟然对着唐代宗说了句：“大家但内里坐，外事听老奴处置。”

李辅国的话令唐代宗震惊不已，虽然杀心顿起，但李辅国掌管禁军，权势滔天，只能采取缓兵之计。唐代宗先是尊李辅国为“尚父”，事无巨细皆让他参决，后又加封其为司空、中书令，使其成为历史上少有的宦官宰相。

李辅国对唐代宗的各种优待安然自得，却不料另一拥戴唐代宗登基的宦官程元振已在背后搞鬼。

在程元振等人的支持和配合下，唐代宗逐步将李辅国的元帅行军司马等军政实权剥夺，随后在宫外赐了一所大宅子给他，相当于将他赶出了皇宫。

被赶出皇宫的李辅国采取上表辞官的方式试探皇帝底线。诏书很快颁下，晋封其为博陆郡王但罢去中书令之职，仍为司空及“尚父”并准许每月的初一和十五上朝。

虽然爵封郡王、位列司空并仍尊为“尚父”，但失去实权的李辅国此时已是落架的凤凰不如鸡，在其打算进入中书省给皇帝写谢表的时候竟被一个小小守门人给拦住并得到了一句：“尚父的宰相职务已被免除，此处不得再进。”

李辅国气得好长时间说不出话来，半晌之后才吼了一句：“老奴死罪，侍奉不了皇上了，那就让我到地下去侍奉先帝吧！”

发泄完之后，李辅国悻悻离去。唐代宗虽然表面上派人对其作了一番安抚，但转过头就下达了必杀之令。

宝应元年（762）十月十八日夜，李辅国被人入宅刺杀，脑袋被砍下后丢入茅厕，右臂也被砍下并摆到了泰陵，算是为唐玄宗报了当初被李辅国强行从兴庆宫拉入太极宫之仇。

李辅国失势的同时，程元振的地位在不断上升。因拥立唐代宗有功，先是官拜右监门卫大将军、知内侍省事，不久又代替李辅国兼任元帅行军司马，专门节制禁军，并加官镇军大将军、右监门卫大将军，封保定县侯，充任宝应军使，九月再加官骠骑大将军、晋爵邠国公，权势甚至比李辅国更大，军中皆称其为“十郎”。

大权在握后，程元振也开始为所欲为，凶暴程度甚至较李辅国更甚。其早前曾以私事请托襄阳节度使来瑱而未遂，如今开始公报私仇，在广德元年（763）来瑱进京之时进行诬告，最终来瑱被贬为博州县尉并于途中赐死。

对于与自己有过节的监造唐肃宗寝陵的山陵使裴冕，程元振也通过告发其下属贪污的方式，使其被贬为施州刺史。此外同华节度使李怀让遭其构陷，忧愤自杀；甚至李光弼也不断遭到其和鱼朝恩的谗毁，以至于人生结局难言圆满。

程元振用权之际，李光弼遭到忌恨而与其关系十分糟糕，广德元年（763），来瑱在长安受谗毁被杀，给李光弼造成了极大的心理阴影。当年十月吐蕃攻陷长安后唐代宗急召四方入朝勤王，不仅仆固怀恩心怀怨恨不肯应诏，李光弼也畏祸迁延不进，平定安史之乱时气定神闲的一代战神竟被挤对到畏首畏尾、不敢勤王的境地。

唐代宗自长安逃奔陕州后，仍期盼得到李光弼兵援，为消除君臣嫌隙多次下诏慰问李光弼的母亲；返回长安后又授李光弼为东都留守之职，以此察其去就。李光弼抢先得到消息后，不等诏书到达便以久候朝廷敕命不得为由回到徐州，打算凭据徐州交通南北的有利位置，收江淮租赋以自给，颇有拥兵不朝、割据一方的迹象。

对于李光弼的离心倾向，唐代宗只能迂回处置，一方面派遣宦官前往徐州宣诏慰劳，另一方面密令郭子仪将其在河中的母亲接至长安，又给人在京城的李光弼之弟李光进加官晋爵，既示优容，又作人质。

广德二年（764）七月，李光弼因病在徐州逝世，享年57岁。病重之际，李光弼奉表请求朝廷收回给其的实封赏赐，未得允许；在将吏问及后事之时则回了一句："我军务缠身，未能奉养老母，是为不孝之子，还有什么可说的！"这句话表明朝廷将李光弼的母亲接到长安确实起到了一定的牵制作用，李光弼虽然一度拥兵不朝，但他终究是名垂千古的“唐室中兴第一名将”，并没有走到唐廷甚至历史的对立面。

唐廷平定安史之乱的“三大家国再造之臣”中，仆固怀恩受迫害而致举兵反叛，一代名将未得善终；李光弼受忌恨而致拥兵不朝，一代战神声名受损；只有郭子仪虽然也屡遭程元振、鱼朝恩等人的忌恨谗毁，但凭着一颗忠诚仁厚之心，于国事尽心尽力、陷逆境而无怨言，手握重兵时只要朝廷诏命到达立即执行，该出兵就出兵、该交权就交权，即日就道、毫不犹豫。

程元振当权之时，因害怕郭子仪功高难制而巧行离间，致使其副元帅之职被罢除。忠诚仁厚如郭子仪者也深恐被进一步谗毁，为自证清白将唐代宗所赐的千余篇诏书敕命一起奉还给皇帝，这才使得唐代宗回想起当初与他一同收复两京共患难的过往并幡然醒悟，优诏安抚，从此之后爱重礼遇更甚从前。

唐肃宗时，郭子仪因收复两京之功，被皇帝亲执双手赞曰“吾之家国，由卿再造”。

唐代宗时，仆固怀恩于广德二年（764）十月和永泰元年（765）八月两次联手吐蕃、回纥等攻唐，第一次郭子仪以“坚壁清野”之策退敌，被任命为自唐太宗李世民后便不再授给大臣的“尚书令”之职，虽然皇帝经他恳辞而收回成命，但特地诏命史官将此事记入国史以作褒扬；第二次郭子仪仅率10余骑“单刀赴会”，于阵前成功劝退回纥，继而大破吐蕃并“收其所掠士女

4000 人，获牛羊驼马，300 里内不绝”。

唐德宗时，长期在外征战的郭子仪受诏还朝，被尊为“尚父”并晋位太尉兼中书令，位极人臣、宠遇无双。

唐德宗建中二年（781）六月，郭子仪病逝，享年 85 岁。死后赠“太师”，谥号“忠武”，配飨唐代宗庙廷并陪葬于唐肃宗建陵。

程元振虽然骄横放纵、自鸣得意，但其权势终究要依附在大唐的政治体系之上，当其为所欲为而致大唐的政治体系出现问题时，厄运也就随之降临了。

安史之乱爆发后，唐廷把西北地区的大量军队调入关中用于平叛，这给了原本就很强大的吐蕃政权以可乘之机。吐蕃不仅乘虚而入相继占据了青海、河西、陇右的大片区域，甚至在广德元年（763）九月长驱直入向关中腹地发起了攻击。

吐蕃大举入侵之际，边关告急的消息却被程元振扣住不报，一直到吐蕃军队越过邠州（治所在今陕西省彬州市）、迫近长安之时唐代宗才听闻消息，虽然急令以雍王李适为关内道元帅、以郭子仪为副元帅统兵抵御，但终究反应不及，长安于当年十月初九被吐蕃攻陷。

长安不守，唐代宗仓皇出逃陕州，太常博士柳伉上疏要求诛杀程元振以谢天下，唐代宗顺水推舟将程元振罢官并放逐归田。

半个月后，郭子仪率军收复长安，唐代宗于十二月二十六日从陕州返回。不久，程元振也从老家三原出发，穿着一身妇人衣装混入长安，住进司农卿陈景诠家中并积极联络京官，甚至跑去和御史大夫王昇饮酒，本意或许只是在寻机复出，但遭到御史弹劾后，唐代宗下诏痛斥其“图谋不轨”并将其流放溱州（今重庆市綦江区），同时将陈景诠贬为新兴尉。程元振行至江陵（今湖北省荆州市江陵县）时被杀。

鱼朝恩在九大节度使外加一个兵马使围攻邺城的战役中被赋予居中协调之权，结果唐军大溃损失惨重；在河阳之战后又鼓动唐肃宗逼迫李光弼出兵攻伐洛阳，结果唐军遭遇了邙山大败。

虽然在战场上并没表现出什么特殊的军事才能，但鱼朝恩在朝堂的权谋上却是一把好手，例如相州之败后诿过于郭子仪，最终郭子仪被剥夺了军权；邙山惨败后唐肃宗屡次打算重新起用郭子仪，结果都因鱼朝恩的捣鬼而放弃等。

广德元年（763）十月，唐代宗因吐蕃军队攻陷长安狼狈出逃陕州后，鱼朝恩在禁军溃散不集之际率军前往护卫，帮助唐代宗稳住了阵脚，从此之后更受宠信，得以掌握改编为禁军主力的神策军，出入宫禁、赏赐丰厚，堪称无缝对接式填补了李辅国、程元振失势后留下的空当。

得势之后的鱼朝恩专横跋扈、索取无厌，公卿大臣既畏其权势又心怀怨恨，唐代宗也因其在朝堂争论中竟然大喊“天下还能有不顺我意之事吗”以及强行给资历尚浅的养子鱼令徽配置金鱼袋和紫官服等，对其日生憎恶之情。

此种背景下，宰相元载暗中谋划除奸之策，通过收买鱼朝恩的党羽皇甫温、周皓等，加强对其监视并及时向皇帝告密，持续坚定了唐代宗的杀人之心。

一番军事上的调配部署后，大历五年（770）寒食节这天，唐代宗在禁中设宴招待朝臣并于结束时诏留鱼朝恩至中书省议事，见面后严厉斥责其不轨之行。鱼朝恩方在言辞激昂自我辩陈之际，被突然闯出的周皓等人拿下，随后遭到缢杀。

李辅国、程元振、鱼朝恩三大宦官虽皆因位高震主不得善终，但皇帝对宦官的信任和重用并未改变，特别是唐德宗李适在位时期因“泾原兵变”仓皇逃出长安后，身边只有窦文场、霍仙鸣等一帮宦官不离不弃，兵变结束后便再不肯信任朝中大臣，转而在神策军中设立左右护军中尉并由窦文场和霍仙鸣充任，从此宦官统领神策军成为唐朝定制。

宦官掌握的神策军规模不断扩大，全盛期达到了 18 万余人。与此相伴随的是宦官在唐朝政治格局中的地位不断上升，以宰相为首的南衙和以宦官为首的北司之间的矛盾和争斗也开始不断上演，史称“南衙北司之争”。

因为始终掌控禁军并形成了“京师兵柄，归于内宫，天下军镇节度使皆内宫一人监之”的局面，宦官不仅在与朝官的争斗中占据着上风，甚至还控制着皇位传承乃至皇帝生死。

唐德宗之子唐顺宗在位时，因任用王叔文、王伾等人开展打击宦官势力、改革弊政的“永贞革新”而致宦官反扑，最终被迫禅位给儿子唐宪宗。“永贞革新”的核心人物王叔文被贬为渝州司户并于次年被赐死，王伾被贬为开州司马并于不久后病逝，其余韩泰、陈谏、柳宗元、刘禹锡、韩晔、凌准、程异、韦执谊等参与变法的8位重要官员被贬为边远八州司马，史称“二王八司马”事件。

实际上安史之乱期间的唐代宗李豫便是被宦官拥立，唐宪宗虽非宦官直接拥立，情形也差不太多。自唐宪宗之子唐穆宗开始直至唐朝灭亡的9个皇帝中竟有7个是宦官拥立。唐宪宗、唐敬宗更是惨遭弑杀。

唐文宗太和九年（835），不甘心一直被宦官控制的皇帝联合大臣李训、郑注等密谋夺回大权。十一月二十一日，埋下伏兵并谎称在左金吾衙门后院石榴树上有甘露降临，欲将宦官首领仇士良等骗去诛杀，结果事情败露并遭宦官率神策军疯狂反扑，大批朝堂重臣、金吾卫士卒甚至无辜商贾和百姓被杀，受牵连而死者达千余人，史称“甘露之变”。此后宦官对军政大权把持更紧，“天下事皆决于北司，宰相行文书而已”，唐文宗也自比战国末年的周赧王和东汉末年的汉献帝，甚至认为周赧王和汉献帝好歹是受制于实力强大的诸侯，自己却是受制于身边家奴，连他们两位都还不如。

一直到了唐昭宗天复三年（903）十月，率军控制长安的朱温痛下杀手，一次性屠戮后宫宦官700余人，名藩镇的监军宦官也被其下令诛杀，逃脱者寥寥。随着大多数宦官的人头落地，困扰大唐王朝一个半世纪的宦官专权问题才得以终结。

彻底解决宦官专权问题的朱温出身于王仙芝、黄巢领导的农民起义军，投降唐廷后实力不断扩张，因为回过头镇压起义军有功被唐僖宗赐名朱全忠，但他并不忠于唐廷，相反却是大唐王朝的掘墓人。

唐哀宗天祐四年（907）四月，朱温接受唐哀宗“禅让”称帝建国，国号大梁，史称后梁，享国祚 289 年的大唐王朝寿终正寝，五代十国的帷幕正式拉开。

藩镇割据、宦官专权之外，唐朝中后期的很多事件和现象都与安史之乱有着密切联系，例如官爵滥封、边患日起、朋党之争、经济重心进一步南移等，不一而足。这场叛乱虽然在第 8 个年头结束，但其消极影响并未停止，北宋名臣司马光就曾表示：“由是祸乱继起，兵革不息，民坠涂炭，无所控诉，凡二百余年。”

安史之乱的 8 年间，安禄山、安庆绪、史思明、史朝义的自相残杀、继踵迭代；唐玄宗、杨国忠的昏聩糊涂、刚愎自大；唐肃宗的情薄义寡、目光短浅；颜杲卿、张巡的浴血奋战、正气浩然；郭子仪、李光弼的能征善战、再造乾坤；李辅国、鱼朝恩的宦官干政、戾气初显以及嘉山大捷难抵潼关兵溃的令人扼腕，玄宗逃蜀旋遭马嵬兵变的无奈落寞，灵武即位终于稳住阵脚的唐廷复振，邺城会战不设统帅的终致大败，河阳攻防险遭潼关旧事的再度重演，横水对决终迎平叛的胜利之光等，既错综复杂又精彩纷呈，既千头万绪又主旨分明，大唐王朝也在这一个个历史人物和一桩桩历史事件的共同作用下，伴随着《霓裳羽衣曲》的缭绕回音，不自愿却又不可避免地由盛而衰。

后世常常有人慨叹，如果不是唐玄宗异乎寻常地宠信安禄山，天宝之后的大唐王朝历史会不会呈现出另一副模样？如果不是杨国忠操之过急硬要逼着安禄山起兵，不久之后双目失明的安禄山还会不会叛乱？如果唐肃宗的眼光足够远大，安史之乱是不是提前数年就能结束？如果没有安史之乱，中晚唐藩镇割据的现象还会不会上演？如果没有藩镇割据，五代十国是不是就不会出现？如果没有五代十国的割据纷争，两宋时期是不是就不会延续“崇文抑武”的根本国策？如果两宋不是过度地“崇文抑武”，辽国、金国、西夏、元朝还有没有机会崛起……

历史不容假设，思绪却能放飞！安史之乱是历史上的客观存在，大唐王朝的盛衰景象却往往是我们头脑里的主观想象。无论如何，历史的车轮滚滚向前，留下的烙印却总能让后人无限感慨，正所谓：

君王游乐万机轻，一曲霓裳四海兵。

玉辇升天人已尽，故宫犹有树长生。

（全书完）

后　记

蒙“唐朝往事”丛书主编耿元骊教授厚爱，在诸多选题中嘱我承担《安史之乱：由盛而衰的八年》这一册的写作任务，躬逢其盛，与有荣焉！

关于安史之乱，我的第一印象来自于小时候看到的一部电视剧的片段，当剧情进展到潼关之战前夕安禄山在进攻不顺之际斥责朝臣时，演员用了一种“大呼小叫”的表演方式来处理这段场景，让当时的我形成了一种强烈的感觉：安禄山这家伙挺好玩儿！演到哥舒翰被俘并押送至安禄山面前时，演员将其扮演成了一副淡定外加不屑的模样，又让当时的我对哥舒翰很是生出了几分敬佩之意。

随着年龄的增长和阅读面的拓宽，特别是进入大学后有幸把

“历史”选作了所学专业，让我有了更多机会去了解大唐王朝的历史和人物，也有了更多可能去思索大唐王朝的发展与兴衰，究竟了解了多少、思索出什么不敢妄说，但至少明确了一点：影视作品的艺术化处理和对历史事实的探究梳理是绝不能画等号的！

正式动笔之前，我给自己立了个小目标：《安史之乱：由盛而衰的八年》这本书的写作要力图以活泼但不失严谨、厚重但避免沉重、通俗但绝不媚俗的笔法，将安史之乱的前因后果、主要过程、重点内容等展现在读者面前并作必要的辨析和阐释，使读者愿意阅读并能轻松阅读，不研究历史却能感悟历史，既开阔眼界又不惑于野史臆说。

临近收官之际，回过头审视自己在电脑键盘上一一敲击出来的文字时，立下的小目标可能没有完全实现，但欣慰、遗憾与喜悦之情的并存却很值得一说！欣慰的是在主编规定的时间节点里完成了全书写作，也把自己想要表达的东西大多表达了出来；遗憾的是时间紧张外加水平有限，最终的成品和预先的设想还有一定差距；喜悦的是写作的过程也是学习的过程，我至少先读者一步对于安史之乱的这段历史有了较为全面的学习并收获了不少新的认知。写作过程中虽然难以抑制时不时发几句感慨、作一番评论，但我始终本着严肃的态度下笔，力图让文字既能达意又能简洁，既有质感又不艰涩，至于谈及“通俗易懂，雅俗共赏”8个字，恐怕只能还之以“虽不能至，心向往之”两句了！

从本科到硕士再到博士，我自己学习历史也颇有些年头了，但在研读古籍的过程中一直有个烦恼无法摆脱，那就是常常受困于纪传体史书的记载不够系统，同一件事这篇传记里写几笔，那篇传记里提几句，说法有时还不一致；编年体史书的记载则不够集中，同一件事在这个时间点里提几句，跳过几个时间点后又冒出来说几句，常常读了前面不知道还有后面，读了后面又忘记了已有前面。推己及人，本书在总体遵循时间顺序的前提下，对一些重要事件如睢阳保卫战、南阳保卫战、河阳保卫战等，采取了一种类似于“纪事本末体”的写法，让其尽量独立成篇；对于一些重要人物如郭子仪、李光弼、仆固怀恩、颜真卿、李泌等，在平叛期间的主要事迹结束后也对其后续人生作个简要交代，意图呈现给读者更为完整和连贯的形象。希望上述处理有助于减轻读者“烧脑”的程度。

撰写安史之乱这样的古史往事，离不开对史籍记载的整理和抄录，也不可能绕过对先贤学者已有研究成果的借鉴或采用，但受到本书作为历史通俗读物的体例限制，无法一一作注，只能在此做个总体说明。大致说来，本书的史料主要来自《资治通鉴》《旧唐书》《新唐书》《安禄山事迹》《大唐新语》《开元天宝遗事》《明皇杂录》等古籍，也借鉴或参考了陈寅恪、唐长孺、荣新江、潘孝伟、北溟玉（李永庆）、易中天、马文军、李治涛、李佳哲、程伟强、谢思炜、陈海涛、赵文润、穆渭生、乔潮、丘光明、邱隆、杨平、陈三平、李凤燕、李协名、李凤艳、吴正芝等诸多学者的研究论文或专门著作。此外，书中的某一句话、某一个看法在写作过程中虽未作专门参阅，但可能也受到了之前曾读过的某一篇文章、某一本书的影响，只是自己尚未意识到而已，均要一并致谢。

我有机缘并有勇气承接本书的写作任务，要特别感谢我的博士生导师，中国唐史学会副会长、上海历史学会副会长、上海师范大学教授张剑光先生的推荐和鼓励。求学期间我和同门曾十分骄傲地自诩为“剑光门”弟子，鲁钝如我者虽没怎么学到老师“一剑光寒镇九州”的本事，但在老师严谨治学态度的感召和丰硕治学成果的浸润下，至少懂得了什么是“非学无以广才，非志无以成学”。

师门大旗在后，虽有靠山却也不敢轻率；丛书主编大人在前，虽有牵引却也不敢懈怠，特别是主编紧盯写作进度，时不时还要求交个稿送个审，让我既不敢在时间进度上过度拖延，也不敢在文字叙述上敷衍乱来，更不敢脱离史籍记载天马行空。

文字是写给读者看的，但首先应该是写给自己看的。要想别人看得懂，首先自己要能读得通；要想别人感兴趣，首先自己必须愿意读。在《安史之乱：由盛而衰的八年》这本书的写作过程中，我这样想并努力这样去做了，至于呈现出来的效果究竟如何，就留给读者诸君做最后的评判吧！

朱成实

2023 年 6 月于沪上